EUROPAVERLAG

Christian Hardinghaus

Wie Internetdetektive in True-Crime-Fällen ermitteln

EUROPAVERLAG

Bildnachweis: Berliner Zeitung S. 225; FBI S. 169; Gazeta Lubuska S. 242; https://www.phoebehandsjuk.com/contact-us/ S. 254; Lehtikuva Oy/picture alliance S. 115; Polizeifoto S. 194; Radio Westfalica S. 134; Reddit S. 186, 201; The Charley Project S. 156; The Standard S. 146; Wikimedia Commons S. 106, 176, 215; YouTube S. 207, 232

Bei der Zusammenstellung haben wir Abbildungen entlehnt, deren Quelle wir nicht zurückverfolgen konnten; potenzielle Inhaber von Urheberrechten können sich an den Verlag wenden.

Der Umwelt zuliebe

- produzieren wir zu über 90 % in Deutschland
- achten wir auf kurze Transportwege
- drucken wir auf Papier aus nachhaltiger Waldwirtschaft und anderen kontrollierten Quellen

Umschlaggestaltung und Motiv: Hauptmann & Kompanie Werbeagentur, Zürich, unter Verwendung eines Fotos von © Pexels
Layout & Satz: Margarita Maiseyeva
Redaktion: Franz Leipold
Druck und Bindung: Pustet, Regensburg
ISBN 978-3-95890-554-2

INHALT

KAPITEL 1

TRUE-CRIME-BOOM UND WEBSLEUTH-PHÄNOMEN

»True Crime is crime fact that looks like crime fiction.«
Mark Seltzer

Die Erkenntnis, dass Verbrechen sich nicht lohnen, mag zwar als moralischer Kompass in das kollektive Bewusstsein eingegangen sein und die Grundlage globaler Rechtssysteme bilden, doch paradoxerweise hat sie in der Unterhaltungsbranche eine ganz andere Resonanz gefunden. Die Faszination für echte Kriminalfälle ist tief in der menschlichen Natur verwurzelt, und ein Anstieg der Kriminalitätsraten korreliert oft mit einem erhöhten Konsum von True-Crime-Inhalten in den Medien. Dieser Trend, der sich in einem stetigen Aufschwung des Genres manifestiert, spiegelt möglicherweise die zunehmende Verunsicherung innerhalb der Gesellschaft wider. Die Anziehungskraft, die wahre Verbrechen auf Menschen ausüben, ist ein komplexes Phänomen, das sich einer einfachen Erklärung entzieht.

Obwohl es an einer präzisen wissenschaftlichen Definition mangelt, besteht Konsens darüber, True Crime als ein literarisches Genre zu beschreiben: Es befasst sich mit authentischen Kriminalfällen, die in der Vergangenheit von realen Personen verübt worden sind. Im Zentrum dieser non-fiktionalen Erzählungen stehen oft die spektakulärsten, brutalsten oder außergewöhnlichsten Fälle, insbesondere Serienmorde, während Raubüberfälle, Entführungen und Vergewaltigungen, die nicht tödlich enden, seltener thematisiert werden. Natürlich können erzählte Geschichten und inszenierte Bilder aber nie eine tatsächliche Wahrheit abbilden, sondern sind immer dazu gezwungen, zu interpretieren oder aus dramatischen Gründen fiktionale Elemente einzubinden. Daher bezeichnet man True Crime auch als Hybridgenre, in dem einzelne Formate nah an der Realität sein können, andere sich mehr künstlerischer Freiheit bedienen. Zwingendes und gemeinsames Kennzeichen aller genrespezifischen Produktionen sind allerdings wahre Begebenheiten, die hauptsächlich dokumentarisch aufgearbeitet werden sollen, also nicht einfach mediale Nachstellungen der Realität sind. Die Gattung weist eine Nähe zu journalistischen Darstellungen auf, und die Glaubwürdigkeit einzelner Formate bemisst sich an tiefgründiger Recherche und Sorgfalt. True Crime gehört heute medienübergreifend und weltweit zu den beliebtesten Genres, und die Statistiken insbesondere der letzten zehn Jahre zeigen eine kontinuierliche Popularität. Die literarische Definition des auch so bezeichneten »amerikanischen Genres« haben maßgeblich die Literaturwissenschaftler Mark Seltzer und Jean Murly sowie der Radiomoderator und Podcaster Ian Case Punnett geprägt. In den USA ist das Interesse an Geschichten über realen Mord und Totschlag – historisch betrachtet – immer schon am ausgeprägtesten gewesen. Während sich True Crime auf dem US-Buchmarkt als das am schnellsten wachsende Genre des 21. Jahrhunderts etabliert hat, hat sich ab 2014, bedingt durch die zunehmende Nutzung von Podcastformaten und Streamingdiensten, ein regelrechter Boom innerhalb der neuen Medien entwickelt. Mittlerweile ist das Format Podcast das mit Abstand bevorzugte Medium für amerikanische True-Crime-Konsumenten.[1] Etwa

24 Prozent aller Top-Produktionen für Apple und Spotify entfallen 2022 laut Umfrage des Pew Research Centers auf Inhalte mit realen Verbrechen und machen diese damit zum häufigsten Thema.[2] Auch im Filmbereich kommt kein Streaming-Anbieter noch ohne entsprechende Angebote aus. Im Jahr 2022 geben US-Nutzer insgesamt 738 510-mal den Begriff True Crime in die Suchmasken ihrer Bezahldienste ein.[3] Fast die Hälfte der Amerikaner gibt an, das Genre zu mögen, ein Drittel, entsprechende Sendungen einmal wöchentlich zu konsumieren, und ein Viertel mehrmals in der Woche. Der Meinungsredakteur der *New York Times* Spencer Bokat-Lindell hat sich jüngst zu den Gründen des Genre-Booms geäußert:

Seit dem Aufkommen des Buchdrucks haben die Menschen eine morbide Faszination dafür entwickelt, über die Fähigkeit der Menschheit zum Bösen zu lesen. Aber in den letzten zehn Jahren hat sich das wahre Verbrechen – dieses einst relativ nischenhafte Genre der Erzählung, das reale Berichte über Missetaten in erzählerisches Gold verwandelt – zu einem kulturellen Giganten entwickelt: Der Verkauf von Büchern über wahre Verbrechen ist in den Vereinigten Staaten sprunghaft angestiegen. In der Welt der Dokumentarfilme ist True Crime heute sowohl das gefragteste als auch das am schnellsten wachsende Genre. Als ich Ende letzter Woche meine Podcast-App überprüfte, drehten sich vier der fünf meistgehörten Sendungen um Mord.[4]

Im digitalen Zeitalter produzieren die amerikanischen True-Crime-Macher natürlich längst für den internationalen Markt, der mitwächst und nachzieht. Nach einer Studie der Arbeitsgemeinschaft Media-Analyse von 2023 erreichen in Deutschland Podcasts zu wahren Kriminalfällen mit 9,32 Prozent den zweitgrößten Marktanteil, knapp hinter Nachrichteninhalten mit 10,13

Prozent. Vier der zehn reichweitenstärksten Podcasts fallen in den Bereich True Crime.[5]

Eine überragende Besonderheit des Genres sticht weltweit heraus: Es ist weiblich. In den USA konsumieren 2022 laut YouGov-Umfrage Frauen mit 58 Prozent häufiger True Crime als Männer mit 42 Prozent und geben doppelt so oft an, dies sei ihr Lieblingsgenre.[6] In Deutschland scheint das Gefälle noch erheblich größer zu sein. 93 Prozent der True-Crime-Hörer sind nach einer deutschen True-Studie von 2022 Frauen.[7] Experten sprechen von einem weiblichen Phänomen, das Medienwissenschaftler und Psychologen gleichermaßen aufhorchen lässt, denn dies steht im Kontrast zu anderen gewaltzentrierten Genres, die allesamt signifikant von männlichen Konsumenten dominiert werden. Auch die Macher der Shows, die international als Hosts bezeichnet werden, sind mehrheitlich feminin: 8 der 15 beliebtesten True-Crime-Podcasts in Deutschland werden von einem weiblichen Duo gehostet, fünf von einem gemischten Doppel und nur zwei von Männern.[8] Auch in anderen Formaten überwiegen die weiblichen Konsumenten auffällig deutlich. Die auflagenstärkste True-Crime-Zeitschrift *Stern-Crime* etwa wird zu 81 Prozent von Frauen gelesen.[9] Es ist nicht ganz leicht, Erklärungen für diese Besonderheit zu finden; diskutiert werden aber die allgemein angenommene höhere Empathiefähigkeit von Frauen und ihr ausgeprägteres Interesse an Menschen, Schicksalen und Beziehungen. Dies erklärt auch, warum weibliche Leser in der gesamten Belletristik überrepräsentiert sind, während männliche generell Sachthemen bevorzugen. Nach den bisherigen Ergebnissen einer 2023 erhobenen True-Crime-Studie des Instituts für Psychologie der Universität Graz geben 75 Prozent der befragten Frauen an, das Genre zu mögen, weil sie dadurch verstehen wollen, was Menschen antreibt, grausame Dinge zu tun. Die Forscher, die die psychologischen Auswirkungen des True-Crime-Konsums auch mithilfe von EKG-Messung und MRI-Gehirnscans ergründen, finden aber noch eine andere, den Teilnehmern weniger bewusste Interpretation für die Geschlechterdifferenz. Studienleiterin Corinna Perchtold-Stefan sagt:

Die Furcht davor, Opfer von Gewalt zu werden, ist weltweit bei Frauen deutlich ausgeprägter. Forschungsbefunde zeigen auch, dass Frauen eine grundsätzlich höhere Tendenz zum Aufsuchen von negativen und Krisenrelevanten Informationen haben. Eine Erklärung für den häufigeren True-Crime-Konsum ist demnach der adaptive Nutzen. Frauen wollen an Beispielen wahrer Verbrechen lernen, wie sie sich selbst am besten gegen Gewalt im echten Leben schützen können. Psychologisch spricht man vom Resilienzfaktor der defensiven Vigilanz. Damit ist eine verteidigende Wachsamkeit gemeint, die mit dem Erlernen von Sicherheitsstrategien im Alltag verknüpft ist. Etwas überspitzt könnte man den Nutzen von True Crime als eine Art weibliche Überlebensstrategie verstehen.

Neben dieser Schutzfunktion gibt es eine Reihe weiterer psychologischer Faktoren, die erklären, warum wir uns so oft und gerne mit wahren Verbrechen beschäftigen. In Kapitel 2 sollen sowohl die individuellen Antriebe, die generell zum Konsum von True-Crime-Inhalten führen, als auch die soziologischen Entwicklungen, die das gesellschaftliche Interesse an realen Kriminalfällen fördern, untersucht werden. In Kapitel 3 werfen wir einen genauen Blick auf die geschichtliche Evolution der Gattung True Crime. Dabei werde ich nicht nur auf die Meilensteine und gesellschaftsbedingten Zusammenhänge eingehen, sondern die bedeutenden literarischen Werke, TV-Serien und Podcasts der USA und Deutschlands in den Blick nehmen. Zusätzlich habe ich in Anhang 1 eine Übersicht prägender Werke spezifischer Medienformate aufgelistet. Ich möchte auch auf ethische und moralische Aspekte eingehen und anschließend aufzeigen, dass die Faszination für True Crime maßgeblich das sich neu abzeichnende Phänomen des Websleuthings begünstigt hat – das zweite zentrale Untersuchungsobjekt dieses Buches, dem Kapitel 4 gewidmet ist.

Beschrieben wird mit Websleuth eine Person, die selbstständig oder im Verbund mit Gleichgesinnten alle informationstechnologischen Möglichkeiten des Internets nutzt, um Verbrechen aufzuklären beziehungsweise um Ermittlern Hinweise oder Beweise zu liefern, die zur Lösung eines laufenden Kriminalfalles beitragen oder rechtfertigen, dass ein ungeklärter Fall (Cold Case) neu aufgerollt werden kann. Der Name geht vermutlich auf die 1999 gegründete Online-Detektiv-Community *Websleuths* zurück, die heute mit über 230 000 Mitgliedern eines der größten auf ausschließlich wahre Verbrechens- und Vermisstenfälle spezialisierte Foren stellt.

Eine wissenschaftliche Definition für den im Internet geprägten Begriff gibt es bis heute nicht. Noch schwieriger ist es, einen einheitlichen Namen für das Phänomen zu finden, so sprechen beispielsweise verschiedene Quellen auch von *Internet Sleuths* oder *Online Sleuths*. Der Teilbegriff *Sleuth* (Schnüffler) scheint sich allerdings etabliert zu haben, obwohl englische Medien auch weiterhin klassische Beschreibungen wie *Armchair Detectives* (Hobbydetektive) benutzen, die an die Figur des Sherlock Holmes angelehnt sind. Einige Organisationen sind bestrebt, die Arbeit der Sleuths zu professionalisieren, und versuchen, neue Begriffe einzuführen. So spricht etwa die True-Crime-Community Uncovered von Citizen Detectives (Bürgerdetektive).

In Deutschland hat sich aus unterschiedlichen Gründen bislang kein passendes Pendant zu Websleuth etabliert. Zum einen ist der Begriff Privatdetektiv noch fest mit kommerziellen, nichtpolizeilichen Ermittlungsdiensten verknüpft. Zum anderen könnte eine wörtliche Übersetzung wie Internetschnüffler missverständlich sein, da sie nicht die positive Konnotation von Verbrechensbekämpfung trägt, die mit dem Websleuthing verbunden ist. Solange hier kein Name gefunden ist, kommen für den deutschen Begriff am ehesten die althergebrachten Bezeichnungen Hobbydetektive oder Hobbyermittler infrage. Allerdings fehlt hier die Anknüpfung an das digitale Zeitalter und die hauptsächliche Arbeitsweise der Websleuths mithilfe des Internets, was wiederum für die Benennungen Internetdetektive oder Online-Detektive spricht. Alle vier genannten Termini werde ich in diesem Buch synonym benutzen, um die Arbeitswelt der Websleuths zu beschreiben.

Websleuths sammeln Presseerzeugnisse und Polizeimeldungen, überwachen soziale Medien und Foren, greifen auf forensische Datenbanken zurück und werten auch Leaks offizieller Strafverfolgungsbehörden aus. Websleuthing hebt sich deutlich ab von der Popkultur des True Crime. Betreibt man es richtig, bedeutet das vor allem eines: viel Arbeit, manchmal Monate und Jahre. Im Vordergrund steht kein Hype, sondern der Wunsch, Opfern zu helfen und Gerechtigkeit herzustellen. Internetdetektive ertragen es nicht, dass in den USA knapp 30 000 Morde ungeklärt sind und einfach liegen bleiben. Im Gegensatz zum Genre True Crime, das häufig Täter und Tat ins Zentrum stellt, versuchen Websleuths, den Opfern ein Gesicht zu geben. Eines der größten und auch erfolgreichsten Betätigungsfelder, in der es enge Zusammenarbeit mit Strafverfolgungsbehörden gibt, ist daher die Identifizierung unbekannter Toter. Dabei ist es durchaus Anspruch der Websleuths, sich auf die kleinen, namenlosen Kriminalfälle aus der Nachbarschaft zu stürzen, Opfern, die sich keine Hilfe leisten können, entgegenzukommen oder von offiziellen Behörden im Stich gelassene Angehörige in ihrem Anliegen zu unterstützen, ihre Fälle im öffentlichen Diskurs präsent zu halten. Aber natürlich arbeiten viele Websleuths auch an den »großen Fällen« und träumen davon, einem echten Serienkiller das Handwerk legen zu können.

Ein weiteres Ziel der Online-Detektiv-Gemeinschaft ist es, auf Fehler der Behörden oder Lücken in Ermittlungen hinzuweisen und so eine Kontrollfunktion auszuüben. Außerdem wollen Internetdetektive in der Gesellschaft das Bewusstsein für Kriminalität und den Umgang mit ihr schärfen. Die Abgrenzung des Begriffs Websleuth ist ähnlich schwierig wie die des Journalisten, da sich prinzipiell jeder als solcher bezeichnen kann, der recherchiert und Medieninhalte erstellt. Vergleichbar damit können sich theoretisch alle Menschen, die sich auf irgendeine Weise an der Aufklärung von Verbrechen mittels Internetrecherche beteiligen möchten, als Websleuth ausgeben. Genauso wie bei den Eigenbezeichnungen als Journalist oder Redakteur wirft die eigenständige Betitelung als Websleuth notgedrungen immer wieder Fragen zu Professionalität und Verantwortung entsprechender Kreise auf und bedingt ihre gesellschaftliche Anerkennung.

Im Verlaufe des Buches werde ich versuchen zu zeigen, wie dringend notwendig eine konkrete Namensfindung und Abgrenzung verschiedener Gruppen in Zukunft sein wird. Ersten wissenschaftlichen Ansätzen nach würde man nämlich Personen, die sich in Online-Foren im gesellschaftspolitischen Sinne über Straftaten austauschen oder True-Crime-Fans, die die letzte Folge ihrer Lieblingssendung diskutieren, nicht unter dem Terminus einordnen. Steht jedoch der feste Entschluss im Vordergrund, aktiv an der Lösung des Verbrechens mitzuwirken, wäre der Begriff schon angebrachter. Die Ermittlungsmöglichkeiten des modernen Internetdetektivs sind heute vergleichbar mit denen des professionellen Privatdetektivs. Ein wesentlicher Unterschied besteht jedoch darin, dass Websleuths ihre Arbeit unentgeltlich und ehrenamtlich verrichten und andererseits unabhängig von den zeitlichen

Vorgaben und Anforderungen von Klienten agieren können. Wie bei Journalisten, die über ganz unterschiedliche Ausbildungen und Qualifikationen verfügen können, gibt es diese Abstufungen auch bei Hobbyermittlern, die im besten Fall zur Lösung des Verbrechens eigene fachliche, im Besonderen kriminalistische Expertise einbringen können. Der Maßstab für ihre Professionalität ist letztendlich die Umgebung, in der sie arbeiten. Internetdetektive haben beispielsweise auch das Doe-Network ins Leben gerufen. Dieses Freiwilligennetzwerk arbeitet heute eng mit den Ermittlungsbehörden zusammen, um vermisste Personen mit Profilen nicht identifizierter Personen, die kriminalistisch unter John Doe (männlich) und Jane Doe (weiblich) erfasst werden, miteinander zu verknüpfen.

Der Ansatz aller qualifizierten Internetdetektivgemeinschaften ist es, Verbrechensaufklärung mittels Crowdsolving zu betreiben. Dabei gehen sie davon aus, dass sie durch eine Armee unendlich vieler kluger Köpfe und Experten den Strafverfolgungsbehörden über Schwarmwissen gesammelte Ressourcen zur Verfügung stellen können, die diese selbst nie aufbringen könnten.

Der Fall der im Jahr 2004 in New Hampshire verschwundenen Krankenpflegestudentin Maura Murray zählt zu den frühesten und bekanntesten Mysterien der Plattform *Websleuths*. Der Vermisstenfall, der sich zugetragen hat, als die Geburtsstunde von Facebook gerade fünf Tage zurückliegt, gilt heute als das erste Krimimysterium der Ära sozialer Netzwerke und bereitet noch immer Internetdetektiven auf der ganzen Welt Kopfzerbrechen. Websleuthing als Phänomen etabliert sich 2013 durch zwei populäre Fälle. Nachdem die kanadische Touristin Elisa Lam am 1. Februar 2013 spurlos aus dem berüchtigten Cecil Hotel in New York verschwindet, stellt die Polizei ein Video der letzten Aufnahmen der Studentin aus dem Fahrstuhl des Hotels ein, rechnet aber wohl nicht im Ansatz mit der Wirkung, den die verstörenden Bilder hervorrufen. Allein auf der chinesischen Video-Sharing-Website Youku wird der Clip in den ersten zehn Tagen drei Millionen Mal aufgerufen und 40 000-mal kommentiert. Bis heute ist er mehr als 34 Millionen Mal über Youtube abgerufen worden, und obwohl die Umstände von Elisas Tod inzwischen als geklärt gelten, lassen die Spekulationen kaum nach.

Der zweite Fall macht Websleuthing als kollektives Phänomen vor allem auf der Diskussionsplattform Reddit sichtbar. Wenige Tage nach dem Attentat auf den Boston-Marathon am 15. April 2013, bei dem drei Menschen getötet und 264 verletzt worden sind, entsteht im Reddit-Unterforum »Reddit Bureau of Investigation« (RBI) ein Subreddit mit dem Namen »Find Boston Bombers«. Anhand von Foto- und Videomaterial wollen Internetdetektive die Täter, die ihre mit Sprengsätzen versehenen Rucksäcke in der Hauptstadt des US-Bundesstaates Massachusetts platziert haben, identifizieren und jagen. Das bis zu diesem Anschlag kaum beachtete RBI wächst auf 30 000 Mitglieder an. Heute ist das Subreddit r/RBI das sich als verlängerter »Bürgerarm« des FBI versteht, mit 744 000 Redditoren das größte Internetdetektiv-Forum weltweit.[10] Aktuell beteiligen sich 3 254 056 Nutzer in Zigtausenden Subreddits der Plattform an Diskussionen über jedes erdenkliche Thema, wobei kein bedeutendes wahres Verbrechen fehlt. Der Fall des Boston-Marathons zeigt erstmals auch deutlich die Gefahren auf, die Websleuthing mit sich bringen kann. Spätestens aber die Suche nach der Reisebloggerin Gabby Petito und die Verfolgung ihres Verlobten Brian Laundrie auf Social Media verdeutlichen die bisher unterschätzte Tragweite des Phänomens. Zum ersten Mal wird ein Verbrechen in Echtzeit verfolgt, wobei Internetdetektive gleichzeitig zur Lösung beitragen und die Strafverfolgung beeinträchtigen.

Die 21-jährige New Yorkerin Gabby verschwindet Ende August 2021 während ihres akribisch unter dem Hashtag *Vanlife* auf Instagram dokumentierten Roadtrips quer durch die USA. Als Brian allein und ohne den Van zurückkehrt und gegenüber der Polizei zum Verbleib seiner Freundin schweigt, springen Hobbyermittler ein. Sie durchleuchten Gabbys Accounts und erkennen, dass die zuletzt veröffentlichten Posts und Fotos nicht von ihr stammen können. Überzeugt davon, dass Brian in ihr Verschwinden verwickelt ist, durchkämmen sie Wanderkarten des Grand Teton Nationalparks in Wyoming und lokalisieren schließlich den abgestellten Van. In der Nähe entdecken Wanderer am 19. September 2021 die Leiche der 21-Jährigen, die erdrosselt worden war; gleichzeitig befindet sich Brian auf der Flucht. Nachdem die Polizei, die inzwischen wegen Mordverdachts fahndet, am 1. Oktober ein verstörendes Dashcam-Video veröffentlicht, das eine Kontrolle des Paares in Utah dokumentiert, erreicht die Suche nach der Vermissten unter dem Hashtag *FindGabby* über eine Milliarde Menschen auf der ganzen Welt. Das Video zeigt Befragungen der sich in einem Zustand des Nervenzusammenbruchs befindlichen Gabby und ihres abwiegelnden Verlobten. Die Analyse der Websleuths offenbart, dass Gabby Petito geschlagen wurde. Sie untersuchen die Aufnahmen Bild für Bild und decken auf, dass die Polizeibeamten, die später aufgrund einer Fehleinschätzung der Situation suspendiert und von Petitos Familie wegen unterlassener Hilfeleistung verklagt werden, die dokumentierten Verletzungen und die Lügen ihres Verlobten hätten wahrnehmen müssen. Die Social-Media-Hetzjagd auf Brian ist danach nicht mehr zu bremsen und endet damit, dass sich der 22-Jährige in einem Nationalpark in Florida versteckt. Nachdem er die Tat in einem Notizheft gesteht, richtet er sich selbst per Kopfschuss hin. Zwar können Internetdetektive helfen, den Fall aufzuklären, und auf Fehler in der offiziellen Polizeiarbeit hinweisen, behindern diese jedoch an anderer Stelle so massiv, dass die echten Ermittler Tausenden von Falschanschuldigungen und manipulierten Fährten nachgehen müssen. Der Fall verdeutlicht, dass Online-Detektivarbeit ganz unterschiedlichen Charakter hat und eine Differenzierung zwischen professionalisierten Gemeinschaften wie *Websleuths* und einer durch True-Crime-Hype und Medienberichterstattung aufgestachelten Social-Media-Meute, die sich in Windeseile über Facebook-Gruppen oder TikTok-Kanäle formieren kann, notwendig ist.

Spezialisierte Internetdetektiv-Foren existieren heute in nahezu sämtlichen Ländern und in allen Sprachen. Die größte Diskussionsplattform für die deutschsprachige True-Crime-Community findet sich auf Allmystery, das als Forum für »grenzwissenschaftliche, mysteriöse, religiöse und gesellschaftspolitische Fälle« schon seit 1987 besteht und heute über 133 000 Mitglieder verfügt. Nachdem sich die Diskussionen um wahre Verbrechen ohne einen paranormalen Bezug mehrten, richten die Macher 2010 eine separate Krimirubrik ein, die heute längst das Herzstück und die am stärksten frequentierte Diskussionskategorie ist. Das erste rein auf Verbrechensfälle konzentrierte Forum, das auch bemüht ist, mit polizeilichen Dienststellen zusammenzuarbeiten, ist das 2012 von zwei Privatdetektiven gegründete Hobbyermittler-Team.

Dieses Buch wird die Struktur solcher Foren, ihre Funktionen und Angebote beleuchten sowie nützliche Werkzeuge vorstellen, die in der Welt der Internetdetektivarbeit zur Verfügung stehen. Die internationale Forschung zu Websleuthing hat erst vor wenigen Jahren begonnen, entsprechend überschaubar ist die Studienlage, die in die Disziplinen der Psychologie, Kriminologie und Medienwissenschaft fällt. Eine besondere Erörterung finden die Fragen, ob Websleuthing Gefahr oder Nutzen für die Gesellschaft darstellt beziehungsweise was Internetdetektive antreibt. In der Auseinandersetzung mit dem Phänomen beziehe ich mich auf Erkenntnisse aus wichtigen wissenschaftlichen Studien der letzten Jahre. Es zeichnet sich bereits ab, dass das Interesse an Websleuthing aus der Faszination für True Crime erwächst und ähnliche psychologische Antriebe anspricht. Die Ausprägungen sind jedoch vielfältig: Sie reichen von einer sinnstiftenden Beschäftigung, die einen Beitrag zur Gesellschaft leisten kann, bis hin zu einer intensiven Obsession, die in einigen Fällen sogar in Selbstjustiz münden kann. In Kapitel 4 werde ich anhand von sechs markanten Fallbeispielen sowohl die größten Erfolge als auch die verheerendsten Fehlschläge der Websleuths beleuchten.

Im zweiten Teil des Buches wende ich mich direkt an die Spürnasen und detektivischen Fähigkeiten der Leserschaft. Ich werde insgesamt 18 ungeklärte Fälle präsentieren, die aufgrund ihrer Kuriosität und Komplexität über lange Zeiträume hinweg große Aufmerksamkeit in Websleuth-Kreisen erregt haben. Diese Fälle unterteile ich in die vier beliebtesten Kategorien der Websleuths. Anhand von Fallanalysen werde ich die tatsächlichen Ermittlungsergebnisse mit aufgestellten Online-Theorien vergleichen und darüber versuchen, die Faszination, die von True Crime und Websleuthing ausgeht, erfahrbar zu machen. Zeitlich verortet sind die vorgestellten Fälle von Verbrechen, vermissten oder nicht identifizierten Personen zwischen 1959 und heute. Bei der Auswahl habe ich darauf geachtet, dass es in den letzten Jahren neue Erkenntnisse gegeben hat, dass es sich also wirklich um »laufende Cold Cases« handelt. Für Leserinnen und Leser, die sich erstmalig mit dem Thema beschäftigen, könnten die überwiegend internationalen Fälle unbekannt sein, während sie True-Crime-Enthusiasten vermutlich bereits vertraut sind. Das ist kein Widerspruch, denn die deutsche Presse hat die Fälle kaum oder gar nicht aufgegriffen, wohingegen sie im Podcastbereich neben vielen anderen wahrscheinlich schon zu den Klassikern zählen. In diesem Buch geht es aber nicht darum, Inhalte zu reproduzieren, die bereits in zahlreichen Podcasts behandelt worden sind. Vielmehr lege ich den Fokus darauf, zu analysieren, was bei True-Crime-Fans gefragt ist und wie Websleuths mit den Geschichten verwoben sind.

Um sowohl Neulinge als auch erfahrene Genre-Kenner anzusprechen, habe ich bei der Zusammenstellung der Fälle darauf geachtet, in die Tiefe zu gehen und darin alternative sowie neue Aspekte zu beleuchten, die in der oft knappen Behandlung in Podcasts nicht zur Sprache kommen können. Soweit es möglich gewesen ist, habe ich die entsprechenden Fallakten studiert und bin natürlich in internationalen Foren auf »Theorie-Suche« gegangen. Außerdem habe ich die neuesten Presseartikel, wissenschaftlichen Erkenntnisse und polizeilichen Ermittlungen einbezogen, sodass im Ergebnis ein Update der Ereignisse entstanden ist. In mindestens drei der Fälle werden in diesem Jahr neue Untersuchungsergebnisse erwartet, die das Potenzial haben, die bestehenden Rätsel zu knacken. In insgesamt fünf der hier thematisierten Fälle sind die Opfer Deutsche oder »wahrscheinlich Deutsche«. Sieben Fälle haben sich in den USA zugetragen, jeweils zwei spielen in Finnland, Norwegen und Australien, je einer in Großbritannien, Thailand, Ägypten, Russland und Deutschland. Letzterer zählt zu den prominentesten Mordfällen dieses Landes. Die Entscheidung, den Fall Frauke Liebs trotz seiner breiten Abdeckung in den hiesigen Mainstreammedien aufzunehmen, fiel aufgrund der bemerkenswerten Tatsache, dass er internationale Beachtung in der Websleuth-Community gefunden hat. Bislang ist das für primär deutsche Verbrechen eine Seltenheit.

KAPITEL 2

DIE PSYCHOLOGIE HINTER DER FASZINATION TRUE CRIME

»True crime is like a window into the depths of the human psyche. It allows us to explore the complexity of evil and reflect on our own humanity.«
Gillian Flynn

Angst und Prävention

Auf den ersten Blick erscheint es ungewöhnlich und abwegig, dass ein literarisches Genre Ratgeber-Funktion ausüben könnte. Doch laut einer Umfrage unter True-Crime-Fans geben ein Drittel der Befragten, die selbst Opfer eines Verbrechens geworden sind, an, dass entsprechende Sendungen ihnen geholfen hätten, ihre Erlebnisse zu verarbeiten. 63 Prozent hätten sich durch den Konsum von True Crime außerdem dazu entschieden, in ihre häusliche Sicherheit zu investieren, und 25 Prozent, einen Selbstverteidigungskurs zu belegen.[11] Erste wissenschaftliche Studien, die sich mit der Erklärung des Phänomens True Crime beschäftigen, beziehen die Verarbeitung eigener Ängste und Traumata durch Identifikation mit Opfern sowie den Präventionsgedanken in ihre Analysen ein. Aus psychologischer Sicht kann das Interesse an True-Crime-Inhalten teilweise durch das Konzept der »angstbasierten Faszination« erklärt werden. Zuschauer setzen sich bewusst einer Angst aus, die realistisch und greifbar erscheint, um potenzielle Risiken für sich selbst abzuwägen. Dieser reflektierende Prozess kann dazu dienen, ein Gefühl der Kontrolle zu entwickeln, indem Strategien und Verhaltensweisen erlernt werden, die im Falle einer ähnlichen Gefahrensituation angewendet werden könnten. Ein Grund also, warum wir uns Geschichten über wahre Verbrechen ansehen, resultiert aus unserem Überlebensinstinkt heraus.

True-Crime-Formate ermöglichen es, dass Menschen schreckliche Dinge durch entsprechende physiologische Reaktionen wie einen Adrenalinausstoß quasi hautnah miterleben und daraus lernen können, ohne selbst tatsächlich in Gefahr zu sein. Dies ist ein grundlegender Ansatz, der seit vielen Jahren auch in der Verhaltenstherapie bei Phobien und Angststörungen Anwendung findet. Ian Case Punnett vergleicht die Gattung True Crime mit Märchen, da beide Genres geschaffen seien, um Menschen zu zeigen, wie sie sich in Sicherheit bringen können, und veranschaulichen, wen sie meiden sollten.[12]

Die Gestaltung von True-Crime-Podcasts zielt oft darauf ab, eine interaktive Erfahrung für die Zuhörer zu schaffen. Durch ihren starken Einbezug in die Sendung entsteht eine Art Gemeinschaftsgefühl, das den individuellen Umgang mit den belastenden Themen erleichtern kann. Die Hosts übernehmen dabei eine Rolle, die über das einfache Storytelling hinausgeht. Sie agieren als Begleiter, die die Zuhörer nicht nur durch die Komplexität des Falls führen, sondern durch ihre eigenen gezeigten emotionalen

Reaktionen eine direkte Verbindung zum Publikum darstellen. Darüber hinaus bieten viele True-Crime-Podcasts Social-Media-Plattformen für Nachbesprechungen, Anregungen oder Diskussionen an, wo Zuhörer ihre Gedanken und Gefühle mit anderen teilen, ihre eigenen Ängste thematisieren und selbst erlebte Gewalttaten ansprechen können. Diese Erkenntnisse korrelieren mit Studienergebnissen, nach denen Frauen mehr Angst vor Verbrechen zeigen und gleichzeitig beim True-Crime-Konsum überrepräsentiert sind. Natürlich reagieren Produzenten auf die spezifische Nachfrage, sodass der Großteil aller Sendungen Mordfälle thematisiert, in denen Männer Frauen umbringen, obwohl statistisch gesehen weltweit mit 80-prozentigem Anteil männliche Personen deutlich häufiger ermordet werden als weibliche. Allerdings sind Frauen mehrheitlich Opfer von Beziehungstaten und Sexualdelikten. 70 Prozent der von einem Partner getöteten Menschen sind Frauen. 70 Prozent von 1398 Opfern, die zwischen 1985 und 2010 von Serienmördern umgebracht worden sind, sind weiblich.[13] Statistiken zeigen auch, dass Frauen sich am meisten zu Fällen hingezogen fühlen, in denen ihnen das Opfer selbst optisch oder charakterlich ähnelt.

Der Anspruch, über True Crime Ängste abzubauen und sich vor Gefahrensituationen zu schützen, kann allerdings auch ins Gegenteil umschlagen, sodass Erzählungen über wahre Verbrechen Ängste regelrecht triggern und überstrapazieren und somit zu einer zwanghaften Beschäftigung mit ihnen führen. Menschen, die obsessiv True Crime konsumieren, sind getrieben davon, abschätzen zu wollen, wie hoch die Wahrscheinlichkeit ist, selbst Opfer eines bestimmten Verbrechens zu werden. Die übertriebene Sorge kann zu Albträumen, Angstzuständen und Vertrauensverlusten bis hin zu Paranoia führen. Die polizeiliche Kriminalstatistik für das Jahr 2023 zeigt, dass die Kriminalitätsrate in Deutschland im Vergleich zum Vorjahr um 18,1 Prozent gestiegen ist.[14] Gleichzeitig offenbart die R+V-Studie *Die Ängste der Deutschen 2023* einen fünfprozentigen Anstieg der Angst vor Kriminalität.[15] Ein Zusammenhang liegt nahe, doch die Medienpsychologin Johanna Börsting weiß auch, dass »Personen, die sehr häufig True-Crime-Formate konsumieren, eine Art Bias oder auch verzerrte Realitätswahrnehmung entwickeln können. Sie glauben dann, dass Straftaten viel häufiger passieren, als es in der Realität der Fall ist.«

Nach einer weiteren Studie, die 2023 an Fans des Genres durchgeführt worden ist, sind 76 Prozent der Meinung, True Crime helfe ihnen, Gefahren zu vermeiden; allerdings gibt fast die gleiche Anzahl mit 72 Prozent darüber hinaus an, durch den Crime-Konsum weniger Vertrauen zu anderen Menschen entwickelt zu haben.[16] Neben den schweren Konsequenzen für das Sozialverhalten, das infolge übersteigerter Sorge auftritt, stellen britische Forscher fest, dass die Angst vor Straftaten sogar mit einer verminderten psychischen Gesundheit, einer Verschlechterung der körperlichen Funktionsfähigkeit und einer geringeren Lebensqualität einhergeht.[17]

Wahre Verbrechen sollen schon allein deshalb eine besondere Rolle in der Medienrezeptionsforschung einnehmen, da einerseits Studien eindeutig belegen, dass die Angst bei medialer Konzeption von realen Gewalttaten etwa in den News der gegenüber fiktionalen Inhalten größer ist.[18] Andererseits zeigen Modelle, dass regelmäßige Rezeption von True Crime mit einer reduzierten Angst vor Kriminalität einhergeht.[19] Hier mag tatsächlich eine Rolle spielen, dass im Gegensatz zu Nachrichten, die nicht nur das Potenzial haben, Ängste zu schüren, sondern diese sogar durch Sensationsberichterstattung aktiv fördern, der True-Crime-

Bereich Lösungsmöglichkeiten anbietet und damit eben präventiv arbeitet. Vor allem, wenn dabei den Ermittlungsbehörden eine vorbildliche Rolle eingeräumt wird und das Vertrauen in das Rechtssystem gestärkt wird.

Doch selbst die Ansicht auf den Täter kann schützenden Charakter haben, wenn offenbar wird, welche Motive ihn dazu angetrieben haben, eine Gewalttat zu begehen, sodass Frauen auf Warnzeichen achten, die sie bei fremden oder eifersüchtigen Ex-Partnern erkennen können. Allerdings steht in diesem Subgenre meist die rekonstruierte Geschichte des Opfers im Zentrum der Erzählung. Zwischen szenischen Blöcken, in denen Schauspieler den Fall nachspielen, erinnern eingefügte Interviews mit Familienangehörigen und Freunden an die Tatsache, dass es sich bei den Opfern um echte Menschen handelt. Auch den Angehörigen ist daran gelegen, dass der Tod ihrer Liebsten und das damit verbundene Unrecht nicht vergessen werden. Sie mahnen zur Vorsicht, indem sie die Gefahrensituation darstellen, in die sich die Geschädigten begeben haben. Sie haben Stiftungen gegründet, die anderen Opfern helfen und die präventiv tätig werden sollen. Insgesamt kann man schlussfolgern, dass unter dem Aspekt Prävention die menschliche Faszination für wahre Verbrechen gleichbedeutend ist mit der Angst vor solchen.

Infotainment und Voyeurismus

Die menschlichen Bedürfnisse nach Unterhaltung und Information (Infotainment) liefern im Gegensatz zum auf Nutzen ausgerichteten Präventionsgedanken deutlich trivialere Gründe, warum Menschen True Crime konsumieren, aber sie gehören nach Umfragen zu den meistgenannten. Dabei werden Erzählungen über wahre Verbrechen nicht zu den seichten Berieselungsangeboten gezählt, bei denen man nach einem harten Arbeitstag entspannen kann. Das True-Crime-Genre verlangt im Gegenteil erhöhte Aufmerksamkeit, um der Herleitung eines Falls folgen zu können. Möglicherweise gibt es für die Angabe vieler Nachtschwärmer, sie könnten bei der am frühen Morgen in Dauerschleife laufenden 90er-Jahre-Serie »Medial Detectives« sanft dahinschlummern, andere psychologische Gründe. Der Ausschlag dafür könnte sein, dass es sich um ständige Wiederholungen handelt, die Vertrautheit und Gewohnheit vermitteln. Der True-Crime-Bereich weist in puncto Unterhaltung Überschneidungen mit bestimmten anderen Genres auf. So schalten Krimiliebhaber entsprechende Inhalte ein, um in eine spannende Geschichte einzutauchen, Drama-Fans, um auf emotionaler Ebene Empathie mit den Opfern zu empfinden, und Liebhaber von Dokumentationen über Historisches oder Sozialkritisches aus Neugier, Wissensdurst oder ihrem Gerechtigkeitsempfinden heraus.

Besonders ausgeprägt unter dem Entertainment-Aspekt zur Erklärung des True-Crime-Phänomens ist die Angstlust, die auch Thriller- und Horrorfans antreibt. Die kleinere Gruppe der männlichen Fans weist wie in der gesamten Literaturbranche eine deutliche Präferenz für sachbezogene, informative Themen auf, die Wissbegierde wecken. Im Vordergrund des Interesses stehen nicht Opfer oder Verbrecher, sondern kriminalistische Ermittlungen, die zur Aufklärung des Falls und in der Regel zum Ergreifen des Täters geführt haben. Prädestiniert dafür sind abgeschlossene Fälle, die gleichzeitig ein eigenes Subgenre beschreiben. Unterschiedliche Formate beziehen entweder die Gesamtlösung des Kriminalfalles in die Sendung ein oder legen ihren Fokus auf spezielle psychologische, technische oder juristische Aufklärungsmethoden. Zu den beliebtesten Schwerpunkten gehören sicherlich die Arbeit von Gerichtsmedizinern und die forensische Spurenermittlung am Tatort. Hier stehen DNA- und Blutspuranalysen, daktyloskopische oder ballistische Untersuchungen im Zentrum, und die technischen Möglichkeiten dürfen bewundert werden. Daneben sind Verhörtaktiken der Polizei oder die Verfolgung von Tätern mittels öffentlicher Überwachungskameras besonders beliebt. Andere Shows legen ihren Schwerpunkt auf die staatsanwaltlichen Ermittlungen und den Gerichtsprozess nach Ergreifung des Täters. In diesem Segment hat sich ein Subgenre etabliert, das die Fahnder, die im Rahmen von Interviews den Fall aus ihrer Perspektive schildern, ins Zentrum stellt.

Ein weiterer Aspekt zur Erklärung der True-Crime-Faszination durch Infotainment ist ein sozialer, der sich daraus speist, dass die Genre-Formate mehrheitlich seriell angelegt sind. Dadurch baut sich die Spannung zwischen einzelnen Episoden auf, und der Fall bleibt länger in Gedächtnis und Bewusstsein. Das wiederum regt Menschen dazu an, sich mit anderen über die spektakulären und mysteriösen Begebenheiten auszutauschen und Gesprächsstoff parat zu haben. Den True-Crime-Boom der vergangenen Jahre kann man unter dem Infotainment-Aspekt aus medienwissenschaftlicher und medienwirtschaftlicher Sicht erklären, denn er geht einher mit den Veränderungen in der Medienlandschaft und der Art, wie uns Sachverhalte und Nachrichten im fortgeschrittenen digitalen Zeitalter präsentiert werden. Zum einen sind neue Medienkanäle wie Streamingdienste, Podcasts und YouTube auf eine schon lange bestehende Faszination für wahre Kriminalfälle aufgesprungen, zum anderen haben sie sich in ihrer Art der seriellen und dokudramatischen Präsentation als Medienformate erwiesen, die optimal zum Genre passen. Die steigende Nutzung dieser Kanäle generell trägt unwillkürlich dazu bei, ihre charakteristischen Formate immer weiter zu verbreiten. Soziale Medien spielen eine signifikante Rolle in der Verbreitung und Diskussion von True-Crime-Inhalten. Durch die Vernetzung von Nutzern weltweit bieten Plattformen wie Facebook, Reddit, X (vormals Twitter) und spezialisierte Foren einen Raum, in dem sich Interessierte austauschen, Theorien entwickeln und Informationen zu True-Crime-Fällen teilen können. Nachrichtenkanäle fluten Social Media im Dauerfeuer mit Meldungen und Berichten über Kriege, Katastrophen und Verbrechen, zum einen, weil die Welt tatsächlich gefährlicher geworden ist, zum anderen, weil Medienhäuser wissen, dass Menschen auf genau diese Nachrichten am häufigsten reagieren, diese teilen und diskutieren.

Auch die Art der Unterhaltung hat sich durch soziale Medien verändert, sie ist vor allem hemmungsloser und nahbarer geworden. Influencer etwa breiten ihr Privat- und Intimleben in allen Einzelheiten auf ihren Kanälen aus und bedienen das, was die Erfindung des Reality-TV mit Formaten wie Big Brother Anfang der 2000er-Jahre vorgelegt hat: den Voyeurismus. Auch True Crime bedient die Lust, in der Privatsphäre anderer, realer und vor allem gewöhnlicher Menschen zu schnüffeln. Ein wirklichkeitsgetreuer Tatort zeigt nicht nur die schreckliche Tat, sondern lässt uns auch einen Blick in das Schlafzimmer und in intimste Gepflogenheiten der Opfer werfen. Einher geht damit die Genugtuung, dass man selbst keinen Schaden genommen hat und das eigene Leben nicht auf dem Bildschirm ausgebreitet wird. Es ist das »Leben der Anderen«, was uns neugierig macht, und die Lust daran, Tabubrüche miterleben zu können, die man selbst nicht einzugehen wagt. Interessanterweise nehmen Menschen auf diese Weise auch die Perspektive eines Täters ein, der stellvertretend für sie töten kann. Belauscht man Personen, die einen True-Crime-Fall verfolgen, kann man dabei oft emotionale und fragende Ausrufe wahrnehmen: »Wie kann sie das machen?«, »Warum lässt sie sich auf den Täter ein?«, »Wie kann sie nur so blind in ein fremdes Auto einsteigen?« Da hier die Gefahr der Viktimisierung lauert oder Schadenfreude entstehen kann, sollte man bei der Untersuchung der Faszination von True Crime vor allem diskutieren, ob die Zurschaustellung ethisch vertretbar ist, und die Frage im Blick behalten, wann die Schwelle durch das mögliche Ergötzen am realen Leid anderer erreicht ist.

Gerechtigkeitssinn und Wahrheitssuche

Verbrechen stören das kollektive soziale Gefüge. Die Aufklärung von Straftaten und die Bestrafung des Täters können symbolisch wirken, das Gefühl vermitteln, die Ordnung sei wiederhergestellt, sowie das Vertrauen in das Rechtssystem stärken oder bestätigen. Gerade der persönliche Austausch über wahre Verbrechen kann der Rückversicherung eigener Werte dienen, philosophische Fragen von Schuld und Sühne aufwerfen oder Debatten zum Umgang mit Straftätern in einer Gesellschaft anregen. Je nach Perspektive, aus der ein True-Crime-Format erzählt, können dabei Rufe nach Verschärfungen des Strafrechts laut werden oder auf der anderen Seite nach mehr Kontrolle gegen behördliche Willkür, Polizeigewalt und Fehlurteile. So können auch das Bedürfnis nach sozialer Verantwortung entfacht oder gefestigt und das Bewusstsein für tiefgreifende gesellschaftliche Probleme, die mit Verbrechensstatistiken korrelieren, geschärft werden. Der Wunsch nach Gerechtigkeit ist ein tief verwurzeltes Bedürfnis, das sich in Kulturen und Rechtssystemen weltweit widerspiegelt. Es geht darum, sicherzustellen, dass der tatsächliche Täter eines Verbrechens identifiziert, zur Verantwortung gezogen und für ihn das richtige Strafmaß gewählt wird sowie auf der anderen Seite Opfern Wiedergutmachung zuteilwerden kann. Für stark gerechtigkeitsliebende Konsumenten wurde in der True-Crime-Sparte das Subgenre der Gerichtsdokus eingeführt. Die wahre Spannung entsteht hier erst nach der Ergreifung des Täters und mit Beginn des Prozesses, an dem der Zuschauer teilhat und selbst den Ausgang nicht kennt. Johanna Börsting sagt: »True-Crime-Formate erlauben oftmals tiefere Einblicke in juristische Prozesse und die Polizeiarbeit. Damit kann gleichzeitig das Verlangen nach Unterhaltung und Eskapismus gestillt und etwas über das Rechtssystem in Deutschland gelernt werden. In der Bevölkerung gibt es ein generelles Bedürfnis nach Gerechtigkeit und Authentizität, das die Nachfrage nach True Crime bedient.« Gerade bei Fehlentscheidungen könnten Konsumenten ihre eigenen Moralvorstellungen und das eigene Gerechtigkeitsgefühl herausfordern, prüfen oder bestätigen. »Das kann auf Meta-Ebene zu einem positiven Gefühl führen.«

True-Crime-Erzählungen bedienen die klassischen Paradigmen, in denen auf der einen Seite Helden und auf der anderen Schurken stehen. Wir erlernen und ersehnen uns den Kampf gegen Unrecht spielerisch von klein auf. Der Gerechtigkeitssinn in eng gekoppelt mit der Suche nach Wahrheit – und das ist genau der Spannungsbogen, den jede True-Crime-Geschichte bietet.

Faszination für das Böse

Ein weiterer großer Reiz, den das True-Crime-Genre zu befriedigen scheint, ist die Faszination für das Böse und Unheimliche generell, in der Fachsprache als »morbide Neugier« beschrieben. Dass auch dieses tief im Menschen verborgen sein muss, erkennt jeder, der Kinder großzieht. Sie verstecken sich in dunklen Höhlen, verkleiden sich als Ungeheuer oder laden einander zu gegenseitigen Nachtbesuchen ein, um sich Gruselgeschichten zu erzählen. In gewisser Weise ist der Killer im True-Crime-Podcast für Erwachsene das Monster im Schrank der Kinder. Einerseits erschrecken sie uns zu Tode, andererseits wollen wir unbedingt wissen, wer da wirklich im Verborgenen kauert und lauert. Der Adrenalinstoß, den wir empfinden, wenn wir uns einer Angst aussetzen, ist gekoppelt an den folgenden Endorphinausstoß, der uns in einen euphorischen Rauschzustand versetzt oder anhält, sobald die Angst überwunden ist. Diese Erfahrungen machen Extremsportler und Achterbahnfahrer genauso wie Zuschauer eines Horrorfilms. Durch den Effekt der Gewöhnung allerdings zeigt sich, dass langfristig das Gefühl nur aufrechterhalten oder gesteigert werden kann, wenn die nächste Erfahrung extremer wird. Die Gefahr einer Sucht nach Angsterfahrung ist demnach real und lässt sich mit dem medizinischen Terminus Eustress – der Form des positiven Stresses – erklären.

Die Faszination für das Böse ist im True-Crime-Genre identisch mit der für den Täter. Ausgehend von der Frage, was diesen zu seinem Verbrechen getrieben hat und warum er in der Lage gewesen ist, etwas so Bestialisches zu tun, beschäftigen wir uns in True-Crime-Erzählungen mit der Psyche eines Mörders, erfahren dabei oft, dass ihm selbst zum Beispiel als Kind schweres Unrecht angetan worden ist. Einige Menschen setzen sich so intensiv mit dem Leben des Täters auseinander, bis sie irgendwann das Gefühl erreicht, diesen zu kennen und seine Motivation verstehen zu können.

Corinna Perchtold-Stefan nennt diese Beobachtung ein »Entmonstern von dem Bösen in der Welt«. Dabei gehe es aber in der Regel nicht darum, die Taten zu entschuldigen oder mit den Verantwortlichen zu sympathisieren, sondern die eigene Unsicherheit und Ungewissheit zur Natur des Bösen zu verringern. »Nichts ist belastender als der Gedanke des gesichtslosen, unkontrollierbaren, jederzeit zuschlagenden Bösen in der Welt – aber je mehr Informationen zu einem True-Crime-Fall eingeholt werden können, je mehr menschliche Details klar werden, desto stärker steigt das eigene Kontrollgefühl über etwas gefühlt sehr Unkontrollierbares.«

Doch es gibt psychologisch erklärbare Ausnahmen von der Regel, die die Gefahr bedingen, dass jemand, der für ein schweres Verbrechen verantwortlich ist, romantisiert, vielleicht sogar verehrt wird. Frauen können sich in Extremfällen zu einem Mörder regelrecht hingezogen fühlen, von dem Gedanken getrieben sein, diesen mit ihrer Zuwendung und Liebe ändern zu können, ihm zu helfen, für ihn da zu sein, ihm das zu schenken, was er im Leben so schmerzlich vermisst hat.

Ein weitverbreitetes Phänomen vor allem in den USA ist, dass Frauen sich von Mördern angezogen fühlen und dabei Gefahren für sich selbst nicht erkennen. Umgangssprachlich verwendet man für diese Form der Leichtfertigkeit den Begriff Rotkäppchensyndrom. Tatsächlich suchen einige Frauen intensiv den Kontakt zu verurteilten Verbrechern, schreiben »Fanpost« und besuchen ihn im Gefängnis. Studien zeigen, dass von dieser Art Fanatismus vor allem Frauen mit einem niedrigen Selbstwertgefühl befallen sind. Möglicherweise spielt aber beim sogenannten »Bonny- und Clyde-Syndrom« eine entscheidende Rolle, dass die Frauen einerseits geschützt sind, weil sie bewusst oder unterbewusst wissen, dass der Täter nie wieder freikommen wird, sie aber andererseits auch bedingungslose Liebe erfahren können, ohne dass diese an Alltagssorgen geknüpft ist, die eine reale physische Beziehung mit sich bringen würde. Auch Gefühle von Macht und Kontrolle spielen eine Rolle für die Hinwendung zu fremden Straftätern, schließlich weiß die Frau immer ganz genau, wo sich ihr Objekt der Begierde befindet; sie kann völlig unabhängig entscheiden, wann sie ihn sieht und ihm ihre Zuneigung schenkt. Der Präsident der Gesellschaft für Angstforschung Borwin Bandelow liefert auch eine evolutionspsychologische Erklärung für das Phänomen: »Unter unseren Vorfahren setzten sich in erster Linie jene durch, die das brutale Töten von Raubtieren und Feinden besonders berauschte. Sie verfügten über die besten Nahrungsressourcen, hatten die besten Chancen, sich zu vermehren.«[20]

Die sexuelle Anziehungskraft, die von Verbrechern ausgeht, beschreibt man wissenschaftlich als Hybristophilie. Diese wird biologisch tatsächlich mit der weiblichen Suche nach »Alphamännchen« begründet, die sie und ihren Nachwuchs aufgrund ihrer Durchsetzungsstärke und in diesem Fall durch ihre Fähigkeit zur Brutalität schützen können. Fast jeder berühmte Serienmörder, der es in die Schlagzeilen geschafft hat, zog eine Schar von Groupies hinter sich her. Am eindrucksvollsten ist dies vermutlich bei dem Serienkiller Ted Bundy zu beobachten gewesen: Obwohl er zwischen 1974 und 1978 in den USA mindestens 30 hilflose junge Frauen brutal ermordet hat, sind ihm Zuschauerinnen, die exakt seinem Beuteschema entsprochen haben, in die Gerichtssäle gefolgt sind, um mit ihm zu flirten. Wie Bundy haben auch etliche andere berüchtigte Serienmörder Liebesbriefe, Geld und Geschenke nicht nur weiblicher Fans erhalten. Bekannte Beispiele sind das »Milwaukee Monster« Jeffrey Dahmer oder der »Nightstalker« Richard Ramirez. Aber auch Massenmörder und Terroristen wie der »Unabomber« Ted Kaczynski, »Sektenguru« Charles Manson und selbst der »Massenkindermörder« Anders Breivik sind vielfach von Bewunderern umgarnt worden.

Selbst wenn es vergleichsweise selten tatsächlich zu einem

Kontakt mit einem inhaftierten Schwerverbrecher kommt, stimmen Angaben der True-Crime-Fans bedenklich. Laut einer US-Studie von 2023 geben immerhin 44 Prozent der Befragten an, einen »Lieblings-Serienmörder« zu haben, und 67 Prozent würden sich gerne persönlich mit diesem unterhalten.[21]

Die Faszination für Täter und Tat nimmt bei Fans mitunter extreme Ausmaße an, sodass sich in den letzten Jahren eine Subkultur gebildet hat, die man dem Phänomen des Dark Tourism zuordnet. Um einen schaurigen Nervenkitzel zu erleben, bereisen Menschen Orte, an denen Katastrophen oder eben abscheuliche Verbrechen stattgefunden haben. Dabei steht bei den Besuchen der Tatorte seltener das Andenken an die Opfer im Vordergrund als vielmehr die Verzauberung von einem berüchtigten Killer. Ein weiteres extremes Ausmaß bildet das Kaufen und Sammeln sogenannter Murderabilia, also von Gegenständen, die einen Bezug zum Verbrechen haben, zum Beispiel Täter oder Opfer gehört haben. Findige Geschäftsleute machen hier über spezielle Online-Auktionshäuser wie murderauction.com gute Geschäfte.[22] Die Faszination für das Böse beinhaltet also nicht nur eine Angstlust, sondern auch eine gewollte Hinwendung zu Ekel, Tod und Gewalt. Die wissenschaftliche Untersuchung von True Crime muss wie bei verwandten Genres wie etwa Horror und Thriller daher auch unter ethischen Kriterien untersucht werden und strengen Jugendschutzregeln unterworfen sein. Im speziellen Fall spielen weitere juristische Aspekte wie Opferschutz und Persönlichkeitsrechte eine tragende Rolle bei der Bewertung von True-Crime-Inhalten.

Letztendlich ist sich die Forschung weitestgehend darüber einig, dass der True-Crime-Boom etwas Menschlichem und bis zu einem gewissen Grad etwas Normalem folgt, das durch Veränderungen von Gesellschaft und Medien an Bedeutung gewinnt. Die positiven und nützlichen Aspekte überwiegen. Und so findet die Branche mittlerweile auch Events, die aus dem Schmuddelbereich des Dark Tourism verheißungsvoll herausstechen und dennoch über den Online-Forencharakter hinausgehen. In den USA entstand im Jahr 2017 etwa die CrimeCon als erste Messe speziell für »True Crimer«, die derweilen auch in anderen Ländern Fuß fasst. Durch den Einbezug von Angehörigen, die zum Beispiel Vorträge halten, soll der Respekt vor den Opfern gewahrt bleiben. Strafermittler oder Forensiker bieten Workshops an, um noch tiefere Einblicke in ihre Arbeit geben, für ihre Methoden werben und Akzeptanz schaffen zu können. Auch in Deutschland gibt es mittlerweile spezielle Events wie etwa die Crime-Cruise, während der Genre-Fans auf einer Schiffsreise nach Island Lesungen ihrer Lieblingsautoren oder Vorträgen von Kriminalisten lauschen, selbst Schreibworkshops belegen oder bei einem »True-Crime-Dinner« fachsimpeln können.

Lust am Rätseln

Das True-Crime-Genre weist letztendlich in einem entscheidenden Punkt auch Überschneidungen und Parallelen zum fiktiven Krimi oder zum Computerspiel auf. Dann nämlich, wenn es darum geht, knifflige Rätsel zu lösen. Hier bieten sich vor allem ungelöste oder nur teilweise geklärte Fälle an. Diese auch in Polizeikreisen sogenannten Cold Cases üben eine besondere Faszination aus, bilden das größte Subgenre im True Crime, sorgen aber auch für die exzessivste Beschäftigung mit der Thematik. Die menschliche Neigung, Rätsel zu lösen und Probleme zu bewältigen, ist tief in unserer kognitiven Struktur verankert. Der Drang, etwas lösungsorientiert zu durchdenken, ist evolutionär bedingt, da dies entscheidend für das Überleben und die Anpassung an wechselnde Umgebungen gewesen ist. Die Fähigkeit, Muster zu erkennen, Hypothesen zu bilden und zu konstruktiven Lösungen zu kommen, ist ein grundsätzlicher Faktor menschlicher Intelligenz. Geschichten über ungelöste, wahre Verbrechen stimulieren diesen Problemlösungsinstinkt. Cold Cases bieten der True-Crime-Community genau diese Vorlagen, denn sie kann darauf zählen, dass es ein gesellschaftliches, politisches, kriminalistisches und privates Interesse daran gibt, ungelöste Verbrechen aufzuklären. Dass das vermutlich schon immer so gewesen ist, zeigt der folgende Blick in die Geschichte des Genres.

KAPITEL 3

EINE MÖRDERISCHE GESCHICHTE

»True crime shows us that reality is often much scarier and more convoluted than any fictional story.«
Ann Rule

Von der Krimiliteratur zum eigenen Genre

Die Faszination für schaurige Geschichten und wahre Verbrechen ist tief in der menschlichen Kultur verwurzelt. Schon immer haben Menschen sich mit Erzählungen beschäftigt, die das Böse, das Mysteriöse oder Verbotene thematisieren. Die Entstehung des True-Crime-Genres ist jedoch an die Existenz eines etablierten Justizsystems gebunden, das überhaupt erst festlegt, was als Verbrechen gilt, und die Konsequenzen einer Straftat ahndet. Die früheste schriftlich übertragene Darstellung einer wahren Gewalttat liefert ein auf Papyrus beschriebener Mord an einem Regierungsbeamten im alten Ägypten, der auf ca. 1800 v. Chr. datiert. Im antiken Griechenland finden Stücke über reale Missetaten Eingang in Theaterdramen und Gedichte und sollten durch das Zurschaustellen der Strafe abschreckende Wirkung erzeugen. Bereits im Mittelalter ist das einfache Volk begeistert von sogenannten Mordballaden, die von gruseligen Schandtaten erzählen, schon damals mit einer gewissen Faszination für den mysteriösen Täter. Fahrende Händler nutzen die Möglichkeiten des Buchdrucks bereits im späten 16. Jahrhundert aus, um auf Flugblättern und Pamphleten von den scheußlichsten Morden und Vergewaltigungen in nahen und fernen Regionen zu berichten und damit die Neugier und Sensationslust der wohlhabenderen Marktbesucher in bare Münze umzuwandeln. Reißenden Absatz finden auch Prozessschriften, die die Biografie des Täters und die Einzelheiten seines Verbrechens beleuchten und meist mit der originalgetreuen Wiedergabe der Exekutionsrede enden. Je ungewöhnlicher und brutaler die Tat, desto stärker ist die Nachfrage. Nicht immer beruhen Anschuldigungen jedoch tatsächlich auf wahren Begebenheiten, und nicht selten werden die Falschen angeklagt. Der Vorwurf, dass Juden oder »Hexen« für grausame Taten verantwortlich gewesen sein sollen, ist ein trauriges Beispiel für das Suchen nach Sündenböcken und Hysterien, die Aberglaube und Vorurteile in der Geschichte der Menschheit mit sich gebracht haben. Bis ins frühe 18. Jahrhundert entstehen pamphletartige Bücher über wahre Verbrechen in nahezu sämtlichen europäischen Sprachen, weil sich überall ein Markt für Mord gebildet hat. Im Mittelpunkt stehen weder Täter noch Opfer, sondern die Tat als solche, die in aller Ausführlichkeit beschrieben wird.

1773 erreicht das Interesse im britischen *The Newgate Calendar,* der vom Londoner Newgate-Gefängnis herausgegeben wird, eine nach der Einführung der Todesstrafe neue Form der Begeisterung, die das Augenmerk auf »die berüchtigten Verbrecher beider Geschlechter« lenkt. Das »blutige Register der Übeltäter«, das in einschlägige Kategorien unterteilt ist, illustriert Leben, Taten und Hinrichtungen von allen zum Tode verurteilten Missetätern.

Egal, ob es sich um Schwerkriminelle wie etwa »Giftmörder«, »Entführer von Jungfrauen«, »Vergewaltiger und Perverse« oder »Seekriminelle und Piraten« handelt oder um Kleinganoven wie »Krawallmacher«, »Wegelagerer« und »Ladendiebe«. Die Schilderung dieser Fälle soll dem Leser klarmachen, wie schwer jedes Vergehen geahndet werden kann. So heißt es beispielsweise zur am 20. Februar 1745 vollzogenen Exekution der Schafdiebe Patrick Bourke und George Ellis, diese hätten nicht aus Hunger und Not gehandelt, sondern 15 Mutterschafe getötet, um Geschäfte mit dem Fett der Tiere zu machen. Dem Eintrag kann man entnehmen, dass der Beweis für die Schuld der Täter einzig ein aufgefundenes Messer mit Fettgewebe gewesen ist. Der Beschuldigte habe auch angegeben, dass der Wachtmeister ihn während eines Verhörs abgefüllt habe, um ihm ein Geständnis abzuringen, doch die grausame Schilderung des Besitzers, wonach die kleinen Lämmchen an den leblosen aufgeschlitzten Körpern ihrer Mütter gezogen hätten, habe dem Richter keine andere Wahl gelassen, als die Höchststrafe zu verhängen.[23]

Während den Justizbehörden daran gelegen ist, durch die mittels Detailschärfe erzeugte Angst Verbrechen zu verhindern, ist es genau diese, die die Leser an ihren Kalendern fasziniert. Wenn sie etwa von einem jungen Mädchen erfahren können, wie sich ein Vergewaltiger an ihr vergangen hatte, oder von Gerichtsmedizinern über das Flehen bereits Gehängter, nachdem sie auf den Seziertisch wieder aufgewacht seien, diese jedoch beschlossen hätten, aufgrund der Schwere des Vergehens ihre Arbeit fortzusetzen. Es wundert also nicht, dass damals andere Gefängnisse und Verleger des Landes das Format übernehmen. Die morbiden Kalender, die großen Einfluss auf die Entstehung der britischen Kriminalromane des frühen 19. Jahrhunderts haben, greifen später verstärkt auch moralische Vergehen auf wie Trunkenheit, Prostitution oder

Unzüchtigkeit der Frau und geben Anlass zur Diskussion über soziale Fragen und verschärfte Strafmaße.

Während in der klassischen Literatur fiktive Kriminalgeschichten ihren Siegeszug feiern, etablieren sich mit dem Aufschwung der Zeitung ab Mitte des 19. Jahrhunderts maßgeblich in England und den USA Reportagen über wahre Kriminalität. Auch das Krimigenre nimmt jetzt gerne reale Fälle zum Vorbild. Der Mord an der Zigarrenhändlerin Mary Cecilia Rogers in New York City im Jahr 1841 inspiriert Edgar Allan Poe zu seinem Detektivroman *The Mystery of Marie Rogêt* (1842), für den er den Namen leicht abändert und die Geschichte nach Paris verlegt. Vornehmlich fristen True-Crime-Storys noch nebst Sportberichterstattung ein Dasein in Boulevardzeitungen, die die Sensationslust bedienen und neben billigen Pin-up-Fotografien wahre Verbrechen in den Mittelpunkt rücken. Eines der erfolgreichsten Magazine, die Sex, Sport und True Crime verbinden, ist über ein Jahrhundert lang die in New York erscheinende *National Police Gazette* (1845–1977), die viele imposante Zeichnungen über die Gräueltaten eines Phantoms mit dem Namen Jack the Ripper bringt, der 1888 im Londoner Stadtteil East End mindestens fünf Frauen bestialisch ermordet hat.

Nachdem sich Anfang des 20. Jahrhunderts an den amerikanischen Hochschulen Kriminalistik und Forensik herausgebildet haben und flächendeckend funktionierende Polizeisysteme installiert worden sind, steigt das Interesse an Erzählungen über wahre Verbrechen noch einmal sprunghaft an. 1924 entsteht mit *True Detective Mysteries* das erste True-Crime-Magazin, das aber garniert mit viel Werbung – vornehmlich Hygieneartikel für die Frau und Waffen für den Mann – in den ersten zwei Jahrzehnten neben echten Polizeifotos und Gerichtsreportagen noch fiktive Stoffe abdruckt. Der Geschmack der Leser an den authentischen Fällen, die von ehemaligen Ermittlern oder Polizeireportern geschildert werden, orientiert sich aber so stark an echten Grausamkeiten, dass das *Pulp-Magazin* 1941 von allem Fiktiven abkehrt, es als *True Detective* weiterführt und dafür mit einer kontinuierlichen Auflage von zwei Millionen pro Monat belohnt wird. Im Ergebnis entstehen bis Mitte der 1950er-Jahre etwa 200 verschiedene True-Crime-Magazine, die geprägt gewesen sind von Sensationslust, bevor sich der literarische Vorreiter des modernen Genres entwickelt.

Obwohl bereits zuvor einige Sachbücher über wahre Verbrechen erscheinen, darf sich Truman Capote als Pionier des Genres betrachten. In seinem Tatsachenroman *In Cold Blood* (1965) über den Raubmord an einer vierköpfigen Farmerfamilie aus dem Jahr 1959 schmückt er saubere Recherche und wahre Fakten mit fiktiven Elementen aus und legt damit den Grundstein für die auch heute noch medienübergreifende, charakteristische Erzählform des Genres. Nach *Helter Skelter* (1974), das der US-Anwalt Vincent Bugliosi über die Massenmorde des Charles Manson veröffentlicht, bleibt Capotes Werk bis heute das zweiterfolgreichste True-Crime-Buch aller Zeiten. Zwischen den beiden Veröffentlichungen entstehen Dutzende von True-Crime-Bestsellern für den amerikanischen und internationalen Markt. Dass der Anstieg von tatsächlicher Kriminalität mit der Angst davor korreliert und damit die Nachfragen an Geschichten über wahre Verbrechen steigt, lässt sich in dieser Ära gut beobachten, denn bei gleichzeitig sinkender Aufklärungsquote für Mord verdoppelt sich zwischen 1964 und 1974 die jährliche Mordrate in den USA von 5 auf 10 Taten pro 100 000 Menschen. Parallel wächst der Buchmarkt von zu Beginn der 1960er-Jahre mit knapp 40 Titeln im Bereich True Crime auf fast 150 bis Anfang der 1980er-Jahre an; nach und nach werden Titel auch über Verlagsimprints in Taschenbuchformat unter dem Label True Crime verkauft. Norman Mailers 1979 erschienenes Werk *The Executioner's Song* ist schließlich das erste Buch über ein wahres Verbrechen, das den Pulitzerpreis gewinnt. Der erfolgreichste Titel der 1980er-Jahre ist *The Stranger Beside Me* (1980), geschrieben von der ehemaligen Polizistin und *True-Detective*-Autorin Ann Rule. Die spätere Koryphäe der True-Crime-Literatur berichtet in ihrem Werk über ihre persönliche Bekanntschaft mit Ted Bundy, den sie als Kollegen und Freund gekannt hat, bevor seine Identität als Serienmörder aufgedeckt worden ist, von der auch sie nichts geahnt hat.

Bis Ende der 1990er-Jahre bleiben soziopathische Serienkiller und ihre blutrünstigen Taten sowie die Jagd nach ihnen durch Profiler und neue technische Möglichkeiten das Hauptthema des literarischen True-Crime-Genres. Als der amerikanische Markt Ende des Jahrtausends mit Serienmörder-Darstellungen gesättigt scheint, rücken vor allem Beziehungstaten im häuslichen Umfeld sowie die Opferperspektive in den Vordergrund. Bei Themen über Eifersucht, Neid und Habgier übersteigt die Anzahl der weiblichen erstmals die der männlichen Autoren. All diese Bücher werden weltweit zu Bestsellern und auch in Deutschland gelesen und gefeiert, doch von einer literarischen Welle wie in den USA kann man im Deutschland des 20. Jahrhunderts nicht sprechen. Erst mit dem Boom ab 2014 entstehen mehr deutsche Titel zu wahren Verbrechen. Kennzeichnend sind aber nicht wie in den USA Bücher, die eine einzelne Gewalttat behandeln, sondern Zusammenstellungen, in denen Ermittler wie Axel Petermann (*Aufgeklärt* ab 2017), Forensiker wie Mark Benecke (*Mark Benecke ermittelt. Leben und Fälle des Rechtsmediziners Otto Prokop,* 2017) oder Strafverteidiger wie Alexander Stevens (*9 1/2 perfekte Morde,* 2017) von spektakulärsten Fällen berichten.

Ab den Neunzigerjahren findet das Genre auch verstärkt Eingang in den Filmbereich. Neben unzähligen Dokumentarfilmen über wahre Verbrechen entstehen Buchverfilmungen und Thriller auf der Grundlage von Taten realer Serienmörder, die zwar mit ganz neuen Möglichkeiten aufwarten, das Böse auch audiovisuell darstellen zu können, sich aber aufgrund ihrer fiktionalen Elemente nur mehr oder weniger der True-Crime-Sparte zuordnen lassen. So ist etwa die Saga um den fiktiven Killer Hannibal Lecter (1986–2015) an die Taten des Serienmörders Ed Gein angelehnt, während Filme wie *Dahmer* (2002), *Monster* (2003) oder *Zodiac* (2007) sich eng an die Vorlage halten, die Jeffrey Dahmer, Aileen Wuornos und des nie gefassten Zodiac-Killers geliefert haben. Im Filmbereich entsteht auch eine Reihe gelungener deutscher Produktionen zu echten Serienmördern von *Der Totmacher* (1995) über den »Werwolf von Hannover« Fritz Haarmann bis hin zu *Der goldene Handschuh* (2019) über Frauenmörder Fritz Honka. Doch das »echte True Crime« etabliert sich erst in einer anderen Form der filmischen Darstellung: in der TV-Serie.

Wahre Verbrechen in Serie: Mordermittlung in TV und Stream

Lange bevor das US-Fernsehen das Genre in seinem typisch dokumentarischen Stil aufgreift, feiert eine TV-Serie über wahre Verbrechen im deutschen Fernsehen bereits riesige Erfolge. Tatsächlich gebührt *Aktenzeichen XY ungelöst,* das erstmals am 20. Oktober 1967 über die Fernsehbildschirme flimmert, der Titel der ersten echten True-Crime-Serie, die in ihrer Art später weltweit Nachahmer finden wird und selbst auf eine lange Erfolgsgeschichte zurückblicken kann. So wird bereits in der ersten ausgestrahlten Sendung dank den Zuschauerhinweisen der gesuchte »Melkmaschinenbetrüger« nach wenigen Minuten festgenommen. Hinweise während der sechsten Folge führen dazu, dass der erste Mordfall mit der Ergreifung des Axtmörders gelöst werden kann. Ein Zuschauer hat die in der Sendung gezeigte Uhr wiedererkannt, die dem ermordeten Verleger Bernhard Boll geraubt worden war.[24] Die ZDF-Produktion[25], auch die erste, die das Publikum dazu aufruft, bei der Verbrechensbekämpfung und der Lösung ungeklärter Fälle interaktiv mitzuwirken, ist somit auch Vorläufer für die heute im True-Crime-Genre vorherrschende Faszination für Cold Cases und das Phänomen des Websleuthing. Erfinder und erster Moderator dieser erfolgreichen Sendung ist Eduard Zimmermann, der für sein Engagement 1986 das Bundesverdienstkreuz erster Klasse erhält; an seinem Konzept hat sich bis heute nichts Grundlegendes verändert. Pro Folge werden dem Zuschauer drei bis sechs mit Schauspielern nachgestellte echte Kriminalfälle präsentiert; anschließend wird ein Kripobeamter ins Studio gerufen, der im Rahmen der Öffentlichkeitsfahndung Informationen zum Täter – früher häufig als Phantombild, heute aus Aufzeichnungen öffentlicher Kameras – preisgibt und dazu aufruft, Hinweise zum Täter an die Polizeidienststellen zu liefern. Zusätzlich ist zu jeder Sendung eine Zuschauerhotline geschaltet, an der live im Studio platzierte Ermittler sitzen, die Hinweise schon während der Sendung entgegennehmen. Sie verkünden eine erste Bestandsaufnahme bereits im Verlauf der Fernsehsendung und legen mögliche Ergebnisse noch am selben Tag in einer Spätsendung dar. Nach dem Ausscheiden des Gesichts der Sendung, Eduard Zimmermann – in Fankreisen liebevoll »Gauner-Ede« genannt –, im Jahr 1997 übernehmen bis 2002 seine Adoptivtochter Sabine Zimmermann und Butz Peters die Moderation. Danach und bis heute werden *Aktenzeichen XY ungelöst* und ab 2022 sein erfolgreicher Ableger *XY gelöst* von Rudi Cerne moderiert. In regelmäßigen Abständen aktualisiert die Redaktion die Gesamtstatistik, die mit einer beachtlichen Aufklärungsquote von 38,9 Prozent aufwarten kann. Bis Ende Mai 2024 wurden somit in 602 *XY*-Sendungen 5060 Fälle behandelt. 1969 davon wurden aufgeklärt, darunter 674 von 1644 Tötungsdelikten.[26]

Zu den spektakulärsten Fällen, die durch Hinweise von *XY*-Zuschauern gelöst werden können, gehört die im Jahr 2011 erfolgte Ergreifung des pädokriminellen Serienmörders Martin Ney, der als Maskenmann traurige Bekanntheit erlangt hat. Der am längsten behandelte, immer wieder aufgerollte Fall ist derjenige der 1981 entführten und in einer Holzkiste unter der Erde gefangen gehaltenen Ursula Herrmann. Werner M., der Mörder der Zehnjährigen, wird 2008 festgenommen und ist nach der Verbüßung seiner Haftstrafe seit Juni 2023 wieder auf freiem Fuß. Auch Misserfolge gehören zur Geschichte der Sendung. Darunter fällt die Verhaftung von Donald Stellwag, der als gesuchter Bankräuber nach einem Zuschauerhinweis aufgrund eines in einem Beitrag gezeigten Bildes einer Überwachungskamera 1992 verhaftet wird und neun Jahre unschuldig im Gefängnis sitzt, wie sich nach der Ergreifung des tatsächlichen Täters 2001 herausstellen soll.

Trotz des Erfolges und der Beliebtheit mit Quoten von bis zu sieben Millionen Zuschauern gerät die Sendung immer wieder in die Kritik und muss sich von Beginn an Vorwürfen stellen, die von Diskriminierung über Förderung von Denunziantentum und Angsterzeugung bis hin zu »Menschenjagd« reichen. In ihrem im August 2023 ausgestrahlten Dokumentarfilm *Diese Sendung ist kein Spiel – die unheimliche Welt des Eduard Zimmermann* wirft die Autorin Regina Schilling, die die ersten 30 Jahre der Sendung unter die Lupe nimmt, dem Moderator politisches Kalkül und Propaganda vor. Sie unterstellt ihm, er habe dem Aufbruch der Emanzipation entgegenwirken wollen.[27] Zimmermann sei so rückwärtsgewandt gewesen, dass er deswegen sogar das Schwarz-Weiß-Format der Sendung habe beibehalten wollen.[28] Bei näherer Betrachtung stellt sich allerdings heraus, dass Schilling eigene Kindheitsängste zu verarbeiten scheint und mit dem Frauenbild der Sechziger- und Siebzigerjahre nicht einverstanden ist. Das ist aus dem Jahr 2023 heraus betrachtet sicherlich verständlich, doch die Analyse eines TV-Formates sollte aus dem historischen Kontext bewertet und nicht nach heutigen Maßstäben bemessen werden. Der aufklärerische Charakter und die präventive Wirkung der Sendung spielen bei Schillings Bewertung hingegen keine Rolle. In jedem Fall darf *Aktenzeichen XY* als ein Pionier der True-Crime-Formate und ein deutscher Exportschlager gelten, der in über ein Dutzend Länder verkauft worden ist. Die erfolgreichsten internationalen Ableger sind *Crimewatch* (1984–2017) in Großbritannien und *Americas Most Wanted* (1988–2011) in den USA.

Es sind dann aber erst die amerikanischen True-Crime-Shows, die maßgeblich dazu beitragen, dass reale Kriminalfälle in die Wohnzimmer der ganzen Welt transportiert werden. Sie legen den Grundstein für das Aufkommen moderner Internetdetektive, indem sie dem Publikum kriminaltechnisches und forensisches Wissen auf unterschiedliche Weise näherbringen und den Zuschauern das Gefühl vermitteln, eigene Profiler-Kompetenzen ausbilden zu können. In den USA spricht man vom CSI-Effekt und spielt auf die Auswirkungen einer der weltweit populärsten Serien aller Zeiten an. *CSI: Crime Scene Investigation* (2000–2015) zeigt ein fiktives Ermittlerteam, das in 335 Episoden in 15 Staffeln frei erfundene Mordfälle löst. Die Serie lässt sich demnach nicht dem True-Crime-Genre zuordnen, erweckt aber durch die Darstellung realistischer Ermittlungsmethoden immer wieder den Eindruck, authentisch und wissenschaftlich zu sein. Neben

Americas Most Wanted gilt *Unsolved Mysteries* (1988–2002) als erste echte amerikanische True-Crime-Serie. Beide Formate funktionieren dabei nach dem Konzept *Aktenzeichen XY* mit Öffentlichkeitsfahndungen und Aufrufen an das Publikum zur Mithilfe. Danach entstehen Dutzende True-Crime-Serien, die technisch alle auf den Elementen schauspielerische Nachstellungen von Verbrechen (Reenactment), Voiceover, Interviews mit Experten und Angehörigen von Opfern sowie Aufnahmen von Ermittlern und Rechtsmedizinern bei der Arbeit funktionieren. Auffällig ist, dass diese dokumentarischen Darstellungen wahrer Verbrechen durchweg auf interaktiven Elementen des Rätsellösens und der Entschlüsselung von Geheimnissen basieren, wodurch sie den Zuschauer aktiv in den Ermittlungsprozess einbinden. Behandelt werden darin die großen und spektakulären Fälle der Serienmörder sowie auch weniger bekannte oder bis zur Ausstrahlung unbekannte Begebenheiten.

Im Prinzip lassen sich die Serien in zwei zentrale Kategorien einteilen, die sich grundsätzlich nur darin unterscheiden, dass der Täter bei den »gelösten Fällen« am Ende präsentiert und seine Strafe skizziert wird, während dies bei Cold Cases offenbleibt. Beide Formen bedienen einen bestimmten Geschmack beziehungsweise eine Vorliebe. Während geklärte Fälle am Ende wie bei einem fiktionalen Krimi Befriedigung verschaffen und den Zuschauer erkennen lassen, ob er mit seiner Spürnase richtiggelegen hat, hinterlassen die ungeklärten Fälle ein Mysterium. Durch diese Form kann der Reiz entstehen, dass der Zuschauer sich lange über die Sendung hinaus mit dem Kriminalfall beschäftigt und selbst auf Ermittlungsreise geht. Vorlieben lassen sich auch in der Methodik festmachen, die zum Ergreifen des Täters führt. So stellt grundsätzlich jede Serie eine bestimmte Ermittlungstaktik oder ein forensisches Spezialgebiet ins Zentrum. Besonderer Beliebtheit erfreuten sich Formate, die sich mit Pathologie beschäftigen. Die international bekanntesten darunter sind *Autopsy* (1994, dt. Untertitel: *Mysteriöse Todesfälle*) und *Medial Detectives* (1996–2011; 2020 – heute, dt. Untertitel: *Mysteriöse Fälle der Gerichtsmedizin*)[29]. Von Letzterer läuft hierzulande seit 2008 eine Auswahl aus 15 Staffeln und 426 Folgen nahezu in Dauerschleife im Nachtprogramm von VOX und erreicht dabei immer noch Marktanteile von bis zu 30 Prozent. In beiden Serien werden fast ausschließlich amerikanische Mordtaten behandelt, was dazu geführt hat, dass es auch in Deutschland deutlich mehr Hobby-Experten für US-Verbrechen als für inländische gibt.

Während True-Crime-Serien im Kabelfernsehen immer hohe Einschaltquoten erzielen, eine große Fanbase haben und bis heute beliebt sind, begründet das Internet ganz neue Möglichkeiten für das Genre. Letztendlich sind es nach dem Aufstieg des Podcast vor allem die Video-on-Demand-Anbieter, die mit ihren hochklassigen Produktionen spätestens ab 2015 den weltweiten True-Crime-Boom vorantreiben. Der Unterschied zu den TV-Formaten liegt vor allem in der zur Verfügung stehenden Zeit begründet. Streaming-Serien behandeln seltener einen Fall pro Folge, sondern können diesen auf viele Episoden und Staffeln ausbreiten und somit auch die Produktionen langfristig anlegen. Das lässt neben Spannungselementen und Cliffhangern eine Menge Raum für tiefgründige Analysen und kritische Auseinandersetzung mit den zur Schau gestellten wahren Verbrechen. Nicht mehr die Sensationslust steht im Zentrum, sondern die emotionale Erzählung. Als Pionierserie gilt *Making a Murderer* (2015–2018, 20 Folgen), die von dem Amerikaner Steven Avery erzählt, der 18 Jahre unschuldig im Gefängnis sitzt. Die Serie wird in einem Zeitraum von zehn Jahren für Netflix produziert und startet damit, dass der gerade entlassene Avery kurze Zeit später zusammen mit seinem

Neffen Brendan Dassey erneut wegen Mordes an einer jungen Fotografin festgenommen und deswegen verklagt wird. Über die zwei Staffeln der Serie steht die Frage im heimischen Wohnzimmer, ob Avery sich durch seine leidlichen Erfahrungen im Gefängnis nun zu einem echten Mörder entwickelt hat oder ob er zum zweiten Mal Justizopfer wird, weil beispielsweise der Staat, den er aufgrund des Fehlurteiles verklagt hat, sich an ihm rächen will. Averys Geschichte wird anhand von Originalaufnahmen aus den Gerichtsprozessen und Polizeiverhören sowie laufenden Interviews mit dem Beschuldigten und seinen Angehörigen, Familienmitgliedern der Opfer und den Beschuldigern erzählt. *Making a Murderer* löst eine nie da gewesene Welle von Solidarisierung mit einem Häftling aus. Zwischen 2015 und 2017 unterzeichnen 536 713 Menschen eine Online-Petition, die Averys Begnadigung fordert.[30]

Nach dem Durchbruch von *Making a Murderer* folgen Dutzende ähnliche Produktionen über Pay-TV-Sender und Streamingdienste, die aufsehenerregende Prozesse gewöhnlicher Leute wie den wegen Mordes an seiner Frau verurteilten Schriftsteller Michael Peterson in *The Staircase* (2018) porträtieren oder prominente Täter wie O. J. Simpson in *American Crime Story. The People vs. O. J. Simpson* (2016) darstellen. Durch die internationalen Produktionsableger von Netflix, das ohnehin mit Abstand die meisten True-Crime-Serien herausbringt, werden inzwischen wahre Verbrechen aus der ganzen Welt verfilmt. Darunter zum Beispiel aus Deutschland *Dig Deeper. Das Verschwinden von Birgit Meier* (2021) oder zuletzt *Söring* (2023). Auch die Mehrheit der Streaming-Produktionen im Segment True Crime sind darauf ausgelegt, das Ungeklärte und Mysteriöse in den Geschichten zu befeuern oder Zweifel an der wahren Täterschaft bestehen zu lassen. Mit dem Start einer neuen Serie entstehen so meist umgehend unzählige Foren im Internet, in denen Zuschauer eigene Theorien diskutieren können. Die Formate betreiben zudem Social-Media-Seiten, um ihre Fans zu Diskussionen zu animieren.

Die Netflix-Serie *Dahmer* (2022) schlägt einen etwas anderen Weg ein, setzt nicht nur erneut auf die Faszination »berühmter Serienmörder«, sondern verzichtet komplett auf dokumentarische Elemente und baut Spannung durch fiktionalisierte Wahrheit auf. Der Begeisterung für wahre Verbrechen tut das keinen Abbruch: Sieben Wochen lang steht *Dahmer* weltweit in der Netflix-Top-10-Liste, ist inzwischen weit über eine Milliarde Stunden gestreamt worden und hat sich einen Platz unter den drittmeisten gesehenen Netflix-Streams überhaupt ergattert.

Storytelling und Emotionalisierung: der True-Crime-Podcast

Kein Medium scheint so gut zum Genre True Crime zu passen wie der auf episodischer Struktur basierende Podcast, der im Gegensatz zum Radio auf Abruf über einen RSS[31]-Feed gestreamt wird. Der True-Crime-Boom wird erst durch das neue Medium ausgelöst, während gleichzeitig der charakteristische Podcast-Journalismus durch wahre Verbrechen Popularität erlangt. Wie auch in Podcasts anderer Wissensgebiete üblich, setzt das allererste True-Crime-Format *Generation Why* (2012) auf einen spezifischen Fall pro Sendung. Das ändert der Podcast *Serial* (2013), der über eine gesamte Staffel den Fall des 19-jährigen Adnan Syed behandelt, der im Jahr 2000 seine Ex-Freundin ermordet haben soll, möglicherweise aber zu Unrecht 20 Jahre hinter Gittern verbringt. Diese folgenübergreifende, mit Cliffhangern gespickte Erzählweise ermöglicht es dem Zuhörer, sich tiefgründig mit einem Kriminalfall auseinanderzusetzen, und begründet das Phänomen des Binge-Listening. Allein in den ersten vier Jahren wird die Sendung 340 Millionen heruntergeladen und übertrifft damit alles, was das Genre jemals hervorgebracht hat; selbst in nicht englischsprachigen Ländern wie Deutschland schafft es die nicht übersetzte Serie noch unter die Top Ten. Gleichzeitig revolutioniert dieser erste Blockbuster seiner Art das seit 2005 existierende Abspielformat, das sich vom Nischenprodukt, dessen Namen in den ersten zehn Jahren seines Bestehens kaum jemand wahrnimmt, zu einem der weltweit populärsten Medien im Jahr 2023 entwickeln lässt. Nach einer Studie aus dem Jahr 2022 hören 30 Prozent der Deutschen ab 14 Jahren täglich oder wöchentlich Podcasts.[32] Mit über knapp 85 000 Podcasts belegt Deutschland hinter Brasilien (199 000) und Indonesien (142 000) den vierten Platz weltweit. Unerreicht an der Spitze liegt die USA mit über zwei Millionen der 3,2 Millionen globalen Podcasts.[33] Dabei zeigt die deutsche True-Crime-Studie sehr deutlich, dass der Podcast das favorisierte Medium für True-Crime-Inhalte ist. Das sagen 97 Prozent der Befragten. Erst an zweiter Stelle rangieren Streamingangebote mit 45 Prozent, gefolgt von Youtube (18 %), Fernsehen (12 %), Buch (9 %) und Zeitschrift (6 %).[34]

Durch den sogenannten »Serial-Effect« entstehen in den USA allein in den zwei Jahren nach Start von *Serial* gleich 150 Podcasts nach ähnlichem Muster. Amerikanische Hosts verstehen sich als investigative Journalisten, die Fälle von ungelösten Verbrechen oder mutmaßlichen Fehlurteilen viele Monate vor Veröffentlichung akribisch recherchieren, für die Sendung nach dem altbewährten Prinzip des Radio-Storytellings aufbereiten und in einer Art narrativer Berichterstattung präsentieren. Dabei wechseln sich szenisches Geschichtenerzählen, Interviews mit Opfern und Familien und Diskussionen zwischen den Hosts der Sendung ab. Stimmungsvoll begleitet werden die Podcasts von atmosphärischen Sounds und begleitenden Soundtracks mit Hörspielcharakter. Begünstigt wird der Boom durch das vergleichsweise kostengünstige Budget, das die dennoch oft hochklassige Produktion eines Podcast verschlingt.

Durchgesetzt hat sich vor allem eine Finanzierung über eingespielte Werbung, die meist von den Hosts selbst eingesprochen wird. Zu den äußerst erfolgreichen amerikanischen Podcasts zählen unter anderem *In the Dark* (2016–2020) und *Up and Vanished* (2016–2018), die sich durch hohe Hörerzahlen und positive Kritiken auszeichnen. Die Vorlage für den Großteil aller deutschen Podcasts ist die populäre US-Serie *My Favourite Murder,* die seit 2016 läuft und nicht ein Verbrechen eine Staffel lang, sondern zwei Fälle pro Folge behandelt. Diese Form, in der meistens zwei Hosts einen im Zentrum stehenden Fall besprechen, bildet den Großteil der weltweiten Podcast-Formen ab. In Deutschland orientieren sich die Macher seltener an investigativjournalistischen Maßstäben, und auch das charakteristische Storytelling ist nicht auf dem Level amerikanischer Pendants. In der Regel wechseln sich zwei weibliche Hosts in der Vorbereitung eines Falls ab und diskutieren anschließend über das Verbrechen. Ob ein Podcast mitreißt, hängt in hohem Maße von den Persönlichkeiten der Hosts und der Identifizierungsmöglichkeit mit ihnen ab. Insofern scheint sich hier das Konzept »von Frauen für Frauen« immer wieder selbst zu bestätigen. Dazu bei trägt auch, dass die Hosts nicht nur den Fall besprechen, sondern sich menschlich und offen zeigen und aus ihrem Leben berichten. Meistens beginnt eine Folge daher mit einer kurzen Unterhaltung der Moderatoren über ihre alltäglichen oder besonderen Erlebnisse der vergangenen Tage. Außerdem erklären sie oftmals Hintergründe zu ihrem vorgestellten Fall und zeigen ihre Recherchewege auf. Sie nehmen den Zuhörer auch dadurch mit, dass sie an erschreckenden Teilen des besprochenen Falls häufig authentisch emotional reagieren. Die Fans merken ganz genau, ob eine echte Empathie zum Opfer vorhanden ist oder nur vorgespielt wird. Offen sein müssen die Hosts auch für Kritik, die von Recherchefehlern, undeutlicher Sprache bis hin zu Empörungen beispielsweise über das Lachen an falscher Stelle reichen.

Der hohe Unterhaltungswert und der angestrebte Entertainment-Faktor bringen ganz besonders in der deutschen Podcast-Szene einige Schattenseiten zutage. Zu oft hapert die Darstellung der Fälle an unzureichender Recherche nicht ausgebildeter Journalisten oder wissenschaftlicher Laien. Obwohl es positive Ausnahmen gibt, reicht anscheinend vielen Hosts, die in Serie produzieren müssen, die notwendige Zeit nicht mehr aus, um sich adäquat in einen Fall einzulesen oder Experten zurate zu ziehen. Hat eine Geschichte bei der Konkurrenz für hohe Klickzahlen gesorgt, wird diese ebenfalls eingeplant, und – man merkt es leider allzu oft – es werden auch die Recherchefehler übernommen, sodass über zahlreiche prominente Fälle teils eklatante Falschinformationen kursieren, die höchstens noch von den Zuhörern selbst aufgeklärt werden. Hier sollte es nach amerikanischem Vorbild in Zukunft mehr redaktionelle Betreuung geben, sodass Fakten überprüft und saubere Quellen angegeben werden können. Erfrischend sind da Konzepte, in denen wechselnde Profis in die Sendung eingebunden werden und als Co-Host zur Verfügung stehen. In vergleichbaren US-Formaten sitzen zudem ein oder zwei Researcher, die den Fall aufgearbeitet haben, an der Seite der Hosts; so können sich diese ihrerseits während der Sendung rückversichern und das Hauptaugenmerk auf Moderation und Erzählung legen. Psychologin Corinna Perchtold-Stefan beobachtet in amerikanischen Podcasts ein möglicherweise noch ausgeprägteres »Lifecoaching« und eine stärkere Bindung zwischen Hosts und Publikum. Auch sie regt daher an, die Expertise der Hosts, die sich immerhin mit der komplexen Materie menschlicher Gewalt und Tragödien auseinandersetzen, weiter zu beleuchten. In deutschsprachigen Podcasts falle ihr zum Beispiel auf, dass der Begriff der Psychopathie bei Täterbeschreibungen inflationär verwendet werde, wodurch der Eindruck entstehe, jeder Gewalttäter sei nach klinischen Standards ein Psychopath, wobei diese statistisch nur ein Prozent der Menschen ausmachten.

Podcasts nutzen die Zuschauerinteraktion in einer Weise, die im True-Crime-Bereich einmalig ist. Trotz vorproduzierter Inhalte gelingt es den Machern kontinuierlich, durch den Aufruf an die Hörer am Ende jeder Episode den aktuellen Fall über soziale Medien weiter zu diskutieren, eine Gemeinschaft zu fördern. Besonderer Beliebtheit erfreuen sich vor allem die vielfältigen Theorien zu den offenen Fragen eines Falls. Neben der wirtschaftlichen Profitabilität durch Kundenbindung für die Produzenten stärkt diese Entwicklung den sozialen Zusammenhalt der Hörer und ermöglicht ihnen den Austausch über Ängste im Zusammenhang mit Verbrechen oder persönlich erlebten Traumata durch Gewaltakte.

Ein weiteres Kernelement vieler Podcasts sind Liveveranstaltungen, die den Hörern die Chance bieten, ihre oft zu Idolen avancierten Hosts persönlich zu treffen und die Gemeinschaft der Zuhörer zu stärken. Oftmals bieten die Podcast-Macher zu ihren einzelnen Fällen auf ihren Fanseiten eine Quellensammlung an, die sogenannten Show-Notes, um sich zum Beispiel während der Sendung besprochene Fotos oder Videos im Nachhinein anschauen zu können. Hier zeigt sich deutlich die Anbindung an das Phänomen des Websleuthing, denn dadurch wird die Lust an tiefer gehender Detektivarbeit angeregt und bei ungeklärten Fällen auch immer wieder dazu aufgerufen, sich mit Hinweisen direkt an die

Hosts zu wenden. Zur Interaktivität bei trägt außerdem bei, im Verlauf des Beitrags die E-Mails von Zuhörern zu beantworten und den Fans regelmäßige Angebote zu machen, selbst Fallvorschläge einzubringen. In der Mehrheit der True-Crime-Podcasts hat sich die Praxis etabliert, dem Beitrag eine Trigger-Warnung voranzustellen, um die Hörer über explizite Verbrechensdarstellungen vorzuwarnen, die in der aktuellen Episode besprochen werden. Dies ermöglicht es allen, die sich bestimmte Inhalte, wie etwa Gewalt gegen Kinder, ersparen möchten, ganze Episoden oder spezifische Passagen zu überspringen.

Der Boom von True-Crime-Podcasts in den USA erreicht Deutschland mit einer Verzögerung von fünf bis sechs Jahren, gewinnt jedoch zunehmend an Popularität. Die Hörerschaft besteht überwiegend aus Frauen und tendiert zu einem jüngeren Publikum. 58 Prozent gehören der Alterskohorte zwischen 20 und 29 Jahren an.[35] Aktuell existieren 358 deutsche True-Crime-Podcasts.[36] Im Beliebtheitsranking aller Podcasts befinden sich unter den Top 20 insgesamt fünf im Genre True Crime. Die Spitzenreiter sind *Zeitverbrechen* (2018 bis heute), *Mord auf Ex* (2019 bis heute), *Verbrechen von nebenan* (2019 bis heute), *Weird Crimes* (2012 bis heute) und *Mordlust* (2018 bis heute). Alle funktionieren nach dem gleichen Modell: zwei Hosts, pro Folge ein Fall. Auf dem deutschen Markt ist die ausführliche Behandlung einzelner Geschichten über eine gesamte Staffel hinweg eher selten, und sowohl in der Produktion als auch im Storytelling erreichen diese Formate meist nicht das Niveau ihrer renommierten amerikanischen Pendants. Zu den beliebtesten, die eine Fallserie aufbieten, gehören etwa *Frauke Liebs – Die Suche nach dem Mörder* (2022–2023) über den Mord an Frauke Liebs 2006, *Die Nachbarn* (2022–2023) über den Doppelmord von Babenhausen 2009 oder *Wo ist Lars?* (2023) über das mysteriöse Verschwinden von Lars Mittank 2014.

KAPITEL 4

PHÄNOMEN WEBSLEUTHING

»21st century America's Most Wanted. That's us. We want to work with the cops, we want to work with the media, with social media. We're here! Just let us help!«
Tricia Griffith (*Websleuth*-Gründerin)

Digitale Vigilanten oder Hilfssheriffs?

Dass Websleuthing zu einem Phänomen geworden ist, merkt die Gesellschaft daran, dass Internetdetektive in den letzten zehn Jahren immer öfter in die Schlagzeilen geraten, darin größtenteils aber problematisch und unheilvoll dargestellt und entsprechend wahrgenommen werden. Die größte Gefahr scheint darin zu bestehen, dass Websleuthing eine neue Form des »digitalen Vigilantismus« darstellen könnte, unter dem einige Medienwissenschaftler wie Daniel Trottier (2017) oder Benjamin Loveluck (2023) die Erscheinung untersuchen. Digilantismus, ein Kofferwort aus »digital« und »Vigilantismus«, bezeichnet das wachsende Phänomen der digitalen Selbstjustiz. Dabei nutzen Einzelpersonen oder Gruppen, die sich als digitale Bürgerwehren verstehen, das Internet, um vermeintliche Verbrecher zu identifizieren und zu sanktionieren. Dies geschieht oft unter der Prämisse, dass die offiziellen Strafverfolgungsbehörden entweder nicht in der Lage oder nicht willens sind, entsprechend zu handeln. Dieses Vorgehen ist strittig, da es neben der potenziellen Aufdeckung von Vergehen auch zu Falschverdächtigungen, Rufschädigungen und einer Umgehung des Rechtsstaatsprinzips führen kann. Digitale Vigantilisten, die sich selbst als Kämpfer der Gerechtigkeit betrachten, nutzen die Macht der eigenen Anonymität und der Informationsbeschaffung aus.

Im Rahmen des Digilantismus betreiben Akteure Cybermobbing, um ihre Zielpersonen privat oder öffentlich zu belästigen oder zu diffamieren, indem sie diese durch *Shaming*-Praktiken ihrer angeblichen Vergehen anklagen. Mittels *Doxing* werden persönliche Informationen wie Fotos und Wohnadressen veröffentlicht, oft begleitet von impliziten Aufforderungen an Dritte, den Betroffenen persönlich zu konfrontieren. Weitere Methoden umfassen *Hacking,* also den Diebstahl sensibler Daten, *Baiting,* das gezielte Anstacheln von Hass und Aggression, sowie *Deplatforming,* das Bestreben, Menschen den Zugang zu sozialen Netzwerken zu entziehen. Eine extreme Ausprägung des Digilantismus ist die sogenannte *Human Flesh Search Engine,* eine kollektive Online-Suche nach Informationen über eine Person, die bis zur realen Verfolgung führen kann. Dann werden zum Ziele der Menschenjagd Opfer zum Abschuss freigegeben und ganze Gruppen dazu aufgefordert, ihren sozialen, beruflichen oder im schlimmsten Fall tatsächlichen Tod zu forcieren.

Im folgenden Kapitel werden anhand konkreter Beispiele von Websleuthing-Pannen die potenziellen Risiken des Digilantismus illustriert, und es soll verdeutlicht werden, dass Hobbyermittler zu Methoden des digitalen Vigilantismus greifen können. Die Analyse dieser Fälle soll ein tieferes Verständnis für die Komplexität und die Risiken des Websleuthing bieten und die Notwendigkeit einer kritischen Auseinandersetzung mit den Praktiken des digitalen Vigilantismus unterstreichen. In den Medien auftretende Behördenvertreter heben nämlich am häufigsten die Gefahr hervor, dass Internetdetektive die Polizeiarbeit behindern oder gefährden können. Die Kritik richtet sich gegen die Ambitionen einiger Websleuths, komplette Fälle eigenständig lösen zu wollen, was deutlich über die Erwartungen hinausgehe, die an die Öffentlichkeitsarbeit der Polizei gestellt würde. Aus ermittlungstaktischen Gründen sowie aufgrund von Sicherheits- und Datenschutzbestimmungen sei eine Integration von Bürgern in die Polizeiarbeit nicht vorgesehen. Vielmehr sollen diese als Informationsquelle dienen, indem sie spezifische Hinweise zu Verdächtigen, Zeugen oder Tatorten beisteuern, anstatt als Partner in der Verbrechensbekämpfung zu fungieren. Der Strafrechtler und Kriminologe Ted Bremer hebt in einem Beitrag aus dem Jahr 2021 die Risiken des Websleuthing für die polizeiliche Ermittlungsarbeit hervor:

Während einige Gruppen wertvolle Informationen liefern, laufen die Behörden Gefahr, mit spekulativen Hinweisen überschwemmt zu werden, denen sie nachgehen müssen. Wenn sich Gruppen auf bestimmte Personen als Verdächtige oder Personen von Interesse konzentrieren, müssen die Behörden möglicherweise Ressourcen umleiten, um sicherzustellen, dass die Personen nicht belästigt werden.[37]

Bremer weist darauf hin, dass es keine empirische Forschung zu Websleuthing und seinem Einfluss auf aktive Ermittlungen gebe, dass sie aber zwingend erforderlich sei, um den stetig wachsenden Trend in den Griff zu kriegen. Denn: »Websleuthing und kollaborative Websleuthing-Gruppen werden die Polizei auch in Zukunft vor große Herausforderungen stellen, wenn es darum geht, aufsehenerregende Vorfälle zu untersuchen.«[38] Verschiedene Erhebungen deuten auf spezifische Probleme hin, die aus Hobbyermittlerarbeit resultieren. So warnt eine psychologische Forschungsgruppe aus Großbritannien Strafverfolgungsbehörden eindringlich vor Augenzeugen, die ihre eigenen Nachforschungen über soziale Medien anstellen. In einer 2021 an der Open University veröffentlichten Studie weisen die Forscher in einem Experiment nach, dass ein Augenzeuge, der in sozialen Medien jemanden erkennt, der dem Täter ähnelt, mit größerer Wahrscheinlichkeit eine falsche Identifizierung vornimmt, als den richtigen Täter zu identifizieren.[39]

Dass Ermittlungsarbeit aber heute zu großen Teilen längst über Social Media läuft und bei der Verbrechensaufklärung unabdingbar ist, zeigt bereits eine 2013 erhobene Studie der Internationalen Polizeivereinigung. 95,9 Prozent der befragten 500 Ermittlungsbehörden aus 49 Ländern geben demnach an, soziale Medien für ihre Arbeit zu nutzen, 86,1 Prozent, diese am häufigsten für Ermittlungen heranzuziehen. 80,4 Prozent der weltweiten Strafverfolgungsbehörden vermerken außerdem, dass Social Media zur Aufklärung von Verbrechen in ihrem Zuständigkeitsbereich beigetragen habe, und 73,1 Prozent, dass die Beziehungen zwischen Polizei und Gemeinde sich dadurch in ihrem Metier verbessert hätten.[40]

Dass der Nutzen von Websleuthing seine Risiken übersteigen könnte, zeigen nicht nur die weltweiten Erfolge an, die durch Öffentlichkeitsfahndungen bei der Verbrechensbekämpfung erreicht werden, sondern auch erste wissenschaftliche Studien, die sich explizit mit dem Phänomen auseinandergesetzt haben. Bevor wir uns eingehender mit der Arbeitswelt der Internetdetektive beschäftigen, ist es angebracht, zunächst einen Überblick über die bisher eher begrenzte Forschung zu geben, die sich auf die Felder

der Kriminologie, Soziologie und Psychologie erstreckt. Im Fokus des akademischen Interesses stehen dabei nicht nur die Fragen nach den Chancen und Risiken, die sich aus der Praxis des Websleuthing für die Polizeiarbeit und die Gesellschaft ergeben, sondern auch die spezifischen Methoden der Informationsbeschaffung und die Dynamiken innerhalb der Arbeitsgemeinschaften, die sich aus Internetdetektiven formieren.

Im Kern basiert das empirische Wissen über das Verhalten von Websleuths auf vier zwischen 2016 und 2023 veröffentlichten Studien, auf deren allgemeingültige Erkenntnisse wir im Folgenden kurz eingehen werden. Die schwedische Forschergruppe um den Rechtswissenschaftler Björn Remneland-Wikhamn erkennt in dem Zusammenspiel zwischen Behörden und Online-Detektiven ein vielversprechendes, zukunftsweisendes Modell, das als Schlüsselfaktor zur gemeinsamen Problemlösung und Wertschopfung betrachtet werden könne.[41]

Die kanadische Forschungsgruppe um den Kommunikationswissenschaftler David Myles nimmt 2016 die Aktivitäten der Subreddit Gruppe »Reddit Bureau of Investigation (RBI)« unter die Lupe[42] und beschreibt die detektivische Suche nach den Boston-Marathon-Attentätern als »nicht-institutionalisierte Überwachungsarbeit«, die deutlich vom Interesse von Bürgerwehren oder vom Phänomen des »Copwatching« abgegrenzt werden müsse. Die Internetdetektive wollten demnach weder die Arbeit der Sicherheitsorgane infrage stellen noch Kritik an der gesellschaftlichen Ordnung üben. Im Vordergrund der Gruppe habe der Wunsch gestanden, sowohl den Opfern als auch Strafverfolgungsbehörden schnelle Hilfe und Kooperation anzubieten. Die Studie resümiert, dass Websleuths maßgeblich angetrieben seien von der Idee des »Crowdsourced Policing«, wollten also Schwarmwissen in einer Crowd sammeln, auswerten und es offiziellen Ermittlungsbehörden zur Lösung eines Falls übergeben. Ihre Idee entspricht damit dem Prinzip von Öffentlichkeitsfahndung, an der Strafverfolgungsorgane nicht nur ein grundsätzliches Interesse haben, sondern auf die sie auch angewiesen sind. Mehrere Studien haben gezeigt, dass die Strafverfolgung durch individuelle Expertise und digitale Technologien, die sich aus Crowdsourcing ergeben, ergänzt und optimiert werden kann.[43]

Neue Kommunikationstechniken verschafften laut Studie heute prinzipiell jedem Bürger ungeahnte Möglichkeiten, mit denen er zur Aufklärung von strafrechtlichen Ermittlungen beitragen könne. Deutlich abgegrenzt werden solle laut Studie Websleuthing vom »digitalen Vigilantismus«. Internetdetektivarbeit sei demnach nicht in auffälligem Maße gekennzeichnet von der Absicht, mittels unlauterer Methoden Selbstjustiz zu üben.

Zu dem gleichen Ergebnis kommt auch eine britische Studie der sozialwissenschaftlichen Forschergruppe um die Kriminologin Elizabeth Yardley. Sie versteht Websleuthing, auf dessen Erkenntnisse und Arbeitsweisen Kriminologen nicht verzichten sollten, als eine Folge der heutigen digitalen Gesellschaft. Die Arbeit kritisiert, dass die Strafjustiz zwar wie selbstverständlich auf Informationen zurückgreife, die Websleuths zur Verfügung stellten, diese aber dennoch als problematisch einstufe.

Die aktuellste Studie vom 2023 stammt ebenfalls aus Schweden. Die Forschergruppe um den Sozialwissenschaftler David Wästerfors untersucht das Phänomen anhand von Diskussionen über 14 vergangene Kriminalfälle im schwedischen Sleuthing-Forum Flashback. In ihrer Analyse stellen die Forscher heraus, sie hätten sowohl wertvolle informationserzeugende als auch selbstjustiziable Online-Detektivaktivitäten festgestellt, was einerseits die hilfreichen, andererseits auch die riskanten Hinweise des Phänomens aufgezeigt habe. Online-Sleuthing-Foren müssten als ganz neue soziale Welten verstanden werden und ihre Untersuchung eng an den stetig steigenden Hype des True-Crime-Infotainments gekoppelt sein.

Auffällig ist, dass alle vier Studien mehrfach betonen, wie wichtig oder sogar drängend die weitere Forschung über Websleuthing ist, da sich das Phänomen weiterhin rasant ausbreiten und an Bedeutung gewinnen werde. Denn auch ein Gefahrenpotenzial in Bezug auf digitalen Vigantilismus wird trotz der herausgestellten Nützlichkeitsfaktoren in den vorliegenden Studien erkannt. So verweisen Myles et al. darauf, dass es eine nicht geringe Anzahl von selbst ernannten »Online-Ordnungshütern« mit Aufwiegelungspotenzial innerhalb der Internetdetektivgemeinschaft gebe. Yardley et al. betonen, dass bei einigen Internetdetektiven Interesse in Besessenheit umschlagen könne, in der die Grenzen zwischen ihrem Leben und dem anderer, in das sie eintauchen würden, verwischen. Daher gelte es vor allem, die weitaus größere Gruppe der Online-Sleuths zu fördern, die seriös arbeiteten, die Rechte anderer schützten sowie von Gerechtigkeit und Hilfsbereitschaft angetrieben seien. Nicht zuletzt auch deshalb, um die kleinere Gruppe mit Radikalisierungspotenzial einzudämmen.

Werkzeuge und Arbeitswelten der Hobbyermittler

Die wichtigsten Werkzeuge der Internetdetektive heißen Wissensansammlung und Interaktivität, beschreiben also perfekt die Möglichkeiten, die das Internet zur Verfügung stellt. Die allgemeine Anlaufstelle für Internetspürnasen sind True-Crime-Foren, in denen laufende oder aktuelle Verbrechensfälle zur Diskussion kategorisiert werden. In der Regel finden sich in den jeweiligen

Unterforen Links zu allen relevanten Webseiten, die sich mit einem speziellen Fall beschäftigen. Das sind zum Beispiel Fallanalysen, Archive mit Foto- und Videomaterial oder Crimeblogs/-vlogs bereits spezialisierter Detektive, die über alle neuen Entwicklungen des Falls auf dem Laufenden halten, Nachrichtenartikel sammeln und aktualisieren und ihre eigenen Kommentare dazu abgeben. Spezielle True-Crime-Blogrolls wiederum bündeln und kategorisieren die Blogs, die oftmals von professionellen und erfahrenen Schreibern aus der Nachrichtenbranche betrieben werden. Auch gebundene Journalisten haben in Blogs anonym die Möglichkeit, ausführlich und frei von Zensur und medialen Agenden über Fälle zu berichten, in die Tiefe zu gehen und ihre ganz persönliche Ansicht zu schildern. Auf diese Weise werden überhaupt erst die vielen Fälle sichtbar, die es gar nicht in den stark begrenzten Bereich der Mainstreamnachrichten schaffen.

Herzstücke der Interaktion zwischen Internetdetektiven bleiben die Foren, von denen die meisten nach dem Vorbild von *Websleuths* aufgebaut sind. Das Prinzip besteht darin, dass man alle Fälle separat bearbeiten kann, diese aber gleichzeitig miteinander verknüpft sind. Auf diese Weise lassen sich schnell Parallelen zu ähnlichen Verbrechen erkennen, die möglicherweise sogar vom selben Täter begangen wurden. Durch die Struktur über- und untergeordneter Foren und die kategorische Einteilung kleinerer ähnlicher Fälle in größere Zusammenhänge besteht grundsätzlich die Möglichkeit, die Taten eines noch nicht gefassten Serienmörders zu entlarven. Aktuell können registrierte Nutzer auf 597 526 Diskussionen mit insgesamt 18 065 553 Posts zugreifen.[44] Zur besseren Übersicht entsteht nach 1500 Antworten ein neuer Diskussionsstrang. Zehn Hauptkategorien bilden auf *Websleuths* den Startpunkt für die Arbeit an Verbrechen aus der ganzen Welt. Unter »Besondere Fälle« werden beispielsweise alle laufenden Kriminalfälle kategorisiert, die akribisch gelistet werden, sobald sie in den News auftauchen. Dabei ist ein grundsätzlicher Anspruch der Websleuth-Gemeinschaft, sich unbekannten Fällen anzunehmen; dadurch wird die Aufmerksamkeit auf Opfer gelenkt, deren Schicksal nicht medial thematisiert wird, weil sie beispielsweise zu Randgruppen gehören, die sich keine Hilfe leisten können. Die Kategorie »Gerichtsverhandlungen« beinhaltet Diskussionen zu abgeschlossenen oder aktuellen Prozessen. Unter »Straftaten« rangieren zum Beispiel »Cold Cases«, »Serienkiller«, »Verbrechen an Kindern«, »Amokläufe und Anschläge« oder »Tyrannen und Stalker«. Nebenbei gibt es ein umfangreiches »Ressourcenzentrum« inklusive Fallindex und internationale Datenbanken.

True-Crime-Fans stehen darüber hinaus natürlich Diskussionsforen zu allen relevanten Filmen, Dokumentationen oder Podcasts zur Verfügung. Das Forum ist untrennbar mit seiner aktivsten Userin, der Geschäftsfrau Tricia Griffith, verbunden, die *Websleuths* im Jahr 2004 gekauft hat. Die heutige Präsidentin der größten amerikanischen Kfz-Versicherungsgesellschaft hat sich als True-Crime-Fan intrinsisch motiviert gefühlt, Verbrechen aufzuklären, und wird heute trotz fehlender kriminalistischer Ausbildung häufig in den Medien als Expertin für Profiling herangezogen. Griffiths eigenen Angaben zufolge ist ihr Wunsch, Kriminelle zu stellen, dadurch entstanden, dass sie als 15-Jährige nur knapp dem Serienmörder Ted Bundy entkommen ist, der sie aus einem Einkaufszentrum habe locken wollen.[45]

Die Plattform *Websleuths* verfügt über strenge und überwachte Reglements. Alle Mitglieder verpflichten sich zu gemeinsamen Werten und vorgegebenen Zielen der gesamten Gruppe. Beiträge, die aktiv Polizeiarbeit behindern, Opfer schmähen, zu Gewalt aufrufen oder aufwiegeln, werden umgehend entfernt. Während Leaks von offiziellen Ermittlungsbehörden natürlich gern gesehen sind, dürfen Internetdetektive keine Namen oder personenbezogene Daten von mutmaßlichen Verdächtigen angeben, solange diese nicht auch offiziell beziehungsweise inoffiziell von der Polizei verdächtigt werden. User dürfen daneben keine eigenen Überwachungen oder sonstigen Offline-Aktionen durchführen und diese online stellen. Tatsachenbehauptungen müssen belegt, Quellen zitiert und wilde Spekulationen unterlassen werden. Forenmitglieder, die als Experten diverser wissenschaftlicher oder forensischer Disziplinen Informationen herausgeben wollen, sind dazu verpflichtet, zuvor den Seitenbetreibern gegenüber ihre Qualifikation und Befähigungen nachzuweisen. Für die Einhaltung der Regeln sorgen 18 feste Mitarbeiter, die die Beiträge überwachen, kontrollieren und protokollieren.

Bei so viel Professionalisierung ist klar, dass offizielle Ermittler regelmäßig die Foren der Plattform nach Informationen absuchen lassen oder auch selbst absuchen. So wenden sich Polizeibeamte anonym an die Forenbetreiber, um beispielsweise nach der Herkunft eines fallrelevanten Kleidungsstücks zu suchen. Indem man ein breites Publikum anspricht, erhöht sich die Wahrscheinlichkeit, dass jemand relevante Informationen zur Verfügung stellen kann. Dies kann besonders effektiv sein, wenn es um seltene oder ungewöhnliche Gegenstände geht, deren Herkunft oder Vertriebswege nicht leicht zu ermitteln sind. Die Anonymität, die solche Foren Ermittlern bieten, kann besonders nützlich sein, wenn es darum geht, die Öffentlichkeit in die Lösung eines Falls einzubeziehen, ohne die Integrität der Fahndung zu gefährden.

Auch auf Reddit existieren generelle, streng überwachte Richtlinien und Meldetools, allerdings fußt die Kontrolle der Subreddits zu einzelnen Verbrechensfällen größtenteils auf Selbstregulation und Moderatorenüberwachung. Das Reddit Bureau of Investigation ist vor allem erfolgreich darin, kleinere, alltägliche

Fälle wie das Aufspüren von Diebesgut zu lösen, und bietet sämtlichen Usern die Möglichkeit, sich Hilfe suchend an das Forum zu wenden. Die Diskussionen verlaufen relativ frei, solange zwei Grundregeln eingehalten werden. Die erste untersagt Debatten über laufende strafrechtliche Angelegenheiten. Nur wenn die Polizei ihre Ermittlungen abgeschlossen hat oder diese ins Stocken geraten, soll die Hilfe im Forum gesucht werden. Die zweite Regel verbietet es den Redditoren, persönliche Informationen von Verdächtigen wie Adressen oder Telefonnummern zu teilen. Per Privatnachricht ist dies jedoch erlaubt. Lange professionalisiert ist das Zusammenspiel zwischen Ermittlungsbehörden und Online-Detektiven bereits im Doe-Network, über das bis heute 500 Hobbyermittler insgesamt 113 Vermisstenfälle aufklären und entsprechend vielen John und Jane Does Namen geben konnten.

In der Rubrik Kriminalfälle des Allmystery-Forums entspannen sich hauptsächlich zu deutschen, aber auch zu international aufsehenerregenden True-Crime-Cases rege Diskussionen. Mit derzeitigem Stand umfassen die 2892 Diskussionsstränge 1 735 542 Beiträge. Durchschnittlich werden 257 Beiträge am Tag abgesetzt.[46] Zwar können die Mitglieder frei diskutieren, doch eigene »Krimiregeln« legen strenge Kriterien fest. Die Krimirubrik verfolgt einen wissenschaftlichen Ansatz, und es sollen explizit keine paranormalen Erklärungsansätze Erwähnung finden. Unbedingt vermieden werden müssen Spekulationen, die über den gesetzlichen Rahmen hinausgehen. Ein Zitationssystem, das Urheber- und Zitationsrecht gewährleistet, legt fest, dass Quellen belegt und von den Mitgliedern des Forums nachvollzogen werden können. Weder dürfen Familienangehörige der Opfer beschuldigt noch Berufsgruppen unter Generalverdacht gestellt werden.

Für das Team aus neun unentgeltlich arbeitenden Moderatoren und zwei für technische Fragen beschäftigten Administratoren ist das eine verantwortungsvolle Aufgabe. »Man muss kritisch sein, prüfen, möglichst objektiv entscheiden und Regeln durchsetzen«, sagt Allmystery-Admin Dennis Kort stellvertretend für sein Team. »Wenn Verstöße geahndet werden, versuchen wir klar mit den Betroffenen darüber zu kommunizieren, was falsch gelaufen ist.« Die Moderatoren von Allmystery, die ebenfalls ein steigendes Interesse an True Crime erkennen, beantworten auch Anfragen von Behörden und Medien, die sich auf einzelne Entwicklungen bestimmter Kriminalfälle beziehen. Sowohl Ermittler als auch Journalisten werfen einen genauen Blick auf die Diskussionen. »Wir merken auch, dass die teils akribisch und detailliert ausgearbeiteten Denkansätze unserer Mitglieder in den großen True-Crime-Podcasts aufgenommen werden«, sagt Kort, der die Faszination für True Crime nachvollziehen kann. »Die User können sich nicht nur zum aktuellen Stand der Ermittlungen austauschen, sie erhalten Feedback zu eigenen Theorien, tragen Einzelheiten zusammen und hoffen, einen Teil zur Lösung des Falls beitragen zu können. User sind aber auch schon übers Ziel hinausgeschossen und haben private Investigationen veranstaltet. Solche Auswüchse werden bei uns allerdings rigoros unterbunden.«

Die Eigenrecherche der Internetdetektive geht weit über das hinaus, was Suchmaschinen, Wikis und Online-Lexika zu bieten haben. Sie benutzen historische, juristische und genealogische Datenbanken und wissenschaftliche Archive aller Art, um an das notwendige digitalisierte Spezialwissen zu kommen. Es existieren frei zugängliche Datensammlungen ungelöster Verbrechen, vermisster oder nicht identifizierbarer Personen. Die Suchmaschinen *Pipl und Spokeo* durchkämmen das Deep Web nach Informationen lebender Personen. Das Tool *Hootsuite* analysiert Social-Media-Aktivitäten. Wichtige Arbeit, um relevante, mit einem Fall verbundene Orte zu markieren, leisten die Google Apps *Maps und Earth* und Angebote vieler vergleichbarer Anbieter, die verschiedene Gelände-, Straßenkarten- und Satellitenansichten ermöglichen und den Benutzer neben Kilometerzählern auch die Zeiten anzeigen, die spezifische Fahrzeuge zwischen bestimmten Punkten zurücklegen können. Mit *Google Timelabs* lassen sich die gewünschten Orte sogar zu einem weiter zurückliegenden Zeitpunkt darstellen, etwa dem eines früheren Mordes. *Old Maps Online* archiviert Straßenkarten der Vergangenheit, *Shadowcalculator* rekonstruiert die Lichtverhältnisse bestimmter Tatorte, und verschiedene Seiten bieten den Upload von Fotos für eine forensische Analyse an.

Mittels künstlicher Intelligenz können Hobbyermittler heute ganz leicht selbst Bildfälschungen und Fotomanipulationen erkennen. Dafür gibt es auch Online-Tools wie *Forensically* oder *Foto Forensics,* wo Bilder hochgeladen und analysiert werden können. *EnCase, Autopsy* oder *Oxygen Forensics* sind hochkomplexe und auch von Strafverfolgungsbehörden angewendete Software-Programme für digitale Extraktionen und Analysen. Mit *Wayback Machine* können gelöschte Internetseiten wiederhergestellt werden, *Online Translator* übersetzen in Sekundenschnelle nicht nur Webseiten, sondern auch Dokumente, sodass Sprachbarrieren kaum noch Hindernisse darstellen. Die App *CrimeDoor* bietet neben einem aktuellen Verbrechensticker und der Möglichkeit, echte Fallakten einzusehen, die Option an, mittels Augmented Reality reale Tatorte akkurat nachzubilden und sie aus Ermittlersicht zu erleben. Auch von ehemaligen Ermittlern gibt es Hilfestellung. Im mittlerweile eingestellten Podcast »The Murder Squad« begrüßen die Hosts, der Investigativjournalist für ungelöste Mordfälle Billy Jensen und der pensionierte Kriminalpolizist Paul

Holes, ihre Zuschauerhörerschaft mit »Willkommen im Morddezernat« und meinen das durchaus ernst. Ihr Ziel ist, gemeinsam mit den Zuhörern echte Cold Cases mittels »Crowdsolving« zu lösen; dazu geben sie in jeder Episode anhand von Hausaufgaben kriminalistisches Fachwissen und Ermittlungstaktiken weiter.

Ein ganz relevanter Aspekt, um das Phänomen Websleuthing zu erklären, ist neben der fortgeschrittenen und erschwinglichen Technik die heute gegebene Möglichkeit, essenzielle Informationen sofort verfügbar zu haben. Während man früher auf Zeitungsberichte warten musste und auf den eigenen Gang ins Archiv oder in die Bibliothek angewiesen war, erledigen das heute ein paar Klicks. Das Prinzip des Fällelösens beruht auch auf Arbeitsteilung, indem bereits überprüfte und ausgewertete Ergebnisse in die jeweiligen Foren, Gruppen oder auf die Seiten sozialer Netzwerke gestellt werden. In relativ kurzer Zeit können so prinzipiell Tausende User gleichzeitig ermitteln und dabei auf das gesammelte Schwarmwissen zurückgreifen. Zum Crowdsolving gehört natürlich Wissen von Experten verschiedenster Disziplinen und Handwerke, denn Internetdetektive gehen normalerweise eigenen Berufen und anderen Hobbys nach und bringen Expertisen ein. Unter den Websleuths versammeln sich somit auch echte Journalisten, Juristen oder Ermittler, wenngleich sicher nicht dienstlich. Aber immer wieder kommt es vor, dass Dokumente offizieller Ermittlungsbehörden geleakt werden, die dann in den entsprechenden Foren auch als Quelle zur Verfügung gestellt werden. Dazu zählen Tatortfotos, nicht öffentliche Überwachungsvideos, aufgezeichnete Verhöre von Verdächtigen, Zeugenbefragungen oder Autopsieberichte.

Für diejenigen, die sich ihre detektivischen Fähigkeiten und den Umgang mit technischen Datenbanken nicht selbst beibringen wollen, existieren inzwischen auch Online-Weiterbildungen und Studiengänge, zum Beispiel in den Bereichen Kriminologie, Digitale Forensik oder Strafjustiz, über die Internetdetektive ihr Wissen für den »Hausgebrauch« professionalisieren können, oder sie entscheiden sich nach einem anerkannten Abschluss dafür, beruflich im kriminalistischen Bereich Fuß zu fassen.

Täter gefasst, Opfer identifiziert: die Erfolge der Websleuths

Erfolgreiche Websleuths erlangen hohes Ansehen innerhalb der Szene und manchmal sogar Kultstatus – wie die Autorin Michelle McNamara, die über viele Jahre akribisch, aber auch besessen nach einem der meistgesuchten Serienmörder aller Zeiten fahndet. Sie erlangt dabei so große Anerkennung und Berühmtheit, dass Presse und Polizei dem von ihr geprägten Namen des Täters übernehmen, der zwischen 1973 und 1986 mindestens 13 Menschen ermordet und 45 Vergewaltigungen begeht: Golden State Killer. Der zunächst als East Area Rapist, Original Night Stalker und Visalia Ransacker bekannte Täter verfolgt bei seinen Verbrechen ein wiederkehrendes Muster. Er bricht maskiert in Wohnhäuser ein und weckt die schlafenden Bewohner mit dem grellen Licht einer Taschenlampe. Anfänglich richtet er seine Übergriffe gegen alleinstehende Frauen, die er vergewaltigt, foltert und ermordet. Später erweitert er seinen Modus Operandi und attackiert auch Ehepaare, wobei er die Frauen vor den Augen ihrer im Bett gefesselten Männer missbraucht und tötet. Trotz etlicher Zeugenaussagen, Phantombilder, Schuhabdrücke und Tonbandaufnahmen gelingt es in 44 Jahren nicht, den brutalen Killer zu fassen. Etwas, das McNamara nicht hinnehmen will; daher sieht sie ab 2006 ihren Lebensinhalt darin, den Serienmörder zu stellen. Dabei kommt sie dem Täter erstaunlich nahe, wie sich später herausstellen soll, ermittelt unter anderem seine Blutgruppe, seine Penisgröße und seine berufliche Tätigkeit als Polizist. McNamara beginnt ein Buch über ihre Suche nach dem Killer zu schreiben, in die sie sich so hineinsteigert, dass sie Depressionen bekommt; körperlich und seelisch erschöpft, stirbt sie am 21. April 2016 an einer Überdosis Medikamente. Auf Wunsch ihres Mannes schreibt ein Investigativjournalist den Bestseller zu Ende, der 2018 unter dem Titel *I'll Be Gone in the Dark* erscheint.

Nur zwei Monate nach Veröffentlichung des Werkes wird wahr, was sich McNamara so sehnlich erträumt hat: Am 24. April 2018 wird der Golden State Killer von einem Cold-Case-Team aufgespürt und gefasst. Zum Verhängnis wird dem 72-jährigen ehemaligen Polizeibeamten Joseph James DeAngelo, dass er sich nach seinen Taten oft noch Stunden im Haus seiner Opfer aufhält, um sich etwas zu essen zuzubereiten und zu entspannen. Der leitende Ermittler Paul Holes bittet die Hobby-Genealogin Barbara Rae-Venter um Unterstützung bei der Suche nach dem Golden State Killer. Diese lädt die am Tatort gesicherte DNA in die genealogische Datenbank GEDmatch hoch und identifiziert dadurch so lange Verwandte, bis sie auf Joseph James DeAngelo stößt. Ihm können schließlich die Verbrechen zugeordnet werden, woraufhin er zu einer lebenslangen Haftstrafe verurteilt wird, die er gegenwärtig verbüßt. So wird dem Golden State Killer letztendlich doch noch durch maßgebliches Zutun einer Hobbyermittlerin das Handwerk gelegt. Rae-Venter hat ihre Beteiligung bei der Ergreifung DeAngelos und weiterer Mörder und Schwerverbrecher 2023 in einem Buch verewigt: *I Know Who You Are: How an Amateur DNA Sleuth Demasked the Golden State Killer and Changed Crime Fighting Forever.*

John Does Kopf

Im Januar 2001 wird Gregory May von seinen Familienangehörigen als vermisst gemeldet. Der in Lake Geneva, Wisconsin, ansässige und beliebte 56-Jährige ist bekannt für seine Leidenschaft, Antiquitäten aus dem 19. Jahrhundert zu sammeln. Beruflich hat er sich als äußerst schneller und talentierter Tätowierer einen Namen gemacht und gilt in der Branche als einer der besten im Mittleren Westen. Am 23. März 2001 finden Ermittler seinen Wagen 141 Meilen entfernt von seinem Wohnort auf einem Parkplatz in Illinois. Darin befindet sich auch Mays Brieftasche, und seine Kinder Don und Shannon müssen das Schlimmste befürchten. Erst recht, nachdem sich kurz darauf ein Freund des Vermissten bei ihnen meldet und beteuert, dass er im Katalog eines Auktionshauses einige Antiquitäten gefunden habe, die ihrem Vater gehört hätten. Während Don May insgesamt siebzig Artefakte, darunter wertvolle Schwerter und Uniformen aus dem amerikanischen Bürgerkrieg, identifiziert, die tatsächlich seinem Vater gehört haben, gelangen die Ermittler an Douglas DeBruin, einen langjährigen Freund Mays, der die Antiquitäten zum Kauf angeboten hat. Während dieser den Beamten erzählt, er habe keine Ahnung, wo May sein könne, gesteht dessen Freundin Julie Miller im Verhör, dass ihr Freund May während eines Faustkampfes getötet habe, sie aber nicht wisse, was er mit der Leiche gemacht habe. Das Paar, das im Zusammenhang mit dem Verschwinden von Gregory May verhaftet wird, gerät unter Verdacht, da nachgewiesen werden kann, dass sie erhebliche Teile von Mays Antiquitätensammlung, auf denen teilweise Blut klebt, verkauft oder in ihrem Wohnwagen versteckt haben. Trotz dieser Beweise kann DeBruin die Tat nicht eindeutig zugeordnet werden, da keine Leiche gefunden wird.

Im Doe Network nimmt die Internetdetektivin Ellen Leach um diese Zeit die Büste eines John Doe unter die Lupe. Sein Gesicht wurde im Auftrag von Ermittlungsbehörden von einem forensischen Bildhauer anhand eines Schädels rekonstruiert, der am 27. August 2001 auf einem Rastplatz in Missouri in einem Betonzylinder gefunden worden war. Nachdem Fotos der Büste keine Hinweise über die Sendung *Americas Most Wanted* eingebracht hatten, entschied sich ein Ermittler dazu, den Datensatz ins Doe-Netzwerk einzustellen. Ellen Leach, die hauptberuflich als Kassiererin in einem Supermarkt tätig ist, steht vor einem kniffligen Rätsel. Sie sucht nach Informationen zu einem John Doe aus Missouri, doch weder ihre eigene noch eine andere nationale oder internationale Datenbank liefern Ergebnisse. Unbeirrt setzt sie ihre Recherche fort und durchforstet schließlich die Datenbanken von Gerichtsmedizinern und Polizeidienststellen in verschiedenen US-Bundesstaaten. Es ist die Suche nach einer Nadel im Heuhaufen, zumal zu John Doe nur der Schädel vorliegt und keine körperlichen Eigenschaften. Doch die Hartnäckigkeit der Hobbyermittlerin zahlt sich aus: Zwei Jahre später findet sie in einer Datenbank in Iowa ein gerade hochgeladenes Foto von Gregory May, erkennt ihn wieder und leitet ihren Bericht intern weiter. Ein zahnärztliches Gutachten bestätigt schließlich, dass John Doe der gesuchte Gregory May ist. Am 21. April 2005 kann Douglas DeBruin endlich wegen Mordes verurteilt werden. Unter Zusicherung der Immunität sagt Julie Miller aus, dass ihr Freund May in dessen Haus erwürgt habe, um an seine Schätze zu kommen. Sie hätten dann gemeinsam die Leiche in den Keller geschleppt, sie dort mit einer Kettensäge und einem Messer zerstückelt und die vielen Einzelteile entlang des Mississippis entsorgt.

Das Gericht schenkt DeBruins Aussagen, dass es eigentlich seine Freundin gewesen sei, die May mit einem Messer erstochen habe, keinen Glauben. Julie Miller wird nicht wegen Mordes angeklagt, sondern erhält eine fünfjährige Haftstrafe. Douglas DeBruin hingegen wird zu einer lebenslangen Freiheitsstrafe verurteilt. Während seiner Haftzeit wird er durch die zahlreichen Tattoos, die sein »bester Freund«, wie er während seines Prozesses wiederholt betont, ihm gestochen hat, an die Tat erinnert und hat Zeit, darüber nachzudenken. Von Gregory May selbst werden keine weiteren Leichenteile gefunden. Inspiriert durch den Fall, erlässt der Staat Iowa ein Gesetz, das die »Verstümmelung, Entstellung, Zerstückelung, das Verstecken oder Vergraben einer menschlichen Leiche mit der Absicht, ein Verbrechen zu begehen«, ebenfalls unter Strafe stellt. Gregory May ist Ellen Leachs erster Fall; sie ist weiter im Doe Network engagiert und hat inzwischen fünf Does erfolgreich einen Namen geben können.[47]

Der tödliche Millionengewinn

Abraham Shakespeare, ein Gelegenheitsarbeiter aus Florida, macht am 15. November 2006 an einem Kiosk mit einem 2-Dollar-Lottoschein einen Gewinn von 17 Millionen Dollar. Er bleibt bescheiden und erfüllt sich nur drei lang gehegte Wünsche: Er kauft sich ein Haus im Wert von einer Million Dollar, einen Mittelklassewagen und eine luxuriöse Herrenarmbanduhr. Seine Geschichte zeigt, wie ein unerwarteter Geldsegen das Leben einer Person verändern kann. In den kommenden zwei Jahren spricht sich Shakespeares neues Vermögen herum, und immer mehr flüchtige Bekannte und auch Fremde wenden sich an ihn in der Hoffnung, davon profitieren zu können. Der 40-Jährige wiegelt alle Anfragen und Bitten ab und klagt gegenüber seiner Familie mehrfach, dass sein Gewinn ihm nur Ärger einbringe. Am 9. November 2009 stellen seine Angehörigen eine Vermisstenanzeige, nachdem sie

Monate nichts mehr von Shakespeare gehört, zunächst aber angenommen haben, er habe sich irgendwohin abgesetzt, um sich in Ruhe etwas aufbauen zu können.

Die Ermittler tappen noch im Dunkeln, als der Fall im Forum *Websleuths* bereits heiß diskutiert wird. Dort stürzt sich die Hobbyermittlerin Cindi Parrott unter ihrem Pseudonym Sleuthster minutiös in den Vermisstenfall und bringt schließlich in Erfahrung, dass sich Shakespeare vor seinem Verschwinden mit einer dem Familienkreis unbekannten Frau angefreundet hat. Diese soll ihm angeboten haben, für ihn ein Buch über sein Leben zu schreiben. Eine Websleuth-Gruppe recherchiert die Frau als die verurteilte Versicherungsbetrügerin Dorice »Dee Dee« Moore, stellt ihre Biografie auf den Kopf und findet in einer Datenbank über Immobilienkaufverträge heraus, dass Shakespeares Haus seit Kurzem ihrer Firma gehört. Die Websleuths geben ihre Ermittlungsberichte an die Polizei weiter, die die Leiche des Vermissten unter einer Betonplatte von Moores Haus auffinden kann. Shakespeare ist per Kopfschuss hingerichtet worden. Zwar versucht die Betrügerin, die das gesamte Vermögen des Opfers auf sich überschrieben hat, während ihres Prozesses den Mord auf insgesamt fünf ominöse Personen abzuwälzen, doch die Faktenlage ist erdrückend. 2010 wird sie wegen Mordes an dem 43-Jährigen zu einer lebenslangen Haftstrafe verurteilt. Unter anderem kann das Gericht auf ein vom Forum *Websleuths* übergebenes IP-Protokoll zurückgreifen, welches zeigt, dass eine anonyme Nutzerin im Forum vehement die Unschuld von »Dee Dee Moore« vertritt. Die Ermittler stellen fest, dass die IP-Adresse, von der aus die Beiträge verfasst wurden, tatsächlich Moore selbst zuzuordnen ist.

Das anmutige und anschmiegsame Wesen von Katzen fasziniert Menschen, seit sich die intelligenten Tiere ihnen vor rund 10 000 Jahren angenähert haben, um versorgt, gestreichelt und bespaßt zu werden. Sie sind gefürchtet und verehrt, vor allem aber geliebt worden, und die gegenseitige profitable Koexistenz zwischen Mensch und Katze hat die geistreichen Vierbeiner zum beliebtesten Haustier weltweit gemacht. Vor allem in Europa sind sie aus menschlichen Haushalten nicht wegzudenken. In Deutschland leben etwa 35 Millionen Katzen mit ihren Menschen zusammen und werden in den meisten Fällen als Teil der Familie angesehen. Das Eigensinnige und Mysteriöse, das von den Tieren ausgeht, lässt sie aber auch immer wieder menschliche Feinde finden, die sich so gestört von ihrem Erscheinen fühlen, dass sie Giftköder auslegen oder sogar helle Freude dabei empfinden, sie zu quälen. Unumstritten ist eines: Mit Katzen lässt sich Aufmerksamkeit erzielen. Diese sucht im Jahr 2010 ein sadistischer Tierquäler, als er anonym ein Video mit dem Titel »One Boy, two Kitten« hochlädt, das ihn vermummt dabei zeigt, wie er zwei Kätzchen in einem Plastiksack erstickt. Die gesuchte Beachtung wird dem Täter umgehend zuteil, möglicherweise in einem größeren Ausmaß, als er einkalkuliert hat.

Der Titel der im Jahr 2019 von Netflix veröffentlichten Serie über den Fall beschreibt deutlich, was die krankhaften Videos in Gang setzten: *Don't F**k with Cats*. Leg dich nicht mit Katzen an! Katzenliebhaber auf der ganzen Welt finden sich damals in diversen Internetforen zusammen, um die Person ausfindig zu machen, die ihren verehrten Vierbeinern so Grauenvolles antut. Darunter sind die amerikanischen Internetdetektive Deanna Thompson alias Baudi Moovan und jemand, der unter dem Pseudonym John

Green schreibt. Sie begegnen sich in der Facebook-Gruppe »Find the Kitten Vacuumer … for Great Justice«, in der 4000 Mitglieder nach dem Täter fahnden. Mit neun anderen Websleuths spezialisieren sich Thompson und Green in ihrem eigenen Fahndungsprojekt Animal Beta Project. Ob Bettdecke oder Wandsteckdose: Die Detektive analysieren jedes noch so kleine Detail, das sie in den eingestellten Videos finden können, und erstellen schließlich ein vollständiges Diagramm des Tatorts. Die Gruppe identifiziert sodann anhand von Metadaten die Wohnung über Google Streetmaps, kann die Identität des Täters klären und ihre Ergebnisse den Ermittlungsbehörden zur Verfügung stellen. Doch Luka Magnotta ist in der Zwischenzeit nach Kanada verzogen.

Thompson und Green lassen aber nicht locker, denn sie tragen immer mehr verstörende Details über den Täter zusammen und merken, dass Tiermissbrauch nicht Magnottas einziges Vergehen gewesen ist. Der ehemalige Stricher und Darsteller von Schwulenpornos, dessen neuen Wohnsitz in Montreal die Online-Detektive schnell ermittelt haben, hat sich bereits des Kreditkartenbetrugs und des sexuellen Missbrauchs schuldig gemacht und versucht weiterhin, anderen Menschen über seine bis zu 70 erstellten Fakeprofile ein falsches Leben vorzuspielen, immer mit dem Ziel, dass sie ihm Vertrauen und Aufmerksamkeit schenken. Dem Täter entgeht die Arbeit der Internetdetektive indessen nicht, und er beginnt seinerseits ein Katz-und-Maus-Spiel mit ihnen, markiert sie in seinen Beiträgen und verschickt Drohungen per Video. Und er denkt gar nicht daran, seine Perversionen zu beenden. Ein Jahr nach dem ersten grausamen Katzenvideo stellt er zwei weitere dieser Sorte online. Auf einem fesselt er eine Katze an einen Besenstiel und ertränkt sie in der Badewanne, auf einem zweiten verfüttert er eine lebende Katze an eine Python-Schlange. Thompson, die im wahren Leben als Datenanalystin in einem Casino in

Las Vegas arbeitet, erstellt gemeinsam mit ihrem Kollegen Green ein Profil von Magnotta und warnt die kanadischen Behörden eindringlich, dass ihr Delinquent gefährlich sei und nicht davor zurückschrecken werde, auch Menschen zu quälen. Die Polizei wird jedoch nicht tätig. Gegenüber der aufgescheuchten Presse, die Magnotta aufspürt, leugnet dieser vehement, dass er derjenige sei, der die Katzenvideos hochgeladen habe. Kurz darauf geht allerdings eine anonyme E-Mail bei der Zeitung *Sun* ein, in der ein Mann ankündigt, im nächsten Video werde keine Katze zu sehen sein, sondern die Tötung eines Menschen. Thompson und Green haben recht behalten.

Am 25. Mai 2012 wird auf der kanadischen Snuff-Seite *Bestgore* ein elfminütiges Video hochgeladen, auf dem zu sehen ist, wie ein an ein Bettgestell gefesselter Mann mit einem Schraubenzieher gefoltert, mit einem Küchenmesser erstochen und anschließend zerstückelt wird. Der Täter, der vor der Kamera auch seinen Hund mit dem Fleisch des Ermordeten füttert, wird außerdem Leichenteile des Opfers mit der Post an kanadische Behörden und Schulen versenden. Der Torso des Toten wird bereits am selben Tag, als das Video online geht, von einem Hausmeister im Müll gefunden, und die hinzugezogenen Ermittler können den Leichnam als den 32-jährigen chinesischen Auslandsstudenten Lin Jun identifizieren. Überwachungsvideos aus dem Gebäude führen sie zum Tatort – zur Wohnung von Luka Magnotta, der sofort zur Fahndung ausgeschrieben wird. Seine Spur verläuft sich zunächst in Frankreich, nachdem er unter dem Namen Kirk Trammel nach Paris geflüchtet ist, bevor er am 4. Juni 2012 von der deutschen Polizei in einem Internetcafé in Berlin festgenommen werden kann.

Magnotta wird an Kanada ausgeliefert und dort nach seinem zwölfwöchigen Prozess, in dem er auf nicht schuldig plädiert, am 15. Dezember 2014 wegen Mord, Demütigungen an einem menschlichen Körper, Verbreitung von obszönem Material, Nutzung des Postdienstes zur Verbreitung von obszönem Material und krimineller Belästigung zu lebenslanger Haft verurteilt. Wegen Tierquälerei wird er nie angezeigt. John Green und Deanna Thompson, die aufgrund des Mordvideos, das Magnotta unter dem Titel »1 Lunatic, 1 Ice« eingestellt hat, schnell die Verbindung zum Täter herstellen können, ärgern sich noch heute darüber, dass sie von den Behörden nicht ernst genommen worden sind, und fragen sich, ob das Schlimmste nicht hätte verhindert werden können. Zumindest Thompson, die 2019 eine entsprechende Stiftung ins Leben gerufen hat, fahndet weiter nach Personen, die Tiere quälen und ihre Taten in sozialen Netzwerken zur Schau stellen.

Social-Media-Vergewaltigung

Aus Dutzenden Kinofilmen sind die berühmt-berüchtigten amerikanischen Highschoolpartys bekannt. Sie finden nicht in einer Bar oder Diskothek statt, da in den USA kein Alkohol an Personen unter 21 Jahren ausgeschenkt wird. Doch irgendjemand, dessen Eltern im Urlaub sind, findet sich immer, damit sein Haus auf den Kopf gestellt werden kann. Zum verabredeten Zeitpunkt stürmen Dutzende Jugendliche mit Bier und Shots auf eine Party und haben in der Regel nur eines im Sinn: sich besinnungslos zu betrinken. Provisorische Wodkabars werden errichtet, Bierdosen gestochen und jede Menge Partyspiele veranstaltet, deren Ziel es ist, immer noch betrunkener zu werden, um dann irgendwie an den Schwarm der Schule heranzukommen, mit dem man nüchtern nie ein Wort gewechselt hat, weil man zu schüchtern ist. Heimgekehrte Eltern finden später ein Chaos aus Scherben und Müll vor.

Eine dieser Partys, die am 11. August 2012 in der Kleinstadt Steubenville im US-Bundesstaat Ohio veranstaltet wird, hinterlässt mehr: Wunden, Tränen und jede Menge Spuren im Internet. Noch in der Nacht teilt ein Partygast über Twitter ein Foto einer offensichtlich bewusstlosen spärlich bekleideten Schülerin, die von zwei jungen Männern an Händen und Füßen getragen und über einen Boden gehievt wird. Schnell ist klar, dass etwas Furchtbares geschehen sein muss, denn unter den Beiträgen mehren sich Kommentare von Partygästen, die eindeutig darauf schließen lassen, dass die Schülerin vergewaltigt worden ist. Die Tweets vermitteln kein Mitleid, sondern reichen von Spott und Häme bis hin zu Verehrung für eine abscheuliche Tat: Das Mädchen sei selbst schuld, wenn es betrunken gewesen sei; man habe es angepinkelt, der Soundtrack des Abends sei »Rape Me« von Nirvana gewesen. In den Tagen nach der Party verbreiten sich Gerüchte unter den knapp 20 000 Einwohnern der Stadt. Es scheint, als hätte fast jeder etwas Verdächtiges gehört oder bemerkt. Trotz des wachsenden Geredes und der zunehmenden Spekulationen zeigt sich Verwunderung darüber, dass die Presse keine Berichterstattung zu den Vorkommnissen liefert, was einige Bewohner angesichts der sich ausbreitenden Gerüchteküche überrascht.

Die aus Steubenville stammende True-Crime-Bloggerin Alexandria Goddard, die das Foto auf ihrem Desktop gespeichert hat, bevor es kurz darauf gelöscht wird, reagiert hingegen schnell, durchforstet die Profile sämtlicher Nutzer, die sich über die Party äußern, und stößt neben vielen kompromittierenden Fotos und herablassenden Kommentaren auch auf ein Video der Tat. Bevor diese aus dem Internet entfernt werden können, erstellt sie eine detaillierte Zeitleiste der Ereignisse. Als der lokale Fernsehsender WTOV Channel 9 am 23. August die Nachricht veröffentlicht, dass zwei Spieler des Footballteams Steubenville Big Red unter Verdacht stehen, eine Entführung und Vergewaltigung begangen zu haben, und verhaftet werden, stellt Goddard fest, dass die sonst übliche Kommentarfunktion unter dem Artikel deaktiviert ist. Ihre längst gehegte Ahnung, dass hier eine Straftat vertuscht werden soll, erhärtet sich, und sie beschließt, nicht länger zu schweigen. Auf ihrem Crime-Blog Prinniefied macht sie den Fall öffentlich und postet auch ein verpixeltes Foto der 16-jährigen Schülerin aus West Virginia. Besonders erschrocken zeigt sich Goddard darüber, dass Mitglieder der Footballmannschaft, deren Accounts sie folgt, die Tat ganz offensichtlich gefeiert und sich gegenseitig darauf eingeschworen haben, sie zu verdecken. Sie schreibt:

Die Namen der Jungen [Täter] *wurden nicht öffentlich genannt. Seltsam, oder? Im Bundesstaat Ohio besagt das Gesetz, dass die Namen von Personen, die eines Verbrechens angeklagt sind, auch von Jugendlichen, öffentlich bekannt gegeben werden. Es gibt jedoch keinen Grund, warum ihre Namen nicht veröffentlicht werden sollten. Sie haben ihr Verbrechen gefilmt und fotografiert – meiner Meinung nach ist das ein klarer Fall.*[48]

Goddard äußert den Verdacht, dass die Polizei möglicherweise die angesehenen Sportler der Stadt schützt, und vertritt die Ansicht, dass mehr Schüler an dem Angriff beteiligt gewesen sind, als öffentlich bekannt geworden ist. Nach ihren Aussagen sind neben weiteren Mitgliedern des Big-Reds-Teams auch Jungen aus anderen Sportmannschaften der Stadt involviert gewesen. Sie fordert, dass die Ermittlungen ausgeweitet werden, um alle Beteiligten zur Rechenschaft zu ziehen.

Ich kenne die Namen und werde sie vorerst nicht veröffentlichen, aber ich werde Screenshots der Tweets zur Verfügung stellen, die von ihren Konten gelöscht wurden. Ich kenne auch den Namen des Footballspielers, der das Video online gestellt hat […] Video wurde nicht nur per Telefon verschickt, sondern auch von anderen heruntergeladen und gespeichert. ALLE diese Personen, die dieses Video besitzen oder verschickt haben, haben an der Verbreitung von Material mitgewirkt, das den sexuellen Übergriff auf eine Minderjährige beinhaltet.[49]

Goddards Crime-Blog wird in dieser Zeit zum Dreh- und Angelpunkt für Diskussionen um den Kriminalfall. Aus Steubenville erfährt die Hobbyermittlerin auf ihre Blogeinträge hin jedoch nicht nur Unterstützung, sondern sie zieht auch den Zorn vieler Gemeindemitglieder auf sich. Die Ereignisse überschlagen sich: Die Polizei erstellt einen Zeugenaufruf, der nahezu ungehört bleibt, der zuständige Staatsanwalt und der Richter treten von dem Fall zurück, weil sie persönliche Verbindungen zum Footballteam haben. Die Anwälte der Angeklagten untermauern indessen, dass ihre Mandanten unschuldig seien und zu Unrecht online an den Pranger gestellt würden. Schließlich werden Goddard und zwölf Kommentatoren ihres Blogs von den Eltern des Jungen, der das Foto geschossen hat, wegen Verleumdung verklagt.

Nachdem am 16. Dezember die *New York Times* den Aufruhr unter den Bürgern von Steubenville aufgreift, wird der Fall landesweit in den Medien bekannt. Am 24. Dezember droht das Hackerkollektiv Anonymous, die Namen weiterer nicht angeklagter mutmaßlicher Beteiligter zu veröffentlichen, wenn sich die lokalen Behörden, die den Vorfall angeblich vertuscht hätten, nicht öffentlich beim Opfer und seiner Familie entschuldigen würden. Nach ausbleibender Reaktion publizieren die Hacker am 1. Januar 2013 ein Video der Nacht, das feixende Spieler des Teams zeigt. Ein früheres Mitglied des Teams schildert, unter Gelächter, detailliert den sexuellen Missbrauch des Mädchens durch die beiden Verdächtigen. In der Folge wächst der öffentliche Druck: Bürger protestieren und initiieren Petitionen, um sicherzustellen, dass die mutmaßlichen Täter vor Gericht gestellt werden. Dieses Engagement ermutigt Frauen, die ähnliche Erfahrungen gemacht haben, ihre eigenen Geschichten öffentlich zu machen.

Am 17. März 2013 werden die beiden 16-jährigen Footballspieler, denen nachgewiesen werden kann, dass sie das Opfer auf insgesamt drei Partys mitgenommen und über mehrere Stunden per Hand vergewaltigt haben, nach Jugendstrafrecht verurteilt. Ma'lik Richmond erhält ein Jahr für Vergewaltigung und Trent Mays zwei Jahre für Vergewaltigung und Verbreitung kinderpornografischer Inhalte. Richmond wird nach seiner verbüßten Haftstrafe wieder im Footballteam aufgenommen. Darüber hinaus werden drei Erwachsene, darunter der Trainer der Mannschaft, wegen Behinderung der Ermittlungen zu der Vergewaltigung angeklagt und zu geringen Strafen verurteilt. Bis heute werden die Ereignisse von Steubenville, die als erste in der US-Geschichte die virale Verbreitung einer sexuellen Nötigung aufzeigen, in der amerikanischen Gesellschaft kontrovers diskutiert, schärfen aber auch das Bewusstsein für die Gefahren, die sich aus der sogenannten »Rape Culture« ergeben. Alexandria Goddard, deren übersandte Beweismittel eine zentrale Rolle für die Staatsanwaltschaft gespielt haben, wird weiterhin von einem Gerechtigkeitssinn angetrieben, als Internetdetektivin zu ermitteln. Sie glaubt noch immer, 2012 das Richtige getan zu haben, auch wenn ihr bewusst sei, dass sie nun in ihrem Heimatort gehasst werde, wie sie in Interviews verrät.

Dem Falschen auf der Spur: Websleuth-Pannen

Wenn Internetdetektive sich irren und den Falschen verdächtigen, dann gerät die gesamte Gemeinschaft in Verruf – gerade bei

Fällen, die bereits mediale Aufmerksamkeit auf sich ziehen, und Experten warnen vor den Gefahren, die der oben beschriebene digitale Vigilantismus mit sich bringt. Diese Sorge ist nicht unberechtigt, denn Shitstorms, Deplatforming und Cancel Culture sind längst überhandnehmende soziokulturelle Phänomene des digitalen Zeitalters, die alle gesellschaftlichen Bereiche treffen und denen im Prinzip jeder von einer Minute auf die andere zum Opfer fallen kann. Die Vorstellung, dass in Zukunft Influencer, die sonst Handcremes oder Fitnessriegel bewerben, die Verbrechensbekämpfung in die Hand nehmen könnten, jagt den meisten verständlicherweise einen Schauer über den Rücken. Tatsächlich zeigen allerdings Fälle, in denen Hobbyermittler falschgelegen haben, dass dahinter kollektive Exzesse aufgescheuchter User sozialer Netzwerke stecken. Seltener können diese Pannen professionalisierten Websleuth-Gruppen zugerechnet werden, deshalb müssen Forschung und Gesellschaft umso mehr lernen, zwischen »organisierten Websleuths« und »Hetzgruppen« zu unterscheiden. Doch selbst erfahrene Websleuths können sich wie eben auch fachkundige Ermittler und Journalisten irren, ziehen aber in der Regel ihre Konsequenzen aus begangenen Fehlern. Einen Überblick bekannt gewordener Pannen sollen die folgenden Fallbeispiele liefern, die auch klarmachen, dass in Zukunft eine Regulierung des Websleuthing bei dessen gewünschter Akzeptanz eine zentrale Rolle spielen wird.

Die Leiche im Wassertank

Am 1. Februar 2013 verschwindet die kanadische Touristin Elisa Lam spurlos aus dem Cecil Hotel in Los Angeles. Die ratlose Polizei entschließt sich zu einer Öffentlichkeitsfahndung und stellt ein zweieinhalbminütiges Video ins Internet, das Elisa kurz vor ihrem Verschwinden im Aufzug des Hotels zeigt. Womit die Ermittler nicht gerechnet haben, ist, dass die Aufnahmen, die massenhaft auf Youtube verbreitet werden, als so mysteriös und verstört empfunden werden, dass bereits kurze Zeit später weltweit über Serienmörder und paranormale Phänomene diskutiert wird. Sechs Tage nach Veröffentlichung des Fahrstuhlvideos findet am 19. Februar ein Wartungsarbeiter Elisa Lams nackte und aufgedunsene Leiche in einer 3785-Liter-Zisterne über dem Dach des Cecil Hotels, nachdem sich zuvor Hotelgäste beschwert haben, weil das Leitungswasser schwarz gefärbt war und einen unangenehmen Geschmack aufwies. Zwar können die Ermittler die Todesursache durch Ertrinken eindeutig feststellen, aber niemand findet eine Erklärung dafür, wie die 22-Jährige in den Wasserspeicher gelangen konnte, da alle Türen und Treppen, die zum Dach des Hotels führen, verschlossen gewesen sind und nur vom Personal mittels Schlüssel und Passwort hätten geöffnet werden können. Die mysteriösen letzten Bilder aus dem Fahrstuhl, auf denen Elisa aus scheinbar unerklärlichen Gründen wild herumgestikuliert und springt, alle Fahrstuhlknöpfe gleichzeitig drückt und sich offenbar in völliger Panik befindet, bekommen neue Nahrung. Schnell entwickeln sich aus dem Fall Verschwörungstheorien durch einige scheinbar unerklärliche Begleitumstände. So bricht kurz nach Elisas Tod in L. A. die Tuberkulose aus, insbesondere unter den Obdachlosen in der Skid Row, gleich neben dem Cecil Hotel. Bizarrerweise trägt der Standardtest zur Feststellung einer Tuberkulose-Diagnose ausgerechnet ihren Namen, nur rückwärts: LAM-ELISA. Die Abkürzung steht für Lipoarabinomannan (LAM) Enzyme-Linked Immunosorbent Assay (ELISA). Für eine Gruppe von Reddit-Detektiven kann das kein Zufall sein. Nachdem sie feststellen, dass die University of British Columbia, an der Lam studiert hat, über ein angesehenes

Tuberkulose-Forschungszentrum verfügt, stellen sie Vermutungen an, dass Elisa eine mit Tuberkulose infizierte Testperson gewesen sein könnte, die mit unerwünschten Nebenwirkungen zu kämpfen hatte. Andere glauben sogar, sie könne gezielt als biologische Waffe gegen die problematischen Entwicklungen in der Obdachlosenszene eingesetzt worden sein. Allerdings wird bei der Autopsie nicht festgestellt, dass Lam an Tuberkulose erkrankt gewesen ist.

Da die Ergebnisse des Autopsieberichts aber auch keine Hinweise auf Drogen ergeben haben, andererseits ein Sexualdelikt nicht gänzlich ausgeschlossen werden kann, ist ein Großteil der Hobbyermittler damals davon überzeugt, dass ein Verbrechen vorliegen muss. Sie beginnen also damit, die Geschichte des Hotels zu untersuchen, in dem bereits zahlreiche Tötungsdelikte begangen worden sind, berühmte Mordopfer wie die »schwarze Dahlie« Elizabeth Short oder die Serienmörder Richard Ramírez und Jack Unterweger abgestiegen sind. Auch ziehen Hobbyermittler schnell Parallelen zu dem Film *Dark Water* (2005), in dem die Bewohner eines Hauses mit defektem Aufzug die Leiche eines vermissten Mädchens in einem Wassertank über dem Gebäude finden, nachdem ihnen verfärbtes Leitungswasser aufgefallen ist. Das alles könne kein Zufall sein, einzig der Täter müsse noch ermittelt werden, protestieren Social-Media-User und durchstöbern die Netzwerke nach Personen, die sich zur gleichen Zeit wie Elisa im Cecil aufgehalten haben.

Schließlich stoßen Internetdetektive auf den mexikanischen Death-Metal-Musiker Pablo Vergara, der unter seinem Künstlernamen Morbid eines seiner okkulten Musikvideos postet, die auch von Serienmördern und Ertrinkungstod handeln, während er im Cecil Hotel wohnt. Das ist zwar ein Jahr, bevor Elisa hier verschwindet, geschehen, doch die Splatter- und Horrorelemente zusammen mit der Information, dass Morbid sein Video im Cecil eingestellt hat, reichen für Online-Detektive aus, um ihn als Mörder zu brandmarken. Über seine Social-Media-Accounts erreichen ihn darauf am laufenden Band Morddrohungen und Aufforderungen, sich endlich der Polizei zu stellen. Während die benachrichtigte Mordkommission den Mexikaner schnell von allen Vorwürfen freispricht, enden die privaten Anschuldigungen gegen Morbid in seinem Selbstmordversuch und einem Aufenthalt in einer psychiatrischen Klinik.

Auch im Fall von Elisa Lam wird später eine psychische Erkrankung als offizielle Todesursache bestimmt. Sie soll aufgrund des Absetzens ihrer Medikamente gegen eine bipolare Störung an Verwirrtheitszuständen und Halluzinationen gelitten haben und in einer Art Verfolgungswahn über eine Feuerleiter auf das Dach gelangt sein. Danach sei sie die Leiter zur Zisterne hochgestiegen, wo sie sich dann habe verstecken wollen. Wahrscheinlich sei sie beim Absacken des Wassers im Inneren des Speichers nicht mehr in der Lage gewesen, aus dem Wasserreservoir herauszukommen, und sei so ertrunken. Die Zweifel an der Todesursache und an der Rekonstruktion der Ereignisse bleiben bis heute, und noch immer werden deswegen unter Elisa Lams Videos täglich alte und neue Theorien gewälzt. Noch einmal angeheizt werden die Spekulationen durch die 2021 erschienene Netflix-Serie *Verschwunden: Tatort Cecil-Hotel.*

Hexenjagd im Reddit Bureau of Investigation

Bereits kurz nach den Explosionen auf der Zielgeraden des Boston-Marathons am 15. April 2013 ruft das FBI die Bevölkerung dazu auf, ihm Fotos und Videos des Tages zu übermitteln. Dies gibt einen Tag später den Ausschlag für die Gründung des neuen Unterforums *Find Boston Bombers* im Reddit Bureau of Investigation, dem sich sofort 3000 Mitglieder anschließen. Nach einschlägigen Hinweisen können die offiziellen Ermittlungsbehörden auch bereits am 18. April zwei Fotos der unbekannten Tatverdächtigen zur Öffentlichkeitsfahndung herausgeben und um Mithilfe bei der Identifizierung bitten. Wiederum einen Tag später scheint im Subreddit der Attentäter in Sunil Tripathi bereits ausgemacht, nur aufgrund seiner optischen Ähnlichkeit mit einem der Täter, die allerdings wirklich verblüffend ist, und der Tatsache, dass der 21-jährige Student einen Monat vor dem Anschlag verschwunden ist. Dabei verstößt die Nennung des Namens gegen die erste Grundregel des Subreddits. Wie ein Lauffeuer wird Sunils Identität darauf über alle sozialen Medien geteilt.

Während die wahren Täter zwischenzeitlich auf der Flucht sind, kommt es am 18. April zu einem weiteren tragischen Vorfall: Sie erschießen einen Polizeibeamten des Massachusetts Institute of Technology Police Department. Wenige Stunden später gelangt die Falschinformation, die im RBI losgetreten worden ist, dorthin zurück und scheint sich selbst zu bestätigen. Ein Redditor postet dort den Tweet eines Twitter-Nutzers, der behauptet, das Bostoner Police Department habe die beiden Verdächtigen als Sunil Tripathi und Mike Mulugeta bestätigt. Tweet und Reddit greifen sodann auch Journalisten großer Medien wie ABC, CNN, Reuters oder Bloomberg auf, missachten ihre eigenen Regeln und belagern mit TV-Teams die Familie Tripathi, die ihrerseits aufgrund der vielen Hassnachrichten, die sie darüber erhalten, die Facebook-Seite schließen, über die sie verzweifelt nach ihrem verschollenen Sohn gesucht haben. Die Klarnamen der Täter werden bekannt, als zunächst Tamerlan Zarnajew am frühen Morgen des 19. April nach einem langen Schusswechsel mit der Polizei getötet und am selben Abend sein Bruder Dschochar Zarnajew schwer verletzt in einem Bootsanhänger aufgefunden wird.

Für die Familie Tripathi ist dies nur eine kurze Erleichterung, bis am 23. April schließlich auch die Leiche ihres depressiven Sohnes im Seekonk River gefunden wird. Sunil hat sich hier bereits am 16. März selbst ertränkt. Er hat genauso wenig mit den Anschlägen zu tun wie der nicht mal existierende Mike Mulugeta, der kurzfristig aufgrund einer Falschinfo weltbekannt geworden ist. Reddit entschuldigt sich offiziell für die in ihrem Subreddit veranstaltete »Online-Hexenjagd«. Drei Jahre nach dem Sleuthing-Desaster sagt der zuständige Moderator des RBI Naveen Cherian in einem Interview: »Der Vorfall mit dem Boston-Bomber ist immer noch einer der schlimmsten Vorfälle auf Reddit. Die RBI hat aus den Fehlern anderer Subs gelernt und ist bestrebt, eine auf Ethik basierende Crowdsourced-Plattform anzubieten.«[50] Laut Cherian solle der Moderationsrahmen des RBI seither keine Möglichkeit mehr dafür lassen, die katastrophalen Fehler des Boston-Bomber-Subreddits zu wiederholen.

TikTok jagt den Idaho-Mörder

Während etablierte Websleuth-Communitys strenge Regularien an sich selbst legen, finden Propaganda, Cybermobbing und Datenschutzverstöße in dem weltweit bei Minderjährigen beliebtesten sozialen Netzwerk TikTok seit seiner Gründung im Jahr 2016 nahezu ungehindert freien Lauf. Die Suche nach dem Mörder von vier am 13. November 2022 getöteten Studenten der Universität Idaho avanciert zur ersten großen True-Crime-Hexenjagd im ursprünglich als »Videoportal für Lippensynchronisation von Musikvideos« konzipierten Netzwerk, das heute vornehmlich Influencern oder solchen, die es werden wollen, dazu dient, sich selbst darzustellen. TikTok-User tauschen sich nicht in Foren aus, sondern verbreiten ihre Theorien mittels Hashtags in Kurzvideos (TikToks). Der Fall von Idaho zeigt deutlich, wie gefährlich Websleuthing auf der Plattform sein kann, nicht nur weil es den Usern hier im Normalfall nicht um die Lösung eines Verbrechens geht, sondern um reine Selbstinszenierung und die Gier nach Klicks. Auch der Algorithmus, über den das Netzwerk auswählt, was für den einzelnen User interessant sein soll, erweist sich als problembehaftet, weil es die Benutzer an ein bestimmtes Thema bindet.

Nachdem sie am 14. November 2021 um 11:58 Uhr ein Notruf erreicht, fahren zwei Beamte zu einer Studentenwohngemeinschaft der 26000-Einwohner-Stadt Moscow, die im Bundesstaat Idaho an der Grenze zu Washington liegt. Neben den beiden völlig verängstigten, aber unverletzten Studentinnen Dylan Mortensen und Bethany Funke, die sie im ersten Stock vorfinden, entdecken die Polizisten die Leichen von Xana Kernodle und ihrem Freund Ethan Chapin im zweiten und die der Freundinnen Madison Mogen und Kaylee Goncalves im dritten Stock des Gebäudes. Alle Opfer sind zwischen 20 und 21 Jahre alt und in der Nacht, nachdem sie von verschiedenen Partys zurückgekehrt sind, in ihrem Haus mit einem Messer erstochen worden. Ein sexuelles Motiv kann ausgeschlossen werden, eine Tatwaffe wird nicht gefunden, doch die spärlich durchsickernden Informationen zu dem grausamen Verbrechen versetzen die Kleinstadt Moscow in Angst und Schrecken, da es zu Täter und Tatmotiv zunächst überhaupt keine Hinweise zu geben scheint. Für zusätzliche Aufregung sorgt die vermutlich unbedacht gewählte Äußerung von James Fry, dem zuständigen Polizeichef des Moscow Police Department: Man könne nicht ausschließen, dass eine Gefahr für die Gemeinde bestehe; daraufhin starten mehr als ein Drittel aller Studenten vorzeitig in die Semesterferien und fliehen aus der Stadt.

Als auch die Eltern der Opfer die unzureichende Kommunikation mit der Polizei beklagen, scheint klar, dass diese überfordert ist. In der Folge leisten sich in der Stadt herumlungernde Crime-Reporter und TikTok-Detektive ein Wechselspiel um Sensationen und Anschuldigungen. Einen besonders unrühmlichen Auftritt legt der Investigativreporter Brian Entin hin, der die Internetgemeinde mit den neuesten Polizeiinformationen füttert und dann auf neue Theorien hofft, denen er exklusiv nachgehen kann. In den sozialen Netzwerken wird darauf so viel Desinformation gestreut, dass das Moscow Police Department vor Strafandrohungen warnt und sich zu einem öffentlichen Statement gezwungen sieht: »Es gibt Spekulationen ohne sachliche Grundlage, die Ängste in der Gemeinschaft schüren und falsche Tatsachen verbreiten.«[51]

Was die Bevölkerung nicht weiß, ist, dass die Behörden im Hintergrund längst einen Verdächtigen ermittelt haben, sich aber aus taktischen Gründen dazu entschließen, keine Details bekannt zu geben. Bevor am 30. Dezember 2021 der 28-jährige Bryan Kohberger verhaftet wird, erhalten die 130 mit dem Fall betrauten Ermittler aus drei Behörden fast so viele Hinweise, wie Moscow Einwohner hat, darunter 2600 E-Mails und 2700 Anrufe. Auf TikTok sind in dieser Zeit unter dem Hashtag *Idahomurders* über 100 Millionen Informationen geteilt worden, die entsprechende Reddit-Gruppe auf mehr als 120 000 Mitglieder angewachsen, und eine Facebook-Gruppe kommt auf mehr als 220 000 Mitglieder. Doch jedes Mal haben die User die Falschen verdächtigt. So identifizieren sie den Nachbarn der Opfer Jeremy Reagan als Täter, nachdem er Fox News ein Interview gibt und dabei lediglich für eine Sekunde »verdächtig« grinst. Der Beschuldigte, dessen Familie und Freunde mit Fragen belästigt werden, zieht den Hass des Netzwerkes auf sich, als User seine Social-Media-Konten durchforsten und feststellen, dass er Jäger ist. TikToker bedrohen ihn und setzen das Gerücht in die Welt, Reagan habe sich einer DNA-Probe widersetzt. Obwohl diese niemals angefordert worden und der Mann nie in Verdacht geraten ist, wird er schließlich nach zahlreichen Anschwärzungen von der Polizei verhört, danach jedoch weiterhin nicht verdächtigt.

Als öffentlich bekannt wird, dass Kaylee in der Mordnacht mehrfach vergeblich versucht hat, ihren Ex-Freund Jack Ducoeur telefonisch zu erreichen, und auch ihre Freundin Madison dies getan hat, wird dieser zum Hauptverdächtigen der TikTok-Community. Nach der Veröffentlichung eines Überwachungsvideos, das zwei spätere Opfer zeigt, wie sie in der Nacht des Geschehens an einem Foodtruck Essen bestellen, und eine Person mit Kapuze, die ihnen folgt, wird der Truck-Besitzer von der Öffentlichkeit des Stalkings bezichtigt. Dem Kapuzenträger werden auf TikTok die verschiedensten Identitäten zugeschrieben. Andere Theorien beziehen sich auf mutmaßlich gescheiterte Drogengeschäfte im Umfeld der Studenten oder darauf, dass Mitglieder einer Studentenverbindung eine frühere Auseinandersetzung von einer Party zu einem gewaltsamen Ende hätten führen wollen.

Ashley Guillard, die auf ihrem TikTok-Kanal »Ashley Solves Mysteries« echte Kriminalfälle über Tarotkarten lösen will, behauptet schließlich sogar, sie habe aufgedeckt, dass die Professorin Rebecca Scofield ein sexuelles Verhältnis mit einem der Opfer gehabt und die Morde in Auftrag gegeben habe. Eines ihrer Verleumdungsvideos wird über eine Million Mal angeschaut, bevor Scofield erfolgreich gegen Ashley klagt. Die schlimmsten Verdächtigungen treffen aber die beiden überlebenden Mitbewohnerinnen, nachdem bekannt wird, dass eine von ihnen um 4:17 Uhr ein Wimmern aus der Wohnung über ihr gehört hat. Die bezichtigte Dylan Mortensen hat bei der Polizei angegeben, dass sie darauf ihre Wohnungstür im ersten Stock geöffnet und dem flüchtenden Täter direkt ins Gesicht gesehen habe, worauf sie in eine Schockstarre verfallen sei und sich nicht mehr aus dem Zimmer gewagt habe. Das Internet glaubt ihr nicht, wirft ihr bis heute vor, erst sieben Stunden später die Polizei benachrichtigt zu haben. Dass Dylan den Mörder tatsächlich gesehen haben könnte, legt ihre Täterbeschreibung nahe, die auf den Ende Dezember im Haus seiner Eltern von einem SWAT-Team verhafteten Kohberger passt. Die Ermittler können dem Doktoranden der Kriminalistik anhand von Telefondaten und Kamera-Auswertungen nachweisen, dass sich sein Handy und sein Auto zum Tatzeitpunkt in Tatortnähe befunden haben, und außerdem seine DNA auf einer zurückgelassenen Messerscheide feststellen. Der Verdächtige, der in keiner persönlichen Verbindung zu den Opfern gestanden haben soll, bestreitet im Prozess die Tat. Angeklagt ist er wegen viermaligen Mordes ersten Grades und einmal wegen Einbruchs.

Immerhin scheint sich am Ende doch noch eine durch Internetdetektive aufgeworfene Theorie zu bewahrheiten: Alles deutet nämlich darauf hin, dass Kohberger, der sich wissenschaftlich jahrelang mit den Gefühlen von Kriminellen bei der Verübung ihrer Straftaten beschäftigt hat, versucht haben könnte, ein Selbstexperiment zu wagen oder einen perfekten Mord zu begehen. Ob die Beweise ausreichen, um Kohberger zu verurteilen, ist ungewiss. Während der Verdächtige noch immer auf seinen Prozess wartet, ist kurz vor Veröffentlichung dieses Buches am 25. Juni 2024 das aufsehenerregende Buch *When the Night Comes Falling: A Requiem for the Idaho Student Murder* erschienen. Darin behauptet der amerikanische Autor Howard Blum, dass Kohberger es gezielt auf Madison Mogen abgesehen und dass seine Familie ihn schon vor seiner Verhaftung im Verdacht gehabt hätte.[52]

KAPITEL 5

TÄTER GESUCHT: COLD CASES

In den USA gelten unaufgeklärte Verbrechen, bei denen trotz intensiver Ermittlungen kein Täter identifiziert oder verurteilt werden kann, als Cold Cases. Diese Fälle sind meist dadurch gekennzeichnet, dass entscheidende Beweise fehlen, und werden nach einer gewissen Zeit ohne Fortschritte zu den Akten gelegt. Im True-Crime-Genre bilden Cold-Case-Fälle die beliebteste Sparte, auch weil es sich in der Regel um schwere Kapitalverbrechen handelt, die nicht verjähren. Die Rätselfreude ist hier umso größer, da man annehmen kann, dass es dem Täter gelungen ist, die Behörden zu narren. Gerechtigkeitsfanatische Internetdetektive lockt dabei die Aussicht, dass die Ermittlungsverfahren jederzeit wieder aufgenommen werden können, sobald sich neue Hinweise ergeben oder die rechtlichen, technischen und forensischen Strafverfolgungsmöglichkeiten sich verändert haben, sodass sich eine Wiederaufnahme des Falls in ein laufendes Verfahren lohnt. Bei aktuell etwa 340 000 ungeklärten Tötungsdelikten in den USA mangelt es Websleuths nicht an Betätigungsmöglichkeiten.

In Deutschland gelten ungelöste Kriminalfälle rechtlich nicht als abgeschlossen. Seit 2015 kümmern sich daher in den meisten

Bundesländern spezielle Cold-Case-Teams der Kriminalpolizei um über 3000 deutsche Altfälle. Da diese Einheiten chronisch unterbesetzt sind, spielt die Öffentlichkeitsfahndung hierzulande eine entscheidende Rolle, und etablierte Medienformate wie *Aktenzeichen XY* werden hinzugerufen. Inzwischen setzen die Landeskriminalämter auch auf die Rekrutierung von pensionierten Ermittlern zur Neubewertung der Cold Cases. In Nordrhein-Westfalen haben seit 2021 insgesamt 23 ehemalige Polizeibeamte daran gearbeitet, Cold-Case-Akten zu digitalisieren, Aufklärungschancen auszuloten und Ermittlungskonzepte zu erarbeiten. Dadurch sind über 400 Fälle wieder heiß geworden, und immerhin sechs davon haben die »Senior Experts« bereits vollständig lösen können.

In jedem Land gibt es berüchtigte historische Cold Cases, die das öffentliche Interesse über Jahrzehnte hinweg aufrechterhalten. In Großbritannien rätselt man seit mehr als 135 Jahren über die Identität von Jack the Ripper, in Deutschland wird seit rund 90 Jahren nach den Verantwortlichen für den Reichstagsbrand gefahndet, und in den USA beschäftigt der seit über 50 Jahren ungelöste Fall des Zodiac Killers weiterhin Ermittler und True-Crime-Enthusiasten. Als einer der längsten ruhenden deutschen Cold Cases gilt der Sechsfachmord im bayerischen Einödhof Hinterkaifeck aus dem Jahr 1922. Millionen haben den immer noch ungelösten Fall des Mordes an der neunjährigen Peggy Knobloch verfolgt, die im Mai 2001 aus dem oberfränkischen Lichtenberg verschwunden ist. Solche prominenten Fälle sind tief in der kulturellen Erinnerung verankert und werden oft durch neue forensische Möglichkeiten und anhaltende Medienberichterstattung wieder in den Fokus gerückt. Im Folgenden sollen einige der kuriosesten Cold Cases vorgestellt werden, die True-Crime-Fans und Internetdetektive nach wie vor zu intensiven Diskussionen und Spekulationen anregen. Die Fälle zeichnen sich durch ihre unerwarteten Wendungen, geheimnisumwobene Umstände, die Komplexität der Ermittlungen und die oft besonders tragischen Schicksale der Beteiligten aus.

Rasende Wut: die mysteriösen Morde vom Bodom-See

Der Finne Nils Gustafsson behauptet, der 5. Juni 1960 sei der schrecklichste Tag seines Lebens gewesen. Anderen bereitet diese Aussage Probleme, denn erstens kann sich der heute 81-Jährige laut eigenen Angaben nicht an seinen Schicksalstag erinnern, und zweitens nehmen ihm genau das die meisten Menschen nicht ab. Gustafsson ist der einzige Überlebende eines geplanten Zeltabenteuers am finnischen See *Bodominjärvi,* das sich über Nacht in einen Albtraum verwandelt, aus dem drei junge Finnen nicht mehr erwachen. Das Massaker in Espoo, der zweitgrößten Stadt Finnlands, hat aufgrund seiner Brutalität und seiner vielen Rätsel die Menschen weltweit bewegt. Und noch immer ist nicht klar, wer die grausamen Taten zu verantworten hat. Eine von Dutzenden Kuriositäten des Falls ist, dass alle drei Hauptverdächtigen die Morde vom Bodom-See gegenüber Dritten gestanden haben. Der einzige noch Lebende darunter ist Gustafsson, doch der will sich heute nicht mehr an sein Bekenntnis zu den Morden erinnern.

Seppo Boisman und Nils Gustafsson aus Vantaa fahren am 4. Juni 1960 gegen 16 Uhr auf ihren mit Campingausrüstung und Lebensmitteln vollbepackten Motorrädern in Richtung des am Bodom-See gelegenen Erholungsgebietes Oittaa. Hinter ihnen schmiegen sich ihre Begleiterinnen, Seppos Freundin Anja Mäki und Irmeli Björklund an die Jungs, während sie im Fahrtwind feixen. Bevor die Freunde eine Landzunge am Südufer des Sees ansteuern, wo sie auf einem Campingplatz die Nacht verbringen wollen, halten sie an einem Kiosk, um Jaffa-Limonade, Bier und Kaugummis zu kaufen. Nachdem sie gegen 19 Uhr endlich ihr Zelt auf der Wiese nahe dem Gutshof von Oittaa aufgestellt haben, nutzen alle den warmen Sommerabend, um zu entspannen. Während sich die beiden 15-jährigen Berufsschülerinnen ins kalte Nass stürzen, setzten sich die 18 Jahre alten Auszubildenden mit ihren Angelruten so ans Ufer, dass sie die planschenden Mädchen gut im Blick haben. Beide sind aufgeregt, rauchen viel und unterhalten sich darüber, was die Nacht wohl bringen wird. Vorsorglich haben sie Kondome auf dem Schwarzmarkt gekauft, und Nils hat zwei Flaschen hochprozentigen Likör eingepackt. Obwohl Irmeli in festen Händen ist, malt er sich Chancen bei der attraktiven Blondine aus. Was die Nacht dann wirklich bringen wird, sind drei bestialische Morde. Warum, das bleibt eines der größten Rätsel finnischer Geschichte.

Laut Ermittlungsbericht der Zentralen Kriminalpolizei (KRP) stößt am 5. Juni um 11:15 Uhr der Zimmermann Esko Johansson, der mit seinen beiden Söhnen einen entspannten Pfingstsonntag am Badestrand des Bodom-Sees verbringen will, auf ein zusammengefallenes, blutüberströmtes Zelt. Davor liegt ein schwer verletzter junger Mann mit über der Brust verschränkten Armen und ist nicht ansprechbar. Als Johansson sich nähert und unter dem Verletzten mindestens zwei weitere leblose Körper entdeckt, ist ihm der Ernst der Situation bewusst. Sofort eilt er in das Büro einer nahe gelegenen Großbaustelle, um von dort aus die Polizeistation in Leppävaara zu informieren. Krankenwagen und Polizei treffen eine halbe Stunde später um 11:45 Uhr zeitgleich ein. Nachdem die Sanitäter Nils, der bei Eintreffen der Rettungskräfte bei Bewusstsein ist und mit der Hand wedelt, geborgen haben, um ihn ins Töölö-Hospital nach Helsinki zu bringen, besteht für die Beamten beim Anblick von drei weiteren Leichen kein Zweifel daran, dass sie am Tatort eines grausamen Verbrechens gelandet sind. Sie beginnen gleich damit, Zeugen unter den vielen Schaulustigen zu befragen, die mit erschrockenen Gesichtern nahe an das Zelt herankommen, da die Polizisten vergessen haben, den Tatort abzusperren.

Um 14 Uhr fangen dann die fünf aus Helsinki eingetroffenen Kriminalisten der KRP mit der Spurensicherung an. Seppos und Anjas übereinanderliegende Körper finden sie völlig ineinander verkeilt vor. Beide Leichen weisen Prellungen und Schürfwunden auf, ihre Schädel sind zertrümmert. Anjas Bluse ist hochgezogen, Seppo hat zwei tiefe Stiche am Oberkörper, die einen Teil von Lunge und Luftröhre freilegen. Deutlich zu erkennen ist, dass die Wut des Täters Irmeli am schlimmsten getroffen hat, deren hellgrüne Jeans und Unterhose bis zu den Knien heruntergezogen worden sind. Hals, Nacken und Brust weisen insgesamt 15 Stichwunden auf, an ihren Händen zeigen sich Abwehrverletzungen, ihr Schädel und ihr Gesicht sind bis zur Unkenntlichkeit kaputtgeschlagen, und auf dem Zeltboden verteilt liegen einzelne ihrer Zähne. Der Autopsiebericht vermerkt, dass alle drei Jugendlichen durch Hirnquetschungen infolge ihrer schweren Schädelverletzungen verstorben sind. In den Vaginen der Mädchen wird kein Sperma gefunden.

Die Morde sollen zwischen 4 und 6 Uhr morgens stattgefunden haben. Die Ermittler erkennen, dass die Zeltplanen mit einem Messer aufgeschnitten worden sind und dass die Morde vermutlich mit einer Stichwaffe und einem stumpfen Gegenstand, vielleicht einem Stein, ausgeführt wurden. Die Tatwaffen jedoch werden auch nach Durchsuchung des Sees nicht gefunden. Ein Messer, das sich unter den Ausrüstungsgegenständen befindet, ist für den Mord nicht benutzt worden. Das Blut, das daran klebt, wird später als Tierblut bestimmt. Neben Kleidung, Kosmetika und Lebensmitteln werden am Tatort Zigaretten, zwei Bierflaschen und eine leere Flasche Zitruslikör sichergestellt. Im Verlauf der Ermittlungen stellen die Beamten fest, dass mehrere Kleidungsstücke und Habseligkeiten der Opfer verschwunden sind, darunter Portemonnaies mit Bargeld und Führerscheinen, Armbanduhren und die Zündschlüssel der Motorräder, die selbst aber nicht vom Abstellort in der Nähe des Zeltes entfernt worden sind. Die Kripo organisiert mehrere Razzien in der Umgebung und befragt insgesamt 88 Personen, die sich zur Tatzeit am See und in den Wäldern aufgehalten haben. Die Hilfe der Öffentlichkeit bei der Aufklärung wird per Radio erbeten. Doch die größte Täterfahndung in der Geschichte Finnlands findet zunächst keinen Verdächtigen.

Alle Hoffnungen ruhen auf den Befragungen des Überlebenden, der zweimal, und zwar am 23. und am 30. Juni 1960, zur Vernehmung gebeten wird. Nils gibt an, gemeinsam mit Seppo eine Flasche Likör geleert zu haben, bevor sich alle gegen 22:30 Uhr schlafen gelegt hätten. Einen Streit zwischen den Freunden habe es nicht gegeben. Um 4 Uhr morgens sei er aufgewacht, als sein Kumpel das Zelt gerade mit seiner Angelrute verlassen habe. Er sei ihm gefolgt und eine Stunde später zurückgekommen, habe sich neben die Mädchen gelegt und sei eingeschlafen. Danach setze seine Erinnerung komplett aus. So kann Nils nicht bei der Aufklärung hinsichtlich der Frage helfen, warum seine blutbefleckten Schuhe versteckt in einem Felsvorsprung 500 Meter vom Tatort entfernt gefunden werden. Laut Untersuchungsbericht des Krankenhauses weist Nils weder Schädelverletzungen noch Verletzungen durch ein Messer auf. Außer Schnittverletzungen und Prellungen im Gesicht und einem gebrochenen Unterkiefer, die durch einen Schlag oder Tritt entstanden sein müssen, befindet er sich in einem guten körperlichen Zustand. Sein Blutalkoholwert wird nicht bestimmt, was sich als schwerer Fehler herausstellen soll, denn die Autopsie aller drei Toten ergibt, dass diese keinen Alkohol getrunken haben. Da Nils' Erinnerungen in den nächsten Tagen nicht zurückkommen, wird er zwischen dem 2. und 5. Juli im Kivelä-Krankenhaus in Helsinki mehrfach einer medizinischen Hypnose unterzogen. Laut Protokoll berichtet er davon, dass ein Mann von außen mit einem Messer und einem Eisengegenstand auf das Zelt und dann auf sie alle eingeschlagen habe. Der behandelnde Chefarzt der Klinik Dr. Steinbäck staunt nicht schlecht, als Nils eine überaus detaillierte Beschreibung des Täters angibt, und das, obwohl er in der gleichen Sitzung zuvor gesagt hat, er habe nichts sehen können, da seine Augen voller Blut gewesen seien:

Etwa 20–30 Jahre, etwa 173–175 cm groß, normaler Körperbau; rundes Gesicht mit Pickeln auf Stirn und Wangen; Haar hell, lang und nach hinten gekämmt; Ohren normal, nicht abstehend und Ohrläppchen rund; hohe Stirn und ungleichmäßige Falten auch auf der Nase; Augen groß und Nase nach allen Seiten gerade, weder lang noch kurz; Augenbrauen normal, blass und Lippen dick; kräftiges Kinn und leicht hervortretende Wangenknochen; Hals kurz; die Zähne sind weiß (...) Die Hände schienen dick und die Finger groß; die Farbe der Wangen war rötlich. Die Kleidung bestand aus schwerem, kariertem Stoff, einer dunklen Bluse mit kleinen schwarzen Knöpfen, die bis zum Anschlag zugeknöpft war.[53]

Auf die Frage, wie er den Täter so deutlich habe erkennen können, antwortet Nils, dass er durch ein Loch im Zelt habe schauen können. Trotz vieler Unklarheiten und Widersprüchlichkeiten stellen die finnischen Kripobeamten die Aussagen des einzigen

Überlebenden 1960 nicht infrage. Stattdessen prüfen sie mögliche Zusammenhänge im Familienkreis der Opfer und zu entlassenen Gefangenen, psychisch Kranken sowie Sexual- und Gewaltstraftätern der Gegend. Bis zum 28. Juli 1960 gehen 50 Meldungen über einen blonden Mann ein, der zum Tatzeitpunkt in der Nähe des Tatortes gesehen worden sein soll. Neun Männer werden festgenommen, doch kein Anfangsverdacht erhärtet sich. Ein Verdächtiger ist der Ex-Häftling Pauli Kustaa, der im Bereich des Sees mit einem blutigen T-Shirt aufgefunden wird. Dem jugendlichen Mehrfachstraftäter Pentti Soininen, der am Bodom-See wohnt und die Morde zwei Jahre nach der Tat einem Mithäftling gegenüber gesteht, glaubt die Polizei nicht. Sie traut dem 14-jährigen schmächtigen Jungen, der für seine Angeberei bekannt ist, nicht zu, dass er alleine vier Menschen hätte überwältigen können.

Zwei Verdächtige gelten bis heute in großen Teilen der finnischen Gesellschaft sowie auch in internationalen True-Crime-Foren als wahrscheinliche Mörder vom Bodom-See. Einer ist der als »Kioskmann« bekannt gewordene Karl Valdemar Gyllström, der in Oittaa, 800 Meter vom Tatort entfernt, den Kiosk betreibt, an dem die Gruppe vor ihrer Ankunft eingekauft hat. Einige Tage nach den Morden wollen Nachbarn ihn dabei beobachtet haben, wie er seinen Brunnen zubetoniert habe. Unter Einheimischen ist der damals 50-Jährige für seinen Hass auf vor allem jugendliche Camper bekannt, er soll auch schon aus Wut Zelte zerschnitten haben. Bevor er 1969 unter ungeklärten Umständen ertrinkt, habe er die Morde im Vollrausch gegenüber seinem Nachbarn gestanden. Sein Schwiegersohn gibt seinerzeit an, dass er sich sicher sei, dass die Tatwaffe im Brunnen liege. Doch weil Gyllströms Ehefrau ihm ein Alibi erteilt, wird nach 1,5 Monaten nicht weiter gegen den Kioskmann ermittelt. Vielleicht ein Fehler, denn vor ihrem Tod beichtet seine Frau der Öffentlichkeit, dass ihr Mann ihr gedroht habe, sie zu töten, wenn sie die Wahrheit sage. Der 2005 veröffentlichte Bericht der zentralen finnischen Kriminalpolizei (CID) enthüllt, dass es außer den Gerüchten keine Beweise gegen den Kioskbesitzer gegeben habe.[54]

Der zweite Verdächtige ist der in Deutschland geborene, in der Nähe des Sees lebende Metzger Hans Assmann, der während des Zweiten Weltkrieges nach eigenen Aussagen im Konzentrationslager Auschwitz gearbeitet hat und später in sowjetischer Gefangenschaft für den KGB angeworben worden sein soll. Einen Tag nach den Morden lässt sich der drogensüchtige 37-Jährige wegen geringfügiger Verletzungen in die chirurgische Klinik von Helsinki einliefern und spielt Ärzten dabei eine Bewusstlosigkeit vor. Sein Verhalten ist so merkwürdig, dass das gesamte Klinikpersonal davon überzeugt ist, der Patient sei der Mörder der Jugendlichen vom Bodom-See. Das Besondere an seiner Person ist, dass er Nils' Beschreibungen unter Hypnose fast nahtlos entspricht und dass er sich, nachdem diese öffentlich bekannt werden, seine langen blonden Haare abschneidet. Doch Assmann wird weder befragt, noch wird seine blutbefleckte Kleidung kriminalistisch untersucht, denn nach Angaben der Polizei hat er ein wasserdichtes Alibi. Drei Personen bescheinigen ihm, dass er in der Tatnacht im Haus seiner Freundin in Helsinki gewesen sei. Aus den Untersuchungsakten geht hervor, dass gegen den Deutschen ermittelt worden ist, aber nichts Belastbares gefunden werden konnte. Auch Assmann, der mit fünf weiteren Morden im Finnland der 1950er-Jahre in Verbindung gebracht wird, soll die Tat vor seinem Tod 1998 einem Journalisten gestanden haben. Immerhin geht aus dem 1960 vorgelegten Abschlussbericht hervor, dass auch Nils seitens der Ermittlungsbehörden verdächtigt worden ist. Darin heißt es: »Es besteht immer noch der Verdacht, dass Gustafsson selbst der Täter gewesen sein könnte; er wurde direkt danach gefragt, aber die Antwort war negativ, und die Umstände scheinen überzeugend gegen seine Schuld zu sprechen.«[55]

Doch erst 2004 wird dieser Verdacht wieder aufgenommen, als ein Cold-Case-Team der CID den Fall neu aufrollt. Sie lassen die damaligen Opfer exhumieren, den Originaltatort am Bodom-See nachbauen und noch lebende Zeugen vorladen. Am Ende kommt die Kommission zu dem Schluss, dass der einzige Überlebende des Massakers, Nils Gustafsson, der Täter sein müsse. 44 Jahre nach den Morden wird er verhaftet, und in Finnland rechnet man mit einem großen Durchbruch, als der pensionierte Kripobeamte Markku Tuominen bekannt gibt, Gustafsson habe ihm gegenüber die Tat gestanden.[56] Als dieser im darauffolgenden Jahr vor dem Bezirksgericht Espoo angeklagt wird, lasten die Indizien schwer auf ihm, denn die Gutachter haben Blutspritzer aller drei Opfer auf seinen Schuhen nachweisen können. Da sie nur auf den äußeren Bereichen gefunden werden, gehen die Forensiker davon aus, dass die Schuhe während der Tat getragen worden sind. Die erneute Analyse seiner Behandlungsakte durch Experten stellt überdies in Zweifel, dass Gustafsson sich ohne eine Hirnverletzung an nichts erinnern könne und dass er als kräftigster und größter Beteiligter nach den schweren Attacken auf das Zelt als Einziger nur leichte Verletzungen davongetragen habe. Während des Prozesses sagt Gustafsson, sein Geständnis sei nur ein Lippenbekenntnis gewesen, macht aber zur Tat teilweise gänzlich andere Aussagen als 1960. So schildert er 2004 auch, er habe in der Tatnacht mit Irmeli gekuschelt und geknutscht. Dies kommt der Staatsanwaltschaft bei der Präsentation ihrer neuen Theorie entgegen, nach der der schwer betrunkene Nils es nicht habe verwinden können, dass die junge Frau seine Annäherungsversuche abgewiesen habe. Er sei darauf in Streit mit der Gruppe geraten, bis es zu einem Faustkampf mit seinem Freund Seppo gekommen sei. Nils solle danach so ausgerastet sein, dass die anderen drei sich im Zelt vor ihm versteckt hätten, worauf er dieses aufgeschnitten und wie wild auf seine Freunde eingedroschen und eingestochen habe. Irmeli habe seine Wut, wie bei Beziehungstaten üblich, am schwersten getroffen. Um die Tat zu vertuschen, habe Nils sich selbst noch Verletzungen zugefügt, sich dann auf seine toten Freunde gelegt und später eine Amnesie vorgetäuscht. Um von sich abzulenken, habe er vorher verschiedene Straftaten inszeniert, deswegen Wertgegenstände verschwinden lassen und Irmeli unten herum ausgezogen.

Nils Gustafsson wird am 7. Oktober 2005 freigesprochen, da die Staatsanwaltschaft keinen Beweis für ihre Theorie vorlegen und das Motiv des Angeklagten nicht glaubhaft darstellen kann. Doch der Prozess wirft gleich wieder neue Rätsel auf, denn die Untersuchungsergebnisse eines am Tatort sichergestellten Kopfkissenbezugs ergeben Blutflecken und Sperma von einem bislang unbekannten Mann. Seit einigen Jahren versucht der finnische DNA-Forscher Jari Louhelainen, dem auch nachgesagt wird, die Identität Jack the Rippers aufgedeckt zu haben, dem Bodom-Mörder auf die Schliche zu kommen, indem er die gefundene DNA mit der potenzieller Nachfahren des Mörders abgleicht.

Ob sich noch mal Beweise für den einen oder anderen Hauptverdächtigen finden lassen, hängt auch davon ab, inwieweit der Fall weiter im Gespräch bleibt. Dass dies so sein wird, dafür sorgen die regen Hobbyermittler-Diskussionen in Internetforen. Die Bodom-Morde gehören international zu den am längsten analysierten Fällen. Aufgrund der Sprachbarrieren sind natürlich besonders die finnischen Internetdetektive gefragt, die sich in den Foren HEJAC[57] und Murha[58] zusammenfinden, um beispielsweise die Verbindungen des Massakers am Bodom-See mit anderen Verbrechen aufzuzeigen. So sollen diese frappierende Ähnlichkeit mit den sogenannten Tulilahti-Morden haben, die ein Jahr zuvor 1959 auf einem Campingplatz am Naarajärvi-See begangen worden sind. Der nicht ermittelte Täter tötet damals mitten in der Nacht mit einem Messer und einem Stein zwei schlafende junge Frauen in einem Zelt. Einer der Verdächtigen damals: Metzger Hans Assmann. Die finnischen Internetdetektive wollen keinen Mörder davonkommen lassen und haben alle kriminalistischen Innovationen im Blick, die vielleicht eine erneute Rekonstruktion zulassen. Der Mann, der seine DNA in Form von Sperma und Blut am Bodom-See hinterlassen hat, ist schließlich ebenso wenig identifiziert, wie die Tatwaffe gefunden worden ist. Zwei Hauptverdächtige haben die Taten gestanden, beide haben in der Nähe des Sees gewohnt. Sollte einer von ihnen der Mörder sein, könnte das erklären, warum er keines der Motorräder zur Flucht genommen hat, obwohl er höchstwahrscheinlich die Schlüssel mitgehen ließ. Und der dritte Verdächtige, er hätte den kürzesten Weg gehabt, sich einfach nur auf seine Freunde gelegt und sein Gedächtnis verloren habe.

Ungeklärter Mordfall am Bodom-See

Maila Irmeli Björklund (* 15. Mai 1941; † 5. Juni 1960)
Anja Tuulikki Mäki (* 6. Dezember 1941; † 5. Juni 1960)
Seppo Antero Boisman (* 31. August 1941; † 5. Juni 1960)

Hinweise an:
CID Finnland
Telefon: +358 0295 418 622
E-Mail: rikosvihje.krp@poliisi.fi
www.poliisi.fi/en/national-bureau-of-investigation

Forschung:
Jari Louhelainen (Liverpool John Moores University)
E-Mail: J.Louhelainen@ljmu.ac.uk

Das verfluchte Schiff: der Hammermord auf der Viking Sally

Estonia – der englische Name für Estland – ist außerhalb des angloamerikanischen Sprachraums heute mehr mit einem Unglück als mit dem baltischen Land assoziiert. Zu präsent sind die Bilder und Berichte der größten europäischen Schiffskatastrophe nach dem Zweiten Weltkrieg. Warum die Ostseefähre am 28. September 1994 auf dem Weg von ihrem Heimathafen Tallin nach Stockholm vor der finnischen Insel Utö gesunken ist, bleibt bis heute ein Mysterium und bedient unzählige Verschwörungstheorien. Die wenigsten wissen, dass das 1980 in der Meyer Werft Papenburg fertiggestellte Schiff vorher andere Namen getragen und eine tragische Vorgeschichte hat, die seit der Katastrophe mit 850 Todesopfern manche an einen Fluch glauben lassen, der sich über die Fähre der finnischen Viking Line gelegt hat. Schließlich ist unter Seeleuten der Mythos, dass es Unglück bringt, ein Schiff umzubenennen, seit Jahrhunderten verbreitet.

Am 10. Juli 1986 erwischt der Geschäftsmann Antti Eljaala während einer Reise auf der *Viking Sally* – wie die *Estonia* damals heißt – in seiner Kabine den Verbrecher Reijo Hammar bei dem Versuch, Geld aus seinem Portemonnaie zu klauen. Als er darauf das Sicherheitspersonal verständigen will, rammt ihm Hammar fünf Mal ein Essensmesser in den Hals und erdrosselt ihn anschließend mit einem Bettlaken. Dem Mörder, der später gefasst und zu lebenslanger Haft verurteilt wird, gelingt 1988 gemeinsam mit einem Mithäftling die Flucht aus einem Gefängnis im finnischen Turku, wobei er einen Wärter mit einer Schrotflinte schwer verletzt. Die beiden Ausbrecher begehen danach mehrere Banküberfälle, geraten darüber in Streit, an dessen Ende Hammar seinen Komplizen mit einer Axt tötet. Der Mord auf der *Viking Sally* ist nur der Beginn einer langen Verbrechens- und Knastkarriere des sogenannten »gefährlichsten Gefangenen Finnlands«. Es ist nicht bekannt, ob Klaus Schelkle, seine Freundin Bettina Taxis und sein Kumpel Thomas Schmidt etwas über den Axtmord wissen, als sie etwa ein Jahr später am 27. Juli 1987 in Stockholm an Bord der *Viking Sally* gehen. Die drei deutschen Studenten aus Stuttgart, die per Interrail-Ticket die nordischen Länder bereisen wollen, befinden sich mit 1400 Passagieren und 200 Besatzungsmitgliedern an Bord der modernen Fähre, die ihren Gästen neben Bars und Restaurants auch Schwimmbad, Kino und Nachtklub bietet. Klaus, Bettina und Thomas wollen in Turku das Ruisrock-Festival besuchen und von da aus weiter über Finnisch-Lappland und Bergen bis nach Oslo reisen. Aufgrund ihres schmalen Reisebudgets haben sie keine Kabine für die zehnstündige Überfahrt gebucht, sondern planen, die Nacht in Schlafsäcken zu verbringen.

Um 22 Uhr legt die *Viking Sally* ab. Nachdem die deutschen

Freunde sich mit dem Schiff vertraut gemacht und ein paar Einkäufe erledigt haben, setzt sich Thomas Schmidt in den öffentlichen Aufenthaltsbereich im Unterdeck und passt auf das Gepäck auf. Der 20-jährige Klaus und seine zwei Jahre ältere Freundin Bettina wollen das Nachtleben der *Viking Sally* erkunden, etwas essen gehen und sich die Bars anschauen. Dabei kommen sie mit mehreren Passagieren ins Gespräch. Klaus studiert Fahrzeugtechnik und unterhält sich deshalb lange und angeregt mit dem finnischen Autohändler Tauon, der ihn einlädt, sich am nächsten Morgen auf dem Autodeck seine Fracht anzuschauen. Doch dazu soll es nicht mehr kommen. Gegen ein Uhr in der Nacht wecken Bettina und Klaus ihren Bekannten und erklären ihm, dass sie die Sommernacht unter freiem Himmel verbringen wollen, um morgens den Sonnenaufgang erleben zu können. Sie suchen sich ein lauschiges Plätzchen auf Deck 9 und kuscheln sich hinter einer Plexiglaswand neben der Hubschrauberplattform am Heck des Schiffes in ihre Schlafsäcke.

Als gegen 3:45 Uhr drei dänische Pfadfinder auf dem düsteren Deck umherstreifen, fallen ihnen vor den Lüftungsöffnungen zwei Passagiere auf, die sie zunächst für betrunken halten, weil sie torkelnd und wankend versuchten aufzustehen und immer wieder hinfallen. Doch als der 18-jährige Scout Thomas Nielsen näher kommt, bemerkt er, dass die Personen offensichtlich schwerste Kopfverletzungen erlitten haben und in einer Blutlache liegen. Während er bleibt, um Erste Hilfe zu leisten, rennen die beiden anderen zum Helpdesk und kehren kurz darauf mit dem Sicherheitschef der *Viking Sally* Raimo Vahlsten zurück. Der lässt die Verletzten sofort auf die Krankenstation bringen, wo die Schiffskrankenschwester versucht, die Blutungen des Pärchens mit Handtüchern zu stillen. Was sie sagen, können die Helfer nicht deuten, weil keiner von ihnen Deutsch spricht. Aber allen ist klar, dass sich die Passagiere in einer lebensbedrohlichen Lage befinden, sodass der Schiffskapitän um 4:20 Uhr das Seenotrettungszentrum in Turku verständigt. Ein Rettungshubschrauber nimmt die Verletzten auf, um sie umgehend ins Universitätsklinikum zu bringen. Bettina befindet sich während des Fluges in einem Delirium, hält die Sanitäter für Angreifer und versucht, sich gegen sie zur Wehr zu setzen. Verzweifelt versuchen die Opfer, etwas zu sagen, werden aber aufgrund der Sprachbarriere und des Lärms des Helikopters auch in der Luft nicht verstanden. Klaus muss bereits vor der Landung wiederbelebt werden. Bei Ankunft in Turku um 5:48 Uhr ist er tot. Vier Kripobeamte nutzen den Rettungshubschrauber, um sich sofort an Bord der *Viking Sally* bringen zu lassen, die sie um 6:30 Uhr betreten. Die erfahrenen Ermittler wissen, dass sich der Täter auf dem Schiff befinden muss, und beginnen daher noch während der Überfahrt mit der Tatortbesichtigung und Zeugenbefragung. Da sie schnell Raub- und Sexualmotive ausschließen können, glauben sie an die Tat eines psychisch gestörten Menschen.

Der erste Verdächtige ist der 26-jährige Engländer Patrick, der blutverschmiert und alkoholisiert auf dem Boden des Salons auf Deck 6 gefunden wird. In der Nacht ist er durch exzessives Feiern aufgefallen, unter anderem mit fünf jugendlichen Finnen, die an verschiedenen Stellen des Schiffes in einem trunkenen Zustand aufgefunden werden. Sie alle werden verhaftet. Als die *Viking Sally* um 8:10 Uhr in Turku anlegt, wimmelt es am Hafen schon von Polizisten, die die Fähre von Land- und Seeseite abriegeln. Der Kapitän bekommt per Funk die Anweisung, nur einen Ausgang zu öffnen, da die Beamten alle Passagiere beim Verlassen des Schiffes filmen wollen. Da es zeitlich nicht möglich ist, die Dokumente von 1400 Schiffsreisenden zu kontrollieren, konzentrieren sich die Ermittler auf junge und verdächtig wirkende Männer. Danach werden insgesamt 20 auffällige Personen zur weiteren Befragung mit auf die Wache genommen, darunter auch Thomas Schmidt. Die Untersuchungen des Falls übernimmt die Polizeibehörde von Turku unter Leitung von Kriminaloberkommissar Kurt Alopaeus. Während der Begleiter der Opfer und die Finnen schon bald entlastet werden, muss der Brite Patrick, dessen Blut sich als sein eigenes erweist, zwei Wochen in Untersuchungshaft verbringen und sich mehreren Verhören aussetzen. Insgesamt ziehen sich die Ermittlungen vier Jahre hin. Über 1000 Personen werden befragt, das finnische National Bureau of Investigation wertet 250 forensische Spuren aus. Am Ende können weder Augenzeugen der Tat noch die Tatwaffe, die als schwerer, stumpfer Gegenstand klassifiziert wird, gefunden werden. Vom Täter fehlt jede Spur, und die von den Medien unter Druck gesetzten Beamten müssen sich fragen, wie der Mörder ihnen durch die Lappen gehen konnte. Vielleicht ist er doch von Bord gesprungen und hat sein Leben auf diese Weise selbst beendet, um sich nicht der Verantwortung zu stellen.

Bettina überlebt die Tat, hat aber keine Erinnerung daran und kann nicht zur Aufklärung beitragen. Sie leidet bis heute an körperlichen und psychischen Beeinträchtigungen. Als Fischer im August 1987 am Nordufer der Insel Lilla Björnholm, die entlang der Schifffahrtsroute liegt, einen schwarzen Müllsack mit Klamotten und Schuhen finden, gehen die finnischen Kriminalisten nach forensischen Analysen davon aus, dass diese Sachen dem Täter gehören. Die in Finnland hergestellte Kleidung, unter der sich auch Arbeitshandschuhe mit den Initialen H. K. befinden, wird in der Presse veröffentlicht, doch niemand meldet sich, der dazu Angaben machen kann. Den Ermittlern bleibt in den nächsten Jahren kaum mehr, als das Schiff immer wieder zu inspizieren und zu versuchen, Hinweise aus den abgefilmten Passagieren abzuleiten. Sie bemühen sich, alle Gäste zu identifizieren und zu verhören.

Einige, wie die Schweden »Jocke« und »Perra«, verweigern ihre Aussage. Dringend gesucht werden zwei Personen, die wegen ihrer auffälligen Kopfbedeckung die Bezeichnung »Mützenmänner« erhalten und als verdächtig angesehen werden. Einer wird in Deutschland aufgefunden, er hat mit der Tat nichts zu tun; der andere, der nachts auf den Außendecks gesehen wird und Selbstgespräche auf Englisch führt, wird nie identifiziert. Drei Personen wiederum, die die Tat gestehen, können ausgeschlossen werden.

Anfang der Neunzigerjahre wird der Fall zum Cold Case erklärt; mit dem Untergang der *Estonia* verschwindet nicht nur das Schiff, sondern geraten auch der Mord an Klaus Schelkle und der versuchte Mord an Bettina Taxis in den Hintergrund. Doch nachdem der Fall 2016 neu aufgerollt und mittels neuester Technologien untersucht wird, gibt die finnische Polizei im Jahr 2019 der Öffentlichkeit preis, dass man einen neuen Hauptverdächtigen im Mordfall der *Viking Sally* habe. Im September 2020 übergeben die Ermittler die Untersuchungsergebnisse an die Staatsanwaltschaft, die Anklage wegen Mordes und versuchten Mordes gegen einen Dänen erhebt, der 1987 an Bord der Viking Sally gewesen und seinerzeit in der Presse als junger Held gefeiert worden ist. Es ist der damals 18-jährige Pfadfinder Thomas Nielsen, der Klaus und Bettina entdeckt und ihnen Erste Hilfe geleistet hat. Am 24. Mai 2021 beginnt der Prozess gegen Herman Himle, wie sich der Mann inzwischen nennt, vor dem Bezirksgericht Turku. Auf ihn aufmerksam geworden sind die finnischen Behörden bereits 2016 durch einen Hinweis der dänischen Kriminalpolizei, die von der Gefängnis-Chorleiterin darüber informiert worden ist, dass der zu dieser Zeit inhaftierte Himle ihr die Tat auf der *Viking Sally* gestanden habe. Auch eine sichergestellte SMS von Himle an seine Frau, in der er damit prahlt, ein gesuchter Mörder zu sein, findet später Eingang in den Prozess. Als finnische Beamte ihn in der

Haftanstalt aufsuchen, sagt Himle, er werde unter der Voraussetzung, dass die Polizisten nichts protokollieren und er keinen Anwalt bekäme, die ganze Wahrheit erzählen. In einer abgelegenen Ecke im Gefängnishof soll er dann gegenüber Sergeant Mika Paaer die Morde ausführlich geschildert haben, nennt als Tatwaffe einen Vorschlaghammer, den er über Bord geworfen habe, als die beiden anderen Pfadfinder dazugekommen seien. Sein Motiv sei Geldnot gewesen, und die Deutschen hätten sich einfach zur falschen Zeit am falschen Ort befunden. Man könne Bettina Taxis nun sagen, sie brauche keine Angst mehr zu haben, denn die Polizei habe den richtigen Mann gefunden.[59]

Während seines Prozesses leugnet Himle sein Geständnis, und seine Aussagen gegenüber den Polizisten werden als Beweismittel genau aus dem Grund nicht zugelassen, den er zu den Voraussetzungen seiner Beichte gemacht hat: Es ist nicht protokolliert worden, und er hat keinen Anwalt bekommen. Er habe die Tat nicht begangen. Seine getätigten Bemerkungen seien reine Provokation gegenüber der Polizei gewesen, um diese zu ärgern. Tatsächlich haben die dänischen Kollegen die finnischen Beamten zuvor gewarnt, dass der gerissene Himle, der bereits 18 Jahre seines Lebens wegen Diebstahls, Waffen- und Finanzdelikten in Haft verbracht hat, es liebt, zu scherzen und die Aufmerksamkeit auf sich zu ziehen. Und das tut er auch während des Prozesses noch, indem er wieder Andeutungen macht und diese dann widerruft. Für ihn sei es einfach nicht gut, vom Helden zum Mörder zu werden, und daher könne er nichts zugeben.[60] Am 30. Juni 2021 wird er von allen Anklagepunkten freigesprochen. Wie Hammar, der ein Jahr vor dem Verbrechen an Klaus und Bettina auf der *Viking Sally* gemordet hat, ist auch Himle aus dem Gefängnis ausgebrochen – drei Mal. Das Gericht hält in seinem Urteil jedoch für möglich, dass er in diesem Falle einfach nur ein Helfer gewesen sei. Er habe nicht mehr Wissen über die Tat gehabt als andere, sei von keinem Augenzeugen gesehen worden. Nach dem Prozess feiert Himle »seinen großen Sieg« als ein Leichtes. Er spiele eben gerne mit der Polizei. Wenn er gemordet hätte, hätte er selbstverständlich nie darüber geredet.[61]

Ob er der dänische Pfadfinder die Tat begangen hat, ob es der verschollene Mützenmann oder jemand ganz anderes gewesen ist, können vielleicht Internetdetektive eines Tages ergründen. Das Kürzel H. K. ist noch nicht enträtselt, und die Frage, ob Himle einen genialen Plan verfolgt haben könnte, dürfte interessant werden. Schließlich decken sich die Verletzung der Deutschen mit denen, die ein Vorschlaghammer anrichten würde, und die Idee, nach einer Tat zu helfen, um so das Blut auf der eigenen Kleidung erklären zu können, wäre schon äußerst gerissen und dreist gewesen. Ob Klaus und Bettina ihren Ersthelfern das unbedingt haben sagen wollen, als sie niemand verstanden hat, bleibt ebenfalls ungewiss. Der Untergang der späteren *Estonia,* auf der zwei äußerst gerissene Täter Morde begangen haben, dürfte ganz nach dem Humor von Herman Thomas Bendix Nielsen Kjeldsen Himle sein – wie der ehemalige dänische Pfadfinder sich vollständig nennt. Immerhin hat er so die Initialen des wahrscheinlichen Mörders H. K. unterbringen können. Dass Himle auch weiterhin im Gespräch bleibt, dafür sorgt er selbst. Kurz vor Fertigstellung dieses Buches wird er im April 2024 vom Bezirksgericht Glostrup wegen eines am 27. Januar 2023 getätigten Sprengstoffanschlages auf eine dänische Luxusvilla zu einer dreieinhalbjährigen Gefängnisstrafe verurteilt. Er bestreitet das Delikt, er sei zwar am Tatort gewesen, habe die Tat aber nicht begangen. Seine Berufung abwartend, hält Himle weiterhin Briefkontakt zu finnischen Kriminalpolizisten, die er darin jüngst als »Gestapo-Schweine« bezeichnet haben soll.[62]

Ungeklärter Mordfall und versuchter Mord auf der Viking Sally

Klaus Schelkle ist am 28. Juli 1987 im Alter von 20 Jahren ermordet worden. Auf dem Foto ist er mit seiner Freundin Bettina Taxis zu sehen, die den Angriff schwer verletzt überlebt hat.

Hinweise an:

Heidi Röblom, Bezirksstaatsanwältin Westfinnland
Telefon: 029 562 6529
E-Mail: heidi.roblom@oikeus.fi

CID Finnland
Telefon: +358 0295 418 622
E-Mail: rikosvihje.krp@poliisi.fi

Schaurige Anrufe aus Paderborn: Wer tötete Frauke Liebs?

Ingrid Liebs gibt die Suche nach dem Mörder ihrer Tochter auf. Diese Medienmeldung aus dem Juli 2023 macht viele betroffen, die in den vergangenen 17 Jahren mit der Familie der 2006 entführten und später ermordeten Frauke Liebs gelitten und gehofft haben, dass der oder die Täter nicht mit einem »perfekten Mord« davonkommen. Bei den meisten dürfte Ingrid Liebs' Entschluss, die Webseite abzuschalten, die sie jeden Tag abgerufen und auf neue Hinweise durchforstet hat, jedoch auf Verständnis gestoßen sein. Ein Großteil der Angehörigen von Opfern schwerster Verbrechen gelingt es nicht wie Fraukes Mutter, über so viele Jahre die Kraft dafür aufzubringen. Der Wunsch, irgendwann abschließen zu können, ist verständlich und für die meisten die einzige Möglichkeit, überhaupt wieder ins Leben zurückzufinden. Insofern bringt häufig der bestätigte Tod eines lange vermissten Menschen, von dem man immer gehofft hat, er würde noch mal wiederkehren, den Angehörigen langfristig auch Erleichterung. Das Bedürfnis, dass nach all der Entbehrung und psychischen Belastung, die Ingrid Liebs ertragen musste, ein wenig Ruhe in ihr Leben einkehrt, ist zu stark geworden. Der Drang, denjenigen zu finden, der Frauke das angetan hat, um wenigstens zu erfahren, was ihn angetrieben hat und wie sie gestorben ist, musste dem weichen.

Hingegen können und dürfen die Ermittler den Fall Frauke Liebs nicht abschließen, solange berechtigte Hoffnung besteht, den Täter zu finden. Dass es diese gibt, zeigen die weiteren bis heute andauernden Ermittlungsbemühungen der Polizei. Aufgeben dürfen deswegen auch nicht Journalisten wie *Stern-Crime*-Reporter Dominik Stawski, der sich fast zehn Jahre lang akribisch mit der Aufklärung des Falls beschäftigt. Ganz sicher das Handtuch werfen wollen auch die vielen Internetdetektive nicht, die einen der mysteriösesten Mordfälle jüngerer deutscher Kriminalgeschichte weiter analysieren und nach jedem Strohhalm greifen, der vielleicht das entscheidende Puzzleteil liefern könnte. Als einer der ganz wenigen Fälle ist er auch der internationalen Websleuth-Szene bekannt und bietet dem deutschen Internetdetektivnachwuchs Beschäftigungsmöglichkeiten.

Nach ihrem Abitur und einer Ausbildung zur Erzieherin beginnt die aus dem westfälischen Lübbecke stammende Frauke Liebs eine weitere Ausbildung zur Krankenpflegerin im St. Vincenz Krankenhaus in Paderborn, wo sie gemeinsam mit ihrem Ex-Freund Christos Karoulis eine Wohnung bezieht. Die beiden sind nach einer vierjährigen Beziehung seit einem halben Jahr getrennt, verstehen sich aber weiterhin als beste Freunde. Im Sommer 2006 ist Chris glücklich mit seiner neuen Freundin liiert, und die extrovertierte und lebensfrohe Frauke hat im Umfeld ihrer Ausbildungsstätte längst Anschluss an einen neuen Freundeskreis gefunden. Die 21-Jährige liebt es, zu plaudern und zu chatten. Wenn sie nicht mit Freunden unterwegs ist oder telefoniert, verbringt sie viel Zeit am Computer, um sich über diverse Chatforen und den Messenger ICQ, wo sie unter ihrem Nickname Sweet Corry registriert ist, mit anderen Leuten auszutauschen. Frauke hat eine ausgeprägte soziale Ader und ist immer bemüht zu helfen. Sie ist eine gute Freundin. Zu ihrer Familie pflegt sie einen regen, engen Kontakt. Vater Klaus und ihr älterer Bruder Frank sind als Zahnärzte in Lübbecke beschäftigt, auch Fraukes jüngere Schwester Karen lebt dort und steht kurz vor ihrem Abitur. Ingrid Liebs ist als Schulleiterin am städtischen Gymnasium in Bad Driburg tätig, wo sie unter der Woche unterrichtet und auch in einer Zweitwohnung lebt.

Ingrid Liebs setzt ihre Tochter am Dienstag, den 20. Juni 2006, nach einem gemeinsamen Restaurantbesuch mit Chris um 21 Uhr vor dem Irish Pub The Auld Triangel an der Libori-Galerie ab. Frauke ist hier mit Isabella verabredet, um das WM-Gruppenspiel Schweden gegen England zu schauen. Fraukes Freundin und Ausbildungskollegin ist mit einem britischen Soldaten liiert, der wie einige seiner Freunde ebenfalls an diesem Abend im Pub ist. Als Ingrid Chris kurz darauf an seiner Wohnung absetzt, bemerkt dieser, dass er seinen Hausschlüssel darin vergessen hat. Die beiden fahren also noch mal zum Pub zurück, und Chris leiht sich unter dem Versprechen, dass er wach bleiben werde, um sie später reinzulassen, den Schlüssel seiner Mitbewohnerin. Der Pub ist gut gefüllt, die Stimmung ausgelassen und einseitig auf England ausgerichtet. Passenderweise trägt Frauke über ihrer Jeans ein rotes Shirt und dazu weiße Turnschuhe. Doch obwohl das Spiel spannend ist und die Schweden überraschend stark auftreten, interessiert sie sich nicht sonderlich für das, was auf der Leinwand passiert. Frauke ist kein Fußballfan, unterhält sich lieber mit Isabella und tauscht eifrig SMS mit ihrem neuen Bekannten Niels aus, der eigentlich auch zu der Gruppe dazustoßen wollte. Doch er hat es sich nach Ende seiner Nachtschicht um 22:15 Uhr anders überlegt und ist mit seinem Arbeitskollegen Billard spielen gegangen. Frauke und Isabella versuchen vergeblich, Niels zu überreden, doch noch zu kommen. Als der Akku von Fraukes Nokia 6230 den Geist aufgibt, leiht sie sich den ihrer Freundin, die das gleiche Modell besitzt, und setzt ihre Nachrichtenkommunikation eifrig fort, bis das Spiel zu Ende ist. Vielleicht versucht sie, Niels aufzumuntern, den sie bei einem Besuch der Paderborner Disco Capitol über Isabella kennengelernt hat. Seit ihrem ersten Aufeinandertreffen wenige Wochen zuvor stehen sie in engem Kontakt, haben sich auch zwei Mal getroffen. Bei einem Picknick zu zweit hat Niels ihr sein Herz darüber ausgeschüttet, wie sehr er darum trauert, dass sich, kurz bevor Frauke in sein Leben getreten ist, sein bester Freund Thomas umgebracht hat. Frauke gibt Isabella den Akku zurück, als das Spiel endet. Während ihre Bekannten in den Klub Savoy weiterziehen möchten, bekundet sie, nach Hause gehen zu wollen, da sie müde sei. Als alle gemeinsam um 23 Uhr den Pub verlassen, läuft Frauke alleine in Richtung ihrer Wohnung an der Borchener Straße.

Die Ermittler nehmen später an, dass Frauke zu Fuß gehen wollte, da sie nicht von einer Mitfahrgelegenheit spricht und nach Angaben ihrer Freunde nur noch fünf Euro bei sich gehabt habe, die nicht für ein Taxi gereicht hätten. Für die 1,5 Kilometer lange Wegstrecke braucht Frauke in der Regel 20 Minuten, doch aus einem bis heute unbekannten Grund wird sie nie wieder zu Hause ankommen und außer vom Täter auch nie mehr von jemandem lebend gesehen werden. Obwohl die Straße belebt ist und aufgrund des WM-Spiels viele Menschen unterwegs sind, wird sich nie eine Person melden, die Frauke nach ihrem Verlassen des Irish Pubs bemerkt hat.

Chris liegt in dieser Schicksalsnacht bereits erschöpft auf dem Sofa und wundert sich, dass Frauke immer noch nicht eingetroffen ist, als ihn endlich um 0:45 Uhr eine SMS seiner Mitbewohnerin erreicht: *»Komme später. Das Spiel war lustig nicht gegen England :) Hdgdl bis später.«*[63] Chris weiß, dass Frauke in der Nachricht auf die zuvor mit ihm diskutierte unliebsame Option anspielt, dass Deutschland im Achtelfinale auf England treffen könnte. Nach dem errungenen 2:2 stellen die Schweden jetzt den scheinbar leichter zu knackenden Gegner. Chris beschließt, ins Bett zu gehen, vorausschauend aber seine Zimmertür aufzulassen, damit er die Klingel hören kann. Als Frauke am nächsten Morgen ohne Krankmeldung nicht in der Schule erscheint, macht sich Isabella Sorgen und ruft nach der ersten Stunde bei Chris an. Nachdem er daraufhin in Fraukes Zimmer gelaufen ist und ihr Bett leer und unbenutzt vorgefunden hat, kontaktiert er Ingrid, die ahnt, dass etwas vorgefallen sein muss, da ihr Kind nie ohne einen triftigen Grund weggeblieben ist. Nachdem Chris und Ingrid Freunde und Krankenhäuser ergebnislos abtelefoniert haben, meldet Fraukes Mutter ihre Tochter am Nachmittag des 21. Juni bei der Polizei Paderborn als vermisst, stößt jedoch auf taube Ohren. Der Beamte entgegnet, dass die gesuchte volljährig sei und man daher erst nach 48 Stunden eine Vermisstenanzeige aufnehmen könne. Doch Fraukes Familie und Freunde wollen nicht untätig bleiben. Immer wieder versuchen sie, auf Fraukes Telefon anzurufen, verteilen schließlich am Donnerstag, den 22. Juni, auch Flugblätter in der Stadt, binden lokale Medien ein und erwirken Suchaufrufe über die Public-Viewing-Leinwände. An diesem Tag wird außerdem ein Thread unter dem Topic »Blaulicht« des ehemaligen Paderborner Taxi-Blogs eröffnet, auf dem sich schnell ein reger Austausch zwischen der lokalen Taxiszene und besorgten Bürgern entwickelt; daran beteiligen sich auch Bekannte und einige Insider des Falls und auch Ermittler fragen ihn sicherlich regelmäßig ab. In seiner Form erinnert dieser kleine Blog dem Prinzip späterer amerikanischer Websleuthing-Foren im Miniaturformat.

Zwei Tage nach ihrem Verschwinden nimmt sich die Polizei Paderborn des Falls an, kann den Standort des Handys allerdings damals nur bei Nutzung des Telefons orten und lediglich eingrenzen. Die erste SMS an Chris wird demnach aus dem Raum Nieheim im Kreis Höxter abgesendet, das sich rund 40 Kilometer nordöstlich von Paderborn befindet. Diese Information wird in einer Polizei-Pressemeldung veröffentlicht. An diesem Abend um 22:25 Uhr ruft Frauke Chris auf seinem Handy an. Das Gespräch des 20 Sekunden dauernden Telefonats, das nun aus dem Raum Hövelhof, 17 Kilometer nordwestlich von Paderborn, kommt, legt Chris später in einem Gedächtnisprotokoll nieder: »Hallo Christos, ich wollte sagen, dass es mir gut geht und ich bald nach Hause komme. Sage Mama und Papa und den anderen Bescheid.«

Sofort ist Chris alarmiert, denn seine Ex klingt anders als sonst. Er beschreibt ihre Stimme als monoton und langsam. Sie habe geklungen, als würde sie unter Drogen stehend einen Text ablesen. Außerdem sei es höchst merkwürdig, dass sie ihn mit seinem vollen Namen angesprochen habe. Das tue sie nur, wenn sie sauer auf ihn sei oder möchte, dass er ganz genau zuhört.

Ingrid Liebs wird in den kommenden Jahren der Polizeikreisbehörde Paderborn immer wieder Vorwürfe dahingehend machen, dass sie die Situation nicht richtig eingeschätzt und die Ermittlungen auf Grundlage eines Verbrechens zu spät aufgenommen habe. Sie ist wie viele andere davon überzeugt, dass man Fraukes Entführer auf die Spur gekommen wäre, hätten die Fahnder sofort alle technischen Möglichkeiten einer Rückverfolgung von Anrufen eingeleitet und wäre die Polizei nicht zu lange davon ausgegangen, dass Frauke freiwillig unterwegs gewesen sei. Erst spät wird den Ermittlern bewusst, dass es sich um einen Entführungsfall handelt und der Täter sie in voller Absicht mit verschiedenen Standortdaten in die Irre führen wollte. Damit ist auch klar, dass er Frauke zumindest zeitweise in einem Auto transportiert haben muss. Die drei weiteren Kurzanrufe, die Chris einmal täglich zwischen dem 23. und 25. Juni erhält, werden aus unterschiedlichen Gewerbegebieten innerhalb Paderborns geortet. Während der Gespräche geht Frauke nie auf Fragen ein, betont nur immer wieder uniform, sie werde jetzt oder bald nach Hause kommen. Auch ihr Bruder Frank spricht einmal mit ihr, als er über eine eingestellte Funktion seines Handys am 23. Juni um 23:04 Uhr darüber informiert wird, dass Fraukes Handy wieder erreichbar sei. Sie sagt nur, sie könne ihm nicht mitteilen, wo sie sei, werde aber »heute nach Hause kommen«. Am Montag, den 26. Juni, meldet sich die Verschollene nicht, was alle Familienmitglieder extrem beunruhigt.

Chris weiß längst, dass es Frauke oder jemandem, der sie dazu bringt anzurufen, nur darum gehen kann, ihn hinzuhalten; daher macht er sich konkrete Gedanken über Fragen, die er beim nächsten Telefonat stellen will, um irgendwie Informationen über Fraukes Aufenthaltsort zu bekommen. Ihr letzter und längster Anruf an Chris erfolgt am 27. Juni Uhr aus dem Gewerbegebiet Benhauser Feld heraus. Fraukes Familienangehörige, die mit in der Wohnung auf Nachricht gewartet haben, sind bis auf Karen zum Zeitpunkt des Anrufes gegangen. Chris stellt den Lautsprecher an, sodass Karen mithören und auch selbst kurz mit ihrer Schwester sprechen kann. Danach rekonstruieren sie das Gespräch aus ihrem Gedächtnis. Es sind vor allem Fraukes rätselhafte Worte aus diesem Telefonat, die Menschen, die von dem Fall nicht mehr loskommen, in ihren Bann ziehen. Vorgetragen von einer gleichförmigen, schläfrigen Stimme, wirken sie gruselig und regelrecht verstörend. Es sind diese Sätze, die sich in den Köpfen der Angehörigen eingebrannt haben, die sie immer und immer wieder durchgegangen sind auf der Suche nach dem entscheidenden Hinweis, den sie übersehen haben könnten. Ingrid Liebs ist bis heute davon überzeugt, dass in den wie in Trance gesprochenen Worten eine versteckte Botschaft zu finden ist, ein Code, der ihr hätte verraten sollen, wo sich ihre Tochter befindet. Am Dienstag, den 27. Juni, um 23:24 Uhr klingelt Chris' Handy. Sein Display zeigt den Namen Frauke an:

Frauke: »Hallo Chrissy. Mir geht es gut.«

Chris: »Wo bist du?«

Frauke: »Kann ich nicht sagen.«

Chris: »Komm doch nach Hause.«

Frauke: »Nein, das geht nicht.«

Chris: »Warum denn nicht?«

Frauke: »Kann ich dir nicht sagen.«

Chris: »Wirst du festgehalten?«

Frauke: »Ja … Nein! Nein!«

Chris: »Hast du Angst?«

Frauke: »Nein.«

Chris: »Wer ist bei dir?«

Frauke: »Kann ich dir nicht sagen.«

Chris: »Bist du müde?«

Frauke: »Ja, sehr müde.«

Chris: »Weißt du, dass die Polizei nach dir sucht?«

Frauke: »Ja, ich weiß.«

Chris: »Woher weißt du das?«

Frauke: »Ich bin ja fast eine Woche weg.«

Chris: »Warum bist du denn weg?«

Frauke: »Das weißt du doch, Chris.«

Chris: »Nein. Hast du einen anderen Typen kennengelernt?«

Frauke: »Du weißt doch, dass ich nicht wegen 'nem Typen eine Woche wegbleibe. Du kennst mich doch.«

Chris: »Karen ist bei mir. Wir machen uns alle Sorgen.«

Frauke: »Sind Mama und Papa auch da?«

Chris: »Die waren hier.«

Frauke: »Sag ihnen, dass ich sie ganz doll liebe.«

Chris: »Wann kommst du zurück?«

Frauke: »Ich weiß nicht.«

Chris: »Warum bist du nicht gekommen, obwohl du gesagt hast, dass du heute zurückkommst?«

Frauke: »Erklär ich dir später.«

Chris: »Soll ich dich abholen?«

Frauke: »Nein, das geht nicht.«

Chris: »Können wir uns irgendwo treffen?«

Frauke: »Das geht nicht.«

Chris: »Wo bist du?«

Frauke: »Mama.«

Chris: »Wo bist du?«

Frauke: »Mama.«

Chris: »Wo bist du?«

Frauke: »Mama.«

Chris: »Wann meldest du dich?«

Frauke: »Weiß ich noch nicht.«

Chris: »Melde dich doch wenigstens einmal am Tag.«

Frauke: »Hab ich die anderen Tage doch auch gemacht.«

Chris: »Ich war sehr traurig, dass du dich gestern nicht gemeldet hast.«

Frauke: »Ja, ich weiß, dass du sehr traurig warst … Gib mir Karen, bitte.«

Karen: »Hast du Angst, nach Hause zu kommen?«

Frauke: »Nein.«

Karen: »Wir räumen auch die Wohnung, und keiner fragt dich, was passiert ist. Komm doch wieder.«

Frauke: »Das geht nicht, ich lebe noch!«

Karen: »Bist du mit einer oder mehreren Personen zusammen?«

Frauke: »Bitte frag mich nicht. Ich würde gerne bei euch sein. Ich würde gerne nach Hause.«

Chris nimmt das Handy: »Melde dich wenigstens einmal am Tag.«

Frauke: »Ja, mache ich. Ciao. Bis bald.«

Frauke wird sich nach diesem Gespräch nie wieder melden, doch natürlich bestehen danach noch immer Hoffnungen, dass sie lebt. Obwohl Chris und einige Familienangehörige schon damals meinen, dass Frauke klingt, als habe sie ihren eigenen Tod bereits vor Augen gehabt. Sie sagt, sie könne nicht zurück, da sie noch lebe, und dass sie ihre Eltern über alles liebe – sie spricht nicht von Liebhaben wie stets zuvor. Auch die Polizei Paderborn lässt inzwischen wegen einer vermuteten Geiselnahme ermitteln. Ingrid Liebs verteilt weiter Flugblätter, setzt ihre Internetseite auf, gibt Interviews in den Medien und engagiert auch einen Privatdetektiv.

Alle Hoffnungen, Frauke lebend zu finden, sind von einer Sekunde auf die andere wie ein Luftballon geplatzt, als am 4. Oktober 2006 ein Jäger ihre Leiche rund 15 Kilometer von Paderborn entfernt in einem abgelegenen Waldstück bei Lichtenau, 20 Meter abseits der L 817, findet. Den Ermittlern wird es aufgrund der fortgeschrittenen Verwesung und Skelettierung der Überreste nicht möglich sein, die Todesursache zu ermitteln. Es gibt keine Hinweise auf ein Gewalt- oder Sexualdelikt, obwohl diese nicht ausgeschlossen werden können. Doch daran, dass ein Verbrechen stattgefunden hat, zweifelt niemand mehr. Fraukes Todeszeitpunkt datiert auf den Tag ihres Verschwindens oder maximal wenige Tage danach. Der Täter hinterlässt keine identifizierbaren Spuren in Form von Fingerabdrücken, DNA oder Reifenspuren. Er hat die Leiche schnell abgelegt, ihr Fundort soll nicht der Tatort sein. Bis auf ihre Kleidung und eine Halskette mit Kreuzanhänger sind der Toten die Sachen abgenommen worden. Bis heute gibt es keine Spur von Fraukes Handy, Handtasche, Portemonnaie und Armbanduhr.

Alle Bemühungen der mit dem Tag des Leichenfundes eingerichteten Mordkommission »MK Lichtenau« unter Leitung von

Ralf Östermann werden ohne messbaren Erfolg bleiben. Gemeinsam mit dem zuständigen Chefermittler der Staatsanwaltschaft Ralf Vetter und dessen Nachfolger Kai Uwe Waschkies wird der Bielefelder Kripobeamte in den kommenden Jahren untrennbar mit der Lösung des Falls Frauke Liebs verbunden bleiben. Zunächst beauftragen sie über das Landeskriminalamt NRW eine operative Fallanalyse. Die einbestellten Profiler kommen im Januar 2007 zu dem Schluss, dass Frauke höchstwahrscheinlich im Raum Nieheim von einem ortskundigen männlichen Einzeltäter in einem Versteck festgehalten worden ist. Dieser ist aus unbekannten Gründen mit Frauke herumgefahren, bevor er sie getötet und im Wald abgelegt hat. Zur Folge hat diese Einschätzung, dass sich die Ermittlungen der nächsten Wochen und Monate geografisch fast ausschließlich auf den Ort Nieheim konzentrieren. Die Fahnder gehen davon aus, dass der Täter dort lebt und nach der veröffentlichten Position der ersten SMS durch die Paderborner Polizei in Panik geraten ist. Zur Verschleierung seines Standortes sei er daraufhin in der Gegend herumgefahren, um andere Signale auszusenden. Offensichtlich eine Fehleinschätzung, denn obwohl in Nieheim sprichwörtlich jeder Stein einzeln umgedreht wird, wird man vor Ort nie eine Spur finden. Außerdem kann heute als höchst fraglich gelten, dass der Mörder ein so hohes Risiko eingegangen wäre, das sich durch das mehrtägige Herumfahren mit dem Opfer in Paderborn ergeben hätte. Er hätte ebenso fürchten müssen, von der Polizei angehalten zu werden. Schließlich könnte es genauso gut auch die Fährte Nieheim sein, die ein Täter falsch gelegt haben könnte im Wissen, man würde dort das Handy erstmals orten, denn die Anrufe kommen anschließend bis auf eine Ausnahme aus dem Paderborner Stadtgebiet.

Bis zu ihrer Auflösung im Juni 2007 befragt die Mordkommission 1000 Personen und geht 700 Hinweisen nach. Als äußerst komplex erweisen sich die Identifizierung und Befragung von Dutzenden Chatpartnern aus ganz Deutschland. Zwar wird intensiv auch unter Partygästen, britischen Soldaten, Taxifahrern oder Truckern gefahndet, doch die Polizei vermutet einen Täter, den Frauke gekannt hat. Die Kriminalbeamten glauben, dass sie freiwillig in das Auto ihres Entführers eingestiegen ist. Dafür spricht vor allem ihre SMS, die sie 1,45 Stunden nach Verlassen des Pubs an Chris geschickt hat. In der Nachricht ist keine Angst oder Sorge zu erkennen, und sie lässt auf eine freiwillige Abwesenheit schließen. Ungewöhnlich ist sie nur deshalb, weil sie so spät empfangen wird, denn sie nimmt direkten Bezug auf das Ergebnis des Spiels. Daher ist theoretisch denkbar, dass Frauke die SMS noch im Pub geschrieben hat, bevor ihr Handy ausgegangen ist. Somit könnte sie nach dem nächsten Aufladen des Akkus versendet worden sein. Das Ladegerat kann also beim Täter vermutet werden, in seinem Auto, an seinem Wohnort oder an dem Platz, an dem er Frauke versteckt hält. Auffällig sind die Zeiten der Anrufe. Bis auf eine Ausnahme werden sie alle zwischen 22 und 23 Uhr getätigt. Könnte das mit den Arbeitszeiten des Täters in Verbindung stehen? Warum darf Frauke am Samstag, den 24. Juni, nachmittags um 14:23 Uhr anrufen? Es ist der Tag des Achtelfinalspiels zwischen Deutschland und Schweden. Ist der Täter ein Fußballfan?

Dutzende rätselhafte Fragen stehen im Zentrum der Ermittlungen, die natürlich nicht nach außen getragen werden. Doch wir können davon ausgehen, dass sich die Polizei die gleichen Fragen stellt wie die bis heute akribisch recherchierenden deutschen Internetdetektive auf Allmystery und im Hobby-Ermittler-Team. Warum hat der Entführer Frauke mit ihren Angehörigen sprechen lassen? Es scheint klar, dass es sich um eine Hinhaltetaktik gehandelt haben muss, aber die Gefahr, sie hätte den Täter verraten können, ist extrem hoch, denn es hätte dafür nur eines Wortes gebraucht. Hat der Entführer Frauke vertraut? Oder sie ihm? Noch? Wurde sie erpresst? Nach welcher Logik könnte sie sich freiwillig dazu entschieden haben, bei ihm zu bleiben? Viele vermuten, dass Frauke während ihrer Anrufe eine sedierende Substanz konsumiert haben könnte, aber es ist nicht bekannt, dass sie selbst zuvor Drogen genommen hat. Hat der Täter einen medizinischen Hintergrund? Könnte er aus dem Krankenhaus stammen, in dem Frauke ihre Ausbildung absolviert hat?

Ein Ermittlungsansatz versucht zu ergründen, warum Frauke während des letzten Gespräches dreimal auf die Frage, wo sie sei, mit »Mama« antwortet. Könnte dies ein Hinweis auf den Zweitwohnsitz ihrer Mutter in Bad Driburg sein? Die Gemeinde liegt nur 15 Kilometer von Nieheim entfernt. Selbst im Namen steckt die Drei. Oder spielt Frauke auf das »Triangle« an, in dem sie sich zuletzt befunden hat? Sie gibt im Gespräch auch drei Mal an, in Paderborn zu sein, und das stellt sich nach Ermittlung der Standortdaten der Telefonate später als richtig heraus. Warum gestattet ihr der Täter, diese Informationen preiszugeben? Welchen Mehrwert hat er dadurch? Frauke klingt während ihres Gespräches nicht verängstigt und beantwortet die Frage, ob sie Angst habe, mit »Nein«. Kann das eine Medikamentenwirkung sein oder hat sie tatsächlich keine Angst? Die Ermittler sehen in Fraukes Bejahung auf die Frage, ob sie festgehalten werde, die sie allerdings umgehend zurücknimmt und doppelt verneint, einen möglichen Grund dafür, dass der Täter sie anschließend nicht mehr telefonieren lässt oder daraufhin den Entschluss fasst, sein Opfer umzubringen.

Die Beamten durchleuchten systematisch Fraukes soziales Umfeld. Zu den ersten Personen, die ins Blickfeld der Ermittlungen rücken, gehört ihr neuer Kontakt Niels. Seine Verbindung zu Frauke wird der Öffentlichkeit erst im Oktober 2015 bekannt, als er überraschend von sich aus bei den Nachforschungen von Dominik Stawski mitwirkt, der zu diesem Zeitpunkt den Fall für *Stern Crime* aufarbeitet. Im Verlauf seiner polizeilichen Verhöre ab dem Jahr 2006 beteuert Niels, nichts mit der Tat zu tun zu haben, doch er passt »perfekt« ins Profil der Fahnder. Den ganzen Abend ist Frauke mit ihm beschäftigt, spricht schon während des Essens mit ihrer Mutter und Chris über ihn. Er berichtet den Beamten, sie hätten eine Verabredung im Irish Pub gehabt, die er jedoch kurzfristig abgesagt habe. Seine Spätschicht endet um 22:15 Uhr, die zeitliche Nähe zu den Telefonaten erscheint offensichtlich. Die Fabrik, in der er arbeitet, liegt ausgerechnet in Hövelhof, dem Ort, aus dem der erste Anruf abgesetzt wird. Niels hat noch nie eine Freundin gehabt genauso wie sein bester Freund Thomas, der sich, kurz bevor er Frauke kennenlernt, das Leben nimmt; gleichzeitig ist dies der Grund, warum Frauke sich nach Angaben ihres Bekanntenkreises überhaupt mit ihm anfreundet. Doch sie habe geäußert, kein Interesse an ihm als Mann gehabt zu haben, sagen ihre Freunde. Die Beamten wollen aber Niels, nachdem sie eine anzügliche Nachricht, die er an Frauke gerichtet hat, in seinem Handy finden, nicht glauben, dass er in dieser Hinsicht keine Ambitionen gehabt habe. Das Motiv, das ihm nahegelegt wird, ist die Verzweiflung über den Selbstmord seines Freundes, der offenbar aus verschmähter Liebe erfolgt ist. Dafür habe er sich rächen wollen und Frauke, die er frisch kennenlernt, sei da ein willkommenes Opfer gewesen. Sie stellen sich und ihrem Verdächtigen die Frage, warum Niels Frauke bei einem zweiten Date zum Picknick in ein 20 Kilometer von Paderborn entferntes, abgelegenes Waldstück mitgenommen hat. Anhand seiner Handydaten können die Beamten auch feststellen, dass er sich nachts alleine in diesen Beständen herumtreibt. Niels gibt an, er besuche in dieser Zeit seinen Freund Thomas auf dem Friedhof. Nach der anfänglichen Theorie der Ermittler sei der Verdächtige Fraukes Einladung gefolgt und nach dem Ende seiner Schicht zum Irish Pub aufgebrochen. Er braucht 24 Minuten dafür und wäre rechtzeitig da gewesen, auch um sie überrascht abzupassen. Doch Niels hat ein Alibi. Sein Arbeitskollege Andy gibt an, dass sie beide gemeinsam nach Schichtende Billard spielen gegangen sind. In der entsprechenden Lokalität kann sich zwar niemand an Niels erinnern, doch immerhin ist er in der Lage, einen Kontoauszug seiner Bankkarte vorzulegen, mit der er zur angegebenen Zeit in der Nähe der Billardhalle Geld abgehoben hat. Da bei Niels ansonsten nichts gefunden wird, das mit Fraukes Verschwinden in Verbindung steht, kann der Verdacht gegen ihn nicht aufrechterhalten werden.

Natürlich können die Ermittler auch Chris als Ex-Freund und Mitbewohner nicht ausschließen, finden jedoch bei diesem kein Motiv für eine Tatbeteiligung. Dennoch ist dieser der erste Verdächtige, der in sozialen Netzwerken als »sicherer Täter« ausgemacht wird. Sein Motiv könnte Eifersucht gewesen sein. Es erscheint sofort fragwürdig, dass der Entführer Frauke nur ihren Ex-Freund anrufen lässt und niemand anderen aus der Familie. Einigen Theorien nach könnte Chris die Telefonate mit einem Helfer selbst inszeniert haben, um von sich abzulenken. Frauke wäre demnach bereits am Abend ihres Verschwindens, möglicherweise in ihrer gemeinsamen Wohnung, ermordet und nach Lichtenau gebracht worden. Da keine Mitschnitte der Gespräche existieren, doch alle, die sie gehört haben, angeben, Frauke habe merkwürdig verändert geklungen, glauben einige Internetdetektive, dass eine fremde Frau sich als Frauke ausgegeben haben könnte. Sie verweisen auf einen psychologischen Effekt, nach dem ein Anrufer die Person am Telefon erwartet, deren Name auf dem Display angezeigt wird. Eine Verwirrung, die viele schon öfter selbst erfahren haben wollen, wenn sie einen Bekannten unter falschem, aber ebenso in ihrem Telefonbuch existierendem Namen eingespeichert haben. Für die Ermittler und auch Fraukes Familie ist Chris, der überdies Alibis hat, nie ein Verdächtiger gewesen. Jedoch leidet er bis heute unter den zahlreichen Anfeindungen und Unterstellungen, die ihn über das Internet erreichen.

Über Jahre gibt es immer wieder neue Spuren und Hinweise zu Fraukes Fall, vor allem, nachdem er von den Medien aufgegriffen wird. Aktiv auf Wache bleiben Allmystery und das Hobby-Ermittler-Team. Über Letztere kommt es kurzzeitig zu einem direkten Austausch mit der Polizei, als sich am 1. April 2016 ein Straßenmusiker im Unterforum zu Frauke Liebs meldet und dort angibt, sie am Abend ihres Verschwindens um 23:30 Uhr in einem Paderborner Park, in dem er in dieser Nacht gezeltet habe, gesehen zu haben. Nachdem er eingeschlafen sei, sei er zwei Stunden später durch einen Schrei aufgewacht. Als er aus dem Zelt geschaut habe, habe er Frauke beobachtet, die sich mit einem Taxifahrer gestritten habe, kurz darauf aber freiwillig zu ihm in den Wagen gestiegen sei. Auf Fragen anderer User, warum er das nicht der Polizei gemeldet habe, gibt der Mann an, dass er damals davon ausgegangen sei, die Frau habe ein grünes Oberteil getragen. Ihm sei aber zwischenzeitlich klar geworden, dass sich diese Farben im Dunkeln täuschend ähnlich sehen können. Der Betreiber des Forums meldet den Hinweis umgehend der Polizei. Inwieweit die Ermittler dem Ereignis nachgehen, ist nicht bekannt, wobei ein Journalist, der den Straßenmusiker unter die Lupe nimmt, diesen nicht für vertrauenswürdig hält. Die Hobbyermittler wühlen weiter und finden heraus, dass sich um die Zeit des Verschwindens eine nicht kleine illegale Taxifahrerszene in

Paderborn gebildet hat. Der Theorie folgend könnte Frauke, die bekanntlich nur noch fünf Euro dabeihatte, das Angebot eines solchen gesetzwidrigen Fahrers angenommen haben, sie zu diesem günstigen Preis nach Hause zu bringen, während er jedoch ganz andere Absichten gehabt hat. Die unterschiedlichen Orte und »typischen Taxifahrerzeiten« könnten auf einen Täter aus diesem Milieu hindeuten.

Schon früh nach Bekanntwerden der gruseligen Verbrechen des Ehepaares Wilfried und Angelika W., die über Jahre mehrere junge Frauen auf ihren Hof in Höxter-Bossebohm gelockt, gefangen gehalten und gefoltert haben, wird auf Allmystery und Hobby-Ermittler-Team eine Verbindung zum Mordfall Frauke Liebs hergestellt. Auch das Ehepaar tötet zwei Frauen, und allein die örtliche Nähe des Tatortes zu Nieheim lässt Schlüsse darüber zu. Außerdem wird schnell bekannt, dass Wilfried mit seinen Opfern nachts durch die Gegend gefahren ist und zumindest eines dazu gebracht hat, eine SMS an seine Eltern zu schreiben, um diese zu beruhigen. Die Polizei erkennt Zusammenhänge spätestens, als sie feststellt, dass das Handy des ortskundigen Landwirtes Wilfried im Jahr 2006 an dem Funkmast eingeloggt ist, der Fraukes Fundort abdeckt. Ihrem Anfangsverdacht nachgehend, hoffen die Beamten vergeblich, das Handy der Toten unter den 50 sichergestellten Mobiltelefonen des »Horrorhauses« zu finden. Im Endeffekt können keine fallrelevanten Indizien gegen das Paar, das am 5. Oktober 2018 am Landgericht Paderborn zu dreizehn und elf Jahren Freiheitsstrafe verurteilt wird, gefunden werden.

Im Dezember 2019 nimmt die Kripo Bielefeld den Fall in eine Datenbank für ungeklärte Mordfälle auf. Trotz intensiver Fahndung und einer ausgelobten Belohnung von 30 000 Euro bleibt auch dies erfolglos. Einen besonders makabren Scherz erlaubt sich wohl Angelika W. im Jahr 2021, als sie Ingrid Liebs einen handgeschriebenen Brief aus der Haft schickt, in der sie ihr mitteilt, sie habe Informationen und könne bei der Aufklärung helfen. Ingrid hofft, überlegt, ob sie die Einladung der Mörderin, sie im Gefängnis zu besuchen, annehmen soll. Doch die Vernehmungsbeamten der Inhaftierten raten ihr ab, eine Kriminelle aufzusuchen, die nur darauf aus sei, in den Medien Beachtung zu finden. Aufregung erweckt der Fall dann wieder im August 2022, als die Polizei mit neuen Hinweisen die Anwesen zweier Männer in Lichtenau nahe dem Fundort von Fraukes Leiche durchsucht. Die Ermittlungen, über deren Hintergründe kaum etwas bekannt wird, werden im Oktober 2023 auch eingestellt. Die Akte Frauke Liebs ist noch immer offen, Polizei und Internetdetektive ermitteln weiter, doch ab jetzt ohne Ingrid Liebs.

Die Plattform Allmystery, auf der der Fall im Laufe der Jahre auf 92 217 Beiträge und 4676 Seiten angewachsen ist, hat sich inzwischen entschlossen, den Thread zu schließen, da es kontinuierlich zu Regelverstößen aufgrund unzulässiger Spekulationen gekommen ist.[64] Dafür ist der Fall im kleineren Forum Hobby-Ermittler-Team nach dem Verschwinden von Rebecca Reusch noch immer der zweitmeist diskutierte. Er umfasst 21 883 Beiträge, die in 20 Themenkomplexe unterteilt sind.[65] Aktuell ermittelt die mit dem Forum verbundene Detektei Privatermittler-Team, die kurz vor Fertigstellung dieses Buches im Juni 2024 einen Zeugenaufruf speziell an britische Soldaten herausgegeben hat, mit der Bitte, eventuell am Abend des Verschwindens angefertigte Fotos oder Videos im oder am The Auld Triangle einzusenden.[66]

Frauke Liebs (* 25. Oktober 1980; † Juni 2006)

Hinweise an:
Staatsanwaltschaft Paderborn
Telefon: 05251 126 0
www.sta-paderborn.nrw.de

Kripo Bielefeld
Telefon: 0521 545-0
E-Mail: Poststelle.Bielefeld@polizei.nrw.de

Der Fluch der Schildkröte: die mysteriösen Koh Tao Morde

Koh Tao – die Schildkröteninsel – ist nach Koh Samui und Koh Phangan die drittbekannteste der rund 60 Inseln des im Golf von Thailand liegenden Samui-Archipels. Doch während die beiden anderen vor allem für ihre traumhaften Strände und ausgelassene Technopartys bei Vollmond bekannt sind, kämpft das gefeierte Taucherparadies Südostasiens inzwischen mit seinem Ruf als Insel des Todes. Schuld ist eine ganze Reihe von mysteriösen Todesfällen, die sich hier seit zehn Jahren ereignen und derartig häufen, dass ein jüngst erschienenes Buch vor dem Fluch der Schildkröte warnt. Galt es zunächst noch als thailändischer Galgenhumor, der Insel ein eigenes CSI-Chapter zu widmen, untersucht seit 2014 tatsächlich eine Internetdetektivgruppe, die sich CSI LA nennt, die Vorfälle auf der Insel, auf der jeweils 2500 Thailänder und die gleiche Anzahl zugezogene Ausländer leben. Ohne festen Wohnsitz halten sich auf dem 21 Quadratkilometer großen Eiland neben einer halben Million Touristen jährlich auch dauerhaft Tausende burmesische Wanderarbeiter und illegale Einwanderer auf.

Der Albtraum für die thailändische Tourismus-Industrie beginnt mit dem Mord an den britischen Reisenden David Miller und Hannah Witheridge. Die 23-jährige Logopädiestudentin aus der englischen Küstenstadt Great Yarmouth kommt am 12. September 2014 mit ihren Freundinnen auf Koh Tao an und bezieht mit ihnen die Ferienanlage Ocean View Bungalows. Hier verbringen bereits seit dem 25. August der 24 Jahre alte Bauingenieurstudent und seine Kumpels, die Brüder Chris und James Ware, ihren Urlaub. In der Nacht auf den 25. September mischen sich beide Cliquen zwischen Hunderte Touristen, die in den Bars am Strand feiern, und trinken gemeinsam an einem Tisch in der Choppers Bar. Sowohl Hannah als auch David werden im Verlauf des Abends beim Betreten der nahe gelegenen AC-Bar aufgezeichnet. Hannah gegen Mitternacht und David um kurz vor 2 Uhr. Beide werden nicht mehr beim Hinausgehen von Kameras aufgenommen, sodass man später davon vermuten wird, sie seien durch den Hinterausgang zum Strand gegangen. Ob sie gemeinsam die Bar verlassen haben, bleibt ungeklärt.

Gegen 6 Uhr morgens bemerkt eine junge Angestellte der AC-Bar eine riesige Blutlache hundert Meter von der Anlage Ocean View Bungalows entfernt und meldet dies aufgeregt dem Manager Montriwat Tuwichian, der darauf die Leichen der beiden jungen Briten am Sairee Beach entdeckt und die Polizei verständigt. Kurz nacheinander treffen alle fünf Polizeibeamten der Insel am Tatort ein. Niemand von ihnen hat je zuvor etwas vergleichbar Brutales gesehen. Hinter einem blutverschmierten Felsen befindet sich die Leiche einer jungen Frau, deren Schädel und Gesicht entsetzlich zertrümmert und deformiert sind. Sie liegt mit gespreizten Beinen auf dem Rücken, nur noch das heruntergerissene pinkfarbene Shirt hängt um ihren Bauch. Zwölf Meter von ihr entfernt treibt eine zweite Leiche mit dem Gesicht nach unten im seichten Wasser. Es handelt sich um einen Mann, der schwere Kopf- und Rückenverletzungen aufweist; als einziges Kleidungsstück trägt er eine schwarze Socke. Die Polizisten haben Schwierigkeiten, die aufgeschreckten Touristen vom Tatort fernzuhalten, die wie erstarrt vor den Leichen stehen bleiben, Fotos machen und das Grauen wenig später über Social Media verbreiten.

Erst als gegen 11 Uhr acht Kriminalbeamte des Forensic Evidence Center aus Surat Thani eintreffen, wird der Tatort zur Spurensicherung abgeriegelt. Die Ermittler stellen neben Hannahs Leiche drei Zigarettenstummel, davon einer mit Lippenstifträndern, sowie ein Kondom sicher und finden 50 Meter von der Toten entfernt auf einem Baumstamm eine blutige Gartenhacke, die später als Tatwaffe identifiziert werden kann. Die Leichen werden in blaue Säcke verpackt und noch am gleichen Tag nach Bangkok gebracht, wo sie am folgenden Tag im gerichtsmedizinischen Institut des Polizeikrankenhauses obduziert werden. David, der Meerwasser in den Lungen und Abwehrverletzungen an den Händen hat, ist ertrunken, nachdem er mit der Hacke attackiert worden ist. Hannah ist ihren tödlichen Kopfverletzungen erlegen. Laut forensischem Bericht der thailändischen Ermittler werden an ihrer rechten Brustwarze Bissspuren festgestellt, an Vagina und Rektum Risse und Prellungen.[67] In beiden Körperöffnungen finden die Pathologen das Sperma von zwei verschiedenen Personen. Auf dem Kondom wird nur Hannahs DNA analysiert; sie scheint vergewaltigt worden zu sein, zeigt aber keinerlei Abwehrverletzungen.

Da es keine Augenzeugen der Tat gibt, müssen sich die Ermittler, die von Anfang an aufgrund der Brutalität der Morde und der drängenden Fragen von Reportern aus der ganzen Welt unter enormem Druck arbeiten, auf Zeugenbefragungen und die Aufzeichnungen der vielen Überwachungskameras der Insel konzentrieren. Touristen wollen Koh Tao in Scharen verlassen, nachdem ein Statement des thailändischen Premierministers General Prayuth Chan-ocha zusätzlich Verunsicherung hervorruft. Für den Satz, westliche Touristinnen in Bikinis seien in Thailand nur sicher, wenn sie hässlich seien, wird er sich später öffentlich entschuldigen.[68]

Nach ersten Ermittlungen liegt ein Anfangsverdacht gegen die beiden Freunde Davids vor. Doch als James seine Handverletzung glaubhaft auf einen Feuerwerkskörper zurückführen kann, den er eine Woche zuvor auf der Fullmoon-Party in Koh Phangan gezündet hat, werden beide entlastet. Schon einen Tag darauf verlassen die Brüder Koh Tao, als die Ermittler in Christophers Gepäck eine blutverschmierte Hose finden, die David gehört. Die beiden werden am Flughafen in Bangkok festgenommen, aber nach den späteren Ergebnissen der DNA-Analyse als Täter ausgeschlossen und freigelassen. Das Blut auf der Hose soll sich als chemische Verunreinigung herausgestellt haben. Inzwischen gibt es auch einen dringend Tatverdächtigen, der in zwei Videosequenzen einer Überwachungskamera zu sehen ist. Um 3:44 und um 4:49 Uhr zeichnet diese in der Mordnacht einen jungen Mann mit nacktem Oberkörper auf, der an einem Shop in der Nähe des Tatortes vorbeirennt. Doch niemand kann oder will das Phantom erkennen, das in thailändischen Medien »Running Man« getauft wird. Eine Woche nach den Morden gibt der auf Koh Tao lebende Straßenmusiker und DJ Sean McAnna, der eigenen Angaben zufolge mit David befreundet gewesen ist, jedoch unfreiwillig einen entscheidenden Hinweis auf den Running Man. Der 25-jährige Schotte ist auf der Insel selbst als Drogendealer unter dem Namen »Candyman« bekannt. Am 21. September versteckt er sich in einem Supermarkt und lädt dabei Fotos von zwei Männern auf seinem Facebook-Profil hoch. Dazu schreibt er: »Die thailändische Mafia versucht, mich zu töten. Bitte helft mir!« Die Verfolger lassen von ihm ab, und Sean flüchtet über Nacht in den Dschungel. Am folgenden Tag erklärt er während seiner Abreise von der Insel in einem BBC-Interview, die Männer hätten ihm gesagt, dass er der Mörder sei und dass er sich deswegen selbst erhängen müsse. Dadurch hätten sie ihm das Verbrechen unterjubeln wollen, weil sie selbst den einheimischen Täter gekannt, aber einen Westler als Sündenbock gebraucht hätten.

Thailändische Medien identifizieren einen der auf den Fotos Abgebildeten als Lokalpolizisten und den anderen als den Barmanager Montriwat, der die Leichen am Strand entdeckt hat. Er ist außerdem der Bruder des Dorfvorstehers[69], der gleichzeitig Besitzer der AC-Bar und Kopf eines einflussreichen Familienclans auf Koh Tao ist. Generalleutnant Panya Mamen lässt Montriwat, den er selbst als den »Running Man« identifiziert, daraufhin am 23. September verhaften. Der Chefermittler ist zuversichtlich und verkündet, dass der Fall innerhalb von 48 Stunden gelöst sei, wenn sie Montriwats Neffen Nomsod, der am Morgen nach den Morden von der Insel geflüchtet sei, aufgegriffen hätten. Beide seien auf Überwachungskameras wiedererkannt worden. Man werde sich nicht von einflussreichen Personen des Eilands beeinflussen lassen, sagt Panya Mamen im Hinblick auf bereits kursierende Theorien unter Einheimischen, nach denen Hannah mit abtrünnigen Männern einer auf der Insel ansässigen dominanten thailändischen Familie in Streit geraten sein könne.[70]

Doch es kommt anders: Montriwats DNA-Probe stimmt nicht mit dem in Hannah gefundenen Sperma überein, und der Anwalt des am 25. September gefassten Nomsod will anhand eines Fotos aus einer Überwachungskamera nachweisen, dass dieser zum Tatzeitpunkt an der Universität in Bangkok gewesen sei. Eine DNA-Probe muss er danach nicht mehr abgeben. Jetzt schlägt die große Stunde der thailändischen Internetdetektive, die sich in der Facebook-Gruppe CSI LA organisiert haben, um die Polizeiarbeit zu kritisieren und eigene Recherchen anzustellen. Der Community um den in den USA lebenden Exil-Thai Pramuk Anantasin schließen sich im Zuge der Ermittlungen zum Mordfall auf Koh Tao Hobbydetektive aus der ganzen Welt an, sodass sie Mitgliederzahl auf über 700 000 ansteigt. Diese behaupten, Nomsods Bild in Bangkok als Fälschung entlarvt zu haben.[71] Doch dieser wird zu diesem Zeitpunkt unerklärlicherweise schon nicht mehr von der Polizei verdächtigt. Montriwat behauptet außerdem, dass einer seiner Barmänner dem Schotten Sean McAnna, der öfter in seinem Lokal ausgeholfen hat, in der Tatnacht geholfen habe, dessen

Blut abzuwischen. Und deswegen habe er ihn in Begleitung von zwei Polizisten zur Rede stellen wollen. Tatsächlich hat Sean selbst einen Tag nach den Morden über Facebook bekannt gegeben, dass er in der Tatnacht mit David verabredet gewesen sei, das Treffen aber aufgrund einer Verkaterung abgesagt habe. In den Tagen nach den Morden verhält sich der Candyman, von dem niemand wirklich weiß, wie eng er mit dem Mordopfer bekannt gewesen ist, äußerst auffällig. Er schneidet sich die Haare kurz, schreibt in sozialen Medien ausladend über seine Liebe zu David und die Trauer um seinen Tod, besucht den Tatort und verfasst spirituelle Abhandlungen über die Tragödie. Einige Websleuths vermuten, dass er dabei sogar Täterwissen offenbart. Er behauptet nämlich zu wissen, dass David gar nicht mit Hannah zusammen gewesen ist, sondern die Vergewaltigung lediglich auf seinem Nachhauseweg entdeckt und daraufhin versucht habe zu helfen.

Sean gerät nun zunehmend bei CSI LA unter Verdacht, nachdem Mitglieder der Gruppe auf den ausgestrahlten BBC-Bildern eine Stichwunde an seinem Arm entdeckt haben, die in Form und Größe nahezu exakt einer Wunde entspricht, die auf einem Tatortfoto am Arm des toten David zu erkennen ist. Social-Media-Fotos von Sean zeigen darüber hinaus seine mit Blutspritzern besudelte Gitarre. Außerdem können Websleuths seine Behauptung widerlegen, er sei am Mordabend zu Hause geblieben, denn er ist ebenfalls vor der AC-Bar von Kameras erfasst worden. Dazu können sie aufdecken, dass es sich bei einem Pärchen, das um kurz nach 2 Uhr von Videokameras Händchen haltend aufgezeichnet wird, nicht um David und Hannah handelt, was zuvor in den Medien kolportiert worden ist. Das Duo wird zwar nicht identifiziert, aber man sieht sehr deutlich, dass die Frau eine Asiatin ist und der Mann möglicherweise nur eine ähnlich stämmige Statur wie David hat. Demnach gibt es keinen Beweis mehr dafür, dass die beiden Verstorbenen gemeinsam die Party verlassen haben – was Seans Beitrag auf seiner Facebook-Seite stützt. Eigentlich sollten jetzt Montriwat und Sean, die sich gegenseitig beschuldigen, zu den Hauptverdächtigen zählen, doch die Thai-Polizei scheint sich dafür nicht zu interessieren.

Eine Woche nach den Morden macht der Premierminister, der sich um den Tourismus im Land Sorgen machen muss, den mittlerweile 60 Ermittlern auf der Insel Druck und schickt noch mal massive Verstärkung aus Bangkok nach Koh Tao. Die Beamten des Metropolitan Police Bureau wollen oder sollen nicht mehr davon ausgehen, dass Einheimische einen solch brutalen Mord inmitten von Thai-Statuen hätten begehen können, und nehmen daher das Milieu der burmesischen Wanderarbeiter in die Zange. 200 Migranten geben daraufhin eine Speichelprobe ab, außerdem mehren sich Hinweise, dass die Polizei nach einem Sündenbock suchen könnte, und diese Rolle nehmen üblicherweise die auf Koh Tao ungeliebten Burmesen ein. Wie aus heiterem Himmel verhaften Fahnder dann auch am 2. Oktober 2014 zwei sich illegal auf Koh Tao aufhaltende 21-jährige Burmesen. Die gleichzeitig veröffentlichten Bilder einer Überwachungskamera zeigen die Barkeeper Wai Phyo und Zaw Lin am Abend des 14. September, nachdem sie in einem 7-Eleven-Supermarkt Bier und Zigaretten gekauft haben. Danach sollen sie sich unweit der Stelle, an der die Briten ermordet worden sind, an den Strand gesetzt haben. Das Sperma in Hannah solle von ihnen stammen, und auch an den Zigaretten sei ihre DNA festgestellt worden. Außerdem wird Davids Handy in Zaws Unterkunft gefunden, von dem er behauptet, er habe es am Strand entdeckt und mitgenommen. Nach intensiven Verhören gestehen Zaw und Wei die Tat noch am selben Tag und müssen schon am 3. Oktober den Tathergang für die Augen der Weltöffentlichkeit an den Originalschauplätzen medienwirksam nachstellen. Die Behörden geben nun auch bekannt, dass Wai der gesuchte Running Man sei. Die Internetdetektive von CIA LA, die die verfügbaren Bilder der Überwachungskamera Stück für Stück auseinandernehmen, melden sofort Zweifel an, denn Wei trägt wie seine Begleiter auf den Aufnahmen lange dunkle Hosen, während der Running Man, den CSI LA mittels forensischer Software als Nomsod identifiziert haben will, weiße Shorts anhat.[72] Tatsächlich sehen beide Männer dem Running Man verdächtig ähnlich.

Am 4. Oktober meldet sich auf der CSI-LA-Seite ein Insider zu Wort, der behauptet, der Sean sei mit David zusammen gewesen und er habe beobachtet, wie dieser mit einem Faustmesser attackiert worden sei, und ruft Scotland Yard und Interpol dazu auf, den verschwundenen Candyman als Kronzeugen aufzuspüren. Der CSI-LA-Chef selbst erreicht darauf Sean und konfrontiert ihn mit den drängenden Fragen bezüglich seiner Wunden. Der Schotte behauptet, er habe sich fünf Tage vor den Morden bei einem Autounfall verletzt, wodurch Verletzung und Blutspritzer entstanden seien. Die Community glaubt ihm nicht und zitiert schließlich den bereits von Montriwat erwähnten Barkeeper mit den Worten, Sean sei in der Mordnacht mit blutverschmierter Gitarre und Rucksack in der Bar erschienen, um sich zu waschen, und hätte von einer Schlägerei berichtet.[73] Der Theorie der thailändischen Internetdetektive nach sei Hannah in der Bar von Nomsod und anderen einheimischen Männern mit Drogen betäubt und dann bewusstlos an den Strand gelegt und vergewaltigt worden. David, der möglicherweise wie verabredet mit Sean unterwegs gewesen sei, habe die Tat zufällig beobachtet, habe helfen wollen und sei deshalb getötet worden. Danach habe man Sean als Zeugen beseitigen wollen.

Einfluss auf die polizeiliche Ermittlungsarbeit hat diese Theorie aber genauso wenig wie die Tatsache, dass die im Gefängnis von Koh Samui einsitzenden Zaw und Wei am 21. Oktober ihre

Geständnisse widerrufen. Ihr Verteidiger, Thailands führender Menschenrechtsanwalt Nakhon Chomphuchat, erklärt, dass sie unter schwerer Folter gezwungen worden seien, die Tat zuzugeben. Man habe ihnen gesagt, wenn sie gestehen, bekämen sie zwei Jahre Gefängnis, falls nicht, werde man sie umbringen, sagen beide zu Journalisten.[74] Auch Zaws Vater spricht mit der Presse und verrät, sein Sohn habe ihm erzählt, dass man gedroht habe, ihnen die Gliedmaßen abzuschneiden, sie in einen Sack zu stecken und ins Meer zu werfen, falls sie nicht gestehen würden.[75] Die Polizei bestreitet alle Vorwürfe. Der neue Chefermittler Suwat Jangyodsuk versichert »zu 100 Prozent« vor laufender Kamera, die beiden seien nicht gefoltert worden.[76]

Am 26. Dezember werden Zaw und Wei wegen vorsätzlichen Mordes, Tötung zur Verschleierung einer Straftat, Vergewaltigung, illegaler Einreise nach Thailand und unerlaubten Aufenthalts im Land angeklagt. Laut Theorie der Staatsanwaltschaft hätten Hannah und David die AC-Bar gemeinsam verlassen, um über den Strand zurück zur Hotelanlage zu gehen, seien kurz davor auf die Burmesen gestoßen, hätten mit ihnen eine Zigarette geraucht und sich danach zum Liebesspiel an den Strand zurückgezogen. Zaw und Wei seien hinterhergegangen und hätten zunächst David erschlagen, dann die Britin vergewaltigt und diese anschließend ebenfalls umgebracht. Fast genau ein Jahr nach der Anklage werden am 24. Dezember 2015 Zaw und Wei im Anschluss an einen 18-tägigen Prozess des Mordes an Hannah Witheridge und David Miller für schuldig befunden und zum Tod verurteilt.

NGOs (Nichtregierungsorganisationen) wie Amnesty International oder die Prozessbeobachter der Solicitors International Human Rights Group zweifeln bis heute die Rechtmäßigkeit des Prozesses an. Sie glauben, dass die beiden Burmesen als Sündenböcke herhalten mussten, um dem Tourismus in Thailand nicht zu schaden, und dass die DNA-Proben, die weder Richtern noch Gegneranwälten vorgelegt wurden, nicht aussagekräftig sind. Auch die Verteidigung fordert während des Prozesses mehrfach, die DNA erneut zu testen, doch laut Polizei seien die Spuren nicht mehr verwertbar gewesen. Die sich aufdrängende Frage, warum die DNA der beiden Burmesen nicht auf der Tatwaffe gefunden worden ist, dafür aber die von David und einem nicht identifizierten Mann, wie die Gerichtsmedizinerin Pornthip Rojanasunand bekannt gibt, wird hingegen nicht mehr erörtert.

Sollten die thailändischen Behörden geglaubt haben, nach der Verhaftung von Zaw und Wei kehre wieder Ruhe auf Koh Tao ein, dann haben sie die Rechnung ohne die Boulevardmedien gemacht. Seit dem Vorfall am Sairee Beach scheinen die mysteriösen Todesfälle westlicher Rucksacktouristen kein Ende zu finden – mit gravierenden Einbußen für den Tourismus. Seit 2014 rechnet man Koh Tao insgesamt neun rätselhafte Sterbefälle junger Backpacker zu, bei denen die Familien die jeweiligen Todesursachen Unfall oder Selbstmord nicht glauben und akzeptieren wollen. Prominente Beispiele sind zwei Todesfälle, die sich kurz nach der Anklage gegen Wei und Zaw ereignet haben. So wird am 1. Januar 2015 der 29-jährige Franzose Dimitri Povse erhängt in seinem Bungalow auf Koh Tao gefunden. An die angegebene Todesursache Selbstmord will seine Familie nicht glauben, solange die thailändischen Behörden ihnen nicht erklären können, warum auf den Tatortfotos seine Hände auf den Rücken gefesselt sind.

Drei Wochen später stirbt die 23-jährige britische Touristin Christina Annesley am Tag ihrer Ankunft in Koh Tao, nachdem sie Antibiotika in Kombination mit Alkohol eingenommen hat. Ihre Eltern kritisierten, dass es seitens der thailändischen Behörden keine toxikologische Untersuchung gegeben habe und dass man den Mann, der wenige Stunden vor ihrem Tod auf Überwachungsaufnahmen beim Verlassen ihres Zimmers gesehen worden ist, nicht befragt habe, obwohl seine Identität bekannt gewesen sei.[77]

Auch wenige Tage nach dem Urteil gegen Wei und Zaw kommt es wieder zu einem mysteriösen Sterbefall am Sairee Beach. Bevor der Brite Luke Miller am 8. Januar 2015 tot im Pool gefunden wird, soll er am Abend zuvor in einer Bar attackiert worden sein. Auch die anderen Todesfälle werden seither in Zusammenhang mit den Morden an David und Hannah gebracht und Parallelen gesucht. Die Autorin Suzanne Buchanan, die über Jahre in Thailand recherchiert hat, will genau diese Kausalitäten in ihrem 2022 erschienenen Buch *The Curse of the Turtle*[78] darlegen und auf den gleichen Täterkreis zurückführen, den auch CSI LA im Visier hatte. Kritiker halten der Autorin, die nicht mehr nach Thailand einreisen kann, entgegen, dass echte Beweise für ihre Annahmen fehlten. Weder Unfälle noch Selbstmorde seien an Orten, die Aussteiger und Partywütige aus der ganzen Welt anziehen, etwas Seltenes. Boulevardmedien, die den Mythos der »Todesinsel« Koh Tao befeuern, ließen den falschen Eindruck entstehen, die Insel sei besonders gefährlich oder werde gar von der Mafia kontrolliert.

Es ist nicht wahrscheinlich, aber auch nicht ausgeschlossen, dass der Fall noch einmal aufgegriffen wird, denn in den einschlägigen Foren dieser Welt bleibt der Fall heiß. Inzwischen ist immerhin die Todesstrafe für Wei und Zaw in eine lebenslange Haftstrafe umgewandelt worden. Kurz vor Fertigstellung dieses Buches gibt im April 2024 die britische Tageszeitung *Daily Mirror* bekannt, die aktuellen Gefängnisbriefe der Verurteilten eingesehen zu haben. Darin schreibt unter anderem Zaw an seinen Anwalt: »Ich war [seit] fast zehn Jahren umsonst im Gefängnis, es ist unglaublich … Könnten Sie bitte meinen Fall noch einmal verhandeln? Ich habe die Menschen, die am Strand von Koh Tao gestorben sind, nie gesehen.«[79]

Zweifelhafter Mordfall auf Koh Tao

Hannah Witheridge (* 23. Juli 1988; † 15. September 2014)
David Miller (* 11. April 1989; † 15. September 2014)

Hinweise an:
Britische Botschaft Thailand
Telefon: +66 (0) 2 305 8333
www.gov.uk/world/organisations/british-embassy-bangkok

Royal Thai Police
E-Mail: saraban@police.go.th
www.facebook.com/royalthaipolice

KAPITEL 6

OPFER GESUCHT: SPURLOS VERSCHWUNDEN

Nach Cold Cases, bei denen von einem Verbrechen ausgegangen wird, sind True-Crime-Fans und Websleuths am meisten fasziniert von vermissten Personen und engagieren sich für Vermisstenfälle, bei denen ein Delikt in Erwägung gezogen wird oder nicht ausgeschlossen werden kann. Unter Hobbyermittlern ist diese Sparte, geht man von Diskussionen in entsprechenden Foren aus, sogar mit Abstand die beliebteste. Im Forum *Websleuths* rangieren Vermisstenfälle mit 5,6 Millionen Posts in 21 800 Diskussionssträngen noch weit vor dem zweitstärksten Unterforum der Cold Cases mit 289 400 Posts bei 4700 Strängen. Mit 546 568 Fällen, die in der Datenbank National Missing and Unidentified Persons System (NamUS) haben die USA wahrscheinlich die höchste Anzahl vermisster Personen weltweit.[80]

Laut polizeilichem Informationssystem (INPOL) sind in Deutschland mit Stand 1. Januar 2023 insgesamt 9300 Personen, außerdem 16 600 Kinder vermisst gemeldet. In die jährliche Statistik fließen alle seit Erfassung 1951 verschollenen Menschen ein. Jeden Tag werden zwischen 200 und 300 Personen in Deutschland als vermisst registriert. Laut BKA werden etwa 50 Prozent der

Fälle innerhalb der ersten Woche aufgeklärt, nach einem Monat sind es 80 Prozent. Der Anteil der Personen, die länger als ein Jahr nicht auffindbar sind, liegt demnach bei 3 Prozent.[81] Die Öffentlichkeitsfahndung ist von zentraler Bedeutung bei Vermisstenfällen, und die mediale Präsenz des Falls stellt für die Angehörigen, die nach Kräften in der Regel auch selbst initiativ werden, um die Vermissten zu suchen, oft die letzte Hoffnung dar. Da Erwachsene ein Selbstbestimmungsrecht darauf haben, wo sie sich aufhalten, leitet das BKA erst dann eine Vermisstenfahndung ein, wenn eine sogenannte Gefahrenlage besteht, das heißt ein Verbrechen, ein Unfall, eine geistige oder körperliche Hilflosigkeit vermutet werden kann oder eine Suizidabsicht naheliegt. Bei Minderjährigen wird eine solche Gefahr bereits angenommen, wenn sie ihren gewohnten Lebenskreis verlassen haben und ihr Aufenthaltsort den Erziehungsberechtigten unbekannt ist.

Je nach Gefahrenbewertung werden zur Einleitung der Suche nach verschollenen Personen auch Bereitschaftspolizei oder Bundespolizei sowie die lokalen Rettungsdienste herangezogen. Zum Einsatz kommen ebenso Hubschrauber und Spürhunde. Vor allem Fälle von vermissten Kindern sorgen international für große Anteilnahme, denn in einem Verbrechensfall stehen oft Menschenhandel, sexueller Missbrauch und Pädophilie im Zentrum der Ermittlungen. Weltweit werden jedes Jahr 8 Millionen Kinder als vermisst gemeldet, davon in den USA 460 000 und in Deutschland 100 000.[82] Das Verschwinden von Madeleine McCann zählt zu den bekanntesten und medial am eindringlichsten verfolgten Cold Cases weltweit. Die damals dreijährige Britin ist am 3. Mai 2007 spurlos aus einer Ferienwohnung im portugiesischen Praia da Luz verschwunden, was zu beispiellosen internationalen Ermittlungen geführt hat.

Der aktuell wahrscheinlich kurioseste Fall ist der um den Verbleib der damals 15-jährigen Rebecca Reusch, die das letzte Mal am 18. Februar 2019 im Haus ihrer Schwester in Berlin gesehen worden und danach spurlos verschwunden ist. Globale Aufmerksamkeit erhält außerdem der deutsche Vermisstenfall Lars Mittank. Im Juli 2014 verschwindet der 28-jährige Feinwerkmechaniker während seiner Urlaubsreise am bulgarischen Goldstrand. Inzwischen gilt der Wilhelmshavener weltweit als der »berühmteste Vermisste auf Youtube«. Über 24 Millionen Mal haben Menschen alleine auf einem einzigen Kanal seine letzten bekannten Bilder einer öffentlichen Überwachungskamera aufgerufen.[83] Die folgenden vier Fälle gehören zu den skurrilsten und meistdiskutierten der internationalen Websleuth-Gemeinschaft.

Das Polaroid-Mädchen: Wer entführte Tara Calico?

Die ländliche Kleinstadt Belen in New Mexico ist kein biblischer Ort, wie es ihr aus dem Spanischen übersetzter Name Bethlehem verheißen könnte. Und dennoch ist sie für ihre rund 8000 Einwohner etwas ganz Besonderes. Sie genießen das Gefühl der Freiheit und Sicherheit, die ihnen die zweitgrößte Stadt des Valencia Countys, 56 Meilen entfernt vom hektischen Albuquerque, bietet. Die fest verankerte Devise, dass in Belen nicht nur jeder jeden kennt, sondern jeder auf jeden aufpasst, wird erschüttert, als sich einer der mysteriösesten Fälle von Verschwinden der amerikanischen Geschichte ereignet. Noch heute vergeht kein Tag, an dem die einheimische Bevölkerung nicht über Tara Calico und das größte ungelöste Rätsel New Mexicos spricht.

1988 studiert die athletische 19-Jährige Tara Psychologie an der University of New Mexico. Sie gilt als begabt und feinfühlig, wohnt mit ihrer Mutter Patty Doel und ihrem Stiefvater John Doel am Brugg Drive in Rio Communitys, einem kleinen Vorort von Belen. Tara führt eine harmonische Beziehung mit ihrem Highschool-Freund Jack Cole und nutzt, wenn sie nicht ihrem Studentenjob als Bankkassiererin nachgeht, jede freie Minute, um ihre sportlichen Aktivitäten und ihre Leidenschaft für Unternehmungen in der freien Natur auszuleben. Seit Jahren schwingt sie sich jeden Morgen auf ihr Fahrrad und fährt mit den Kopfhörern ihres Walkmans auf den Ohren innerhalb von zwei Stunden dieselbe 57 Kilometer lange Strecke auf der New Mexico State Road 47 auf und ab. Bis vor einigen Wochen wird sie bei ihrer täglichen Fitness von ihrer Mutter begleitet. Doch seit sie ein Auto auf der Straße aggressiv abgedrängt hat, was in Belen normalerweise nicht vorkommt, ist Patty im Gegensatz zu ihrer Tochter verängstigt. Tara hält die Sorge ihrer Mutter für übertrieben und macht sich über ihre Empfehlung, Pfefferspray mitzunehmen, lustig.

Weil ihr eigenes Fahrrad am Morgen des 20. September 1988 einen Platten hat, leiht sich Tara das neonpinke Mountainbike ihrer Mutter. Bevor sie um 9:30 Uhr losradelt, bittet sie Patty, sie solle ihr entgegenfahren und sie aufsammeln, sollte sie bis Mittag nicht zurück sein, um auf jeden Fall eine halbe Stunde später pünktlich mit ihrem Freund auf dem Tennisplatz stehen zu können. Patty tut wie ihr geheißen, als von Tara um 12:05 Uhr noch nichts zu sehen ist. Je weiter sie mit ihrem Wagen die Straße entlangfährt und ihre Tochter ihr nicht entgegenkommt, desto nervöser wird Patty. Spätestens als sie nach knapp 27 Kilometern an der Stelle ankommt, an der Tara sonst umkehrt, ahnt sie, dass etwas passiert sein muss. Gemeinsam mit Taras Stiefvater, ihrem Freund und einem seiner Kumpels fährt sie die Etappe immer wieder vergeblich ab. In Höhe des auf der Strecke befindlichen, 30 Kilometer von ihrem Haus entfernten John-F.-Kennedy-Campingplatzes sprechen sie drei Männer an, die in einem schmutzigen weißen Truck sitzen, die aber nichts von Tara gesehen haben wollen. Um 15 Uhr verständigt Patty schließlich den Sheriff von Valencia County, Lawrence Romero, und meldet ihre Tochter als vermisst. Die Suche der Polizei bleibt jedoch auch ohne Ergebnis.

Erst am folgenden Tag entdeckt Patty Taras Kassette der Band Boston im Schlamm, den der Regen in der Nacht auf der Straße hinterlassen hat. An der Stelle bemerkt sie auch Fahrrad-Schleifspuren, die in das angrenzende Feld führen. Polizisten suchen darauf das Gebiet weiträumig ab und finden in der Nähe des Campingplatzes Plastikteile von Taras Walkman sowie von einem ihrer Fahrradreflektoren. Anderthalb Wochen werden Polizeitruppen, Soldaten und Hunderte Freiwillige das Gebiet rund um die New Mexico State Road 47 durchkämmen, doch nichts weiter finden, was auf ihren Verbleib hindeutet. Von Anfang an wird aufgrund eines möglichen Verbrechens ermittelt, Zeugen gefunden und verhört. Insgesamt sieben Personen haben Tara auf der Strecke beobachtet, mehrere Zeugen wollen zudem einen aus den Fünfzigerjahren stammenden grauen Ford Pick-up mit Wohnanhänger und Kennzeichen aus New Mexico gesehen haben, der Tara gefolgt sei. Das Nummernschild kann zwar teilweise entziffert werden, doch ein passendes Fahrzeug wird nicht gefunden.

Für die nächsten zehn Monate wird dies jedoch der letzte Hinweis auf Taras Verschwinden bleiben, bis erneut ein verdächtiger Wagen mit Tara in Verbindung gebracht werden kann. Dieses Mal jedoch ist es 1400 Kilometer von Belen entfernt. Einer Supermarktkundin fällt am 15. Juni 1989 auf dem Parkplatz des Junior's Convenience Store in Port St. Joe, Florida, ein fensterloser weißer Toyota Cargo Van auf, in dem ein Mann mit Schnurrbart sitzt. Als sie nach dem Einkauf zurückkommt, ist der Wagen verschwunden, doch sie findet ein Polaroidfoto auf der Stelle, an der er gestanden hat. Auf dem Foto sind zwei mit Klebeband geknebelte Personen mit auf dem Rücken gefesselten Händen im Inneren eines Fahrzeugs auf Laken und Kissen liegend zu sehen. Es ist eine Frau um die 20 Jahre, hinter ihr sitzt ein etwa zehnjähriger Junge. Da es für die Finderin nicht wie ein Spaß aussieht, übergibt sie das Foto der Polizei, die es offenbar ebenfalls für verdächtig hält. Die Ermittler fahnden ergebnislos nach dem Fahrzeugmodell, das dem Interieur entspricht, das auf dem Farbpolaroid zu sehen ist. Die Kriminalpolizisten versuchen vergeblich, eine Telefonnummer zu entschlüsseln, die auf dem Rücken eines auf dem Foto abgebildeten Buches des Autors V. C. Andrews zu sehen ist. Schließlich nutzt die Polizei das Mittel der Öffentlichkeitsfahndung in der TV-Sendung *Current Affair*. Als ein Freund von Taras Stiefvater den Beitrag zufällig sieht, glaubt er, dass dessen Tochter auf dem Foto zu sehen sei, und verständigt ihn. Zeitgleich wollen andere Zuschauer den Jungen als Michael Henley identifiziert haben, der einige Monate vor Tara am 21. April 1988 beim Zelten ebenfalls in New Mexico verschwunden ist.

Als die Familien das Bild in Florida sehen, sind beide überzeugt, ihre vermissten Kinder darauf zu erkennen. Patty weist auf eine Narbe am Oberschenkel des Mädchens hin, die mit derjenigen übereinstimmt, die Tara bei einem Autounfall davongetragen hat. Außerdem handele es sich bei dem Buch *My Sweet Audrina* um eines der Lieblingsbücher ihrer Tochter. Ein weiterer Zeuge meldet sich, der glaubt, das Mädchen auf dem Foto kurz vor dem Fund am örtlichen Strand gesehen zu haben, in Begleitung von drei Männern, die es auffällig herumkommandiert hätten. Nach mehreren unabhängigen forensischen Analysen des Fotos können sich die Ermittler nicht sicher sein. Während Scotland Yard bestätigt, dass sich Tara auf dem Foto befindet, hat das FBI Zweifel, und das Los Alamos National Laboratory geht von einer Inszenierung aus. Anhand der entspannten Haltung und der rasierten Beine der jungen Frau sei es äußerst unwahrscheinlich, dass die abgebildeten Personen Entführungsopfer seien. Beide Elternteile sind verstört, können aber wieder hoffen, denn die Ermittler stellen fest, dass das Polaroid nach Mai 1989 aufgenommen sein muss, was bedeuten würde, Tara könnte noch am Leben sein. Für Michaels Eltern währt die Hoffnung allerdings nicht lange. Ihr Junge wird im Juni 1990 17 Kilometer von dem Zeltplatz gefunden, an dem er während eines Jagdausfluges mit seinem Vater verschwunden ist. Die Polizei geht davon aus, dass er sich verirrt hat und dann erfroren ist.

In den kommenden Monaten werden zwei weitere mysteriöse Fotos gefunden, auf denen jeweils eine Frau zu sehen ist, die dem Mädchen auf dem zuvor entdeckten Polaroid und damit Tara ähneln. Auf dem ersten, das an einer Baustelle in Kalifornien aufgefunden wird, scheint sich hinter der geknebelten Frau das gleiche gestreifte Kissen zu befinden wie auf dem Foto aus Florida. Auf dem anderen Bild sitzt eine weibliche Person mit gefesselten Händen neben einem Mann, der sie scheinbar quält, in einem Zugabteil. Und wieder wird Hoffnung bei Taras Familie und ihren Freunden geweckt, die nicht aufgeben und alles in ihrer Macht Stehende tun, um Erklärungen zu finden. Sie organisieren Suchen, lassen Flugblätter drucken, treten in TV-Sendungen *Oprah, America's Most Wanted, Unsolved Mysteries* auf und erzählen die tragische Geschichte, die um die ganze Welt geht. Doch eine positive Nachricht bleibt aus.

1998 wird Tara für tot erklärt, 2006 stirbt Patty im Alter von 64 Jahren. Seither treibt Taras Schwester Michele Doel gemeinsam mit ihrer Freundin, der Filmemacherin und Podcasterin Melinda

Esquibel, den Fall unermüdlich voran und kann die Ermittlungsbehörden unter Druck setzen. So kommt es zwei Jahre nach Pattys Tod zu einer überraschenden Wende. Am 14. September 2008 offenbart der Sheriff von Valencia County, Rene Rivera, der seit 1996 den Fall bearbeitet, im *Albuquerque Journal* eine entscheidende Information: Er gibt an, schon seit Jahren zu wissen, was mit Tara geschehen ist: Zwei ortsansässige Teenager haben sie aus dem Auto heraus bedrängt und begrapscht und sie dabei versehentlich angefahren. Darüber geraten sie in Panik und beschließen, sie zu entführen, zu vergewaltigen und dann zu töten. Ihr Fahrrad nehmen sie mit und entsorgen es auf dem örtlichen Schrottplatz. Die einflussreichen Eltern der Täter hätten anschließend dabei geholfen, die Leiche zu beseitigen, sagt Sheriff Rivera. Er habe genug Beweise, um alle verhaften zu lassen, aber damit sie auch belangt werden könnten, müsse er einen Leichnam vorweisen können.[84] Und nach dieser Leiche sucht Rivera, doch erst als er 2011 sein Amt niederlegt, werden neue Ermittlungen ermöglicht.

Im Oktober 2013 wird der Fall von einer sechsköpfigen multistaatlichen Taskforce neu aufgerollt, die einige lange anscheinend intern kursierende Ungereimtheiten klären soll und auch aufklären kann, woher Sheriff Rivera seine Informationen gehabt hat. Internetdetektive von Websleuths gelangen 2017 an einen Fallbericht dieser Ermittlungseinheit.[85] Der Bericht schildert die Vernehmung von Frank Methola, dem Deputy des im Jahr zuvor verstorbenen ehemaligen Sheriffs Lawrence Romero, der als Erster im Fall Tara ermittelt hat. Methola berichtet, er sei vor vielen Jahren zum Sterbebett eines Mannes zitiert worden. Bevor er stirbt, will Henry Brown ihm eine beunruhigende Beichte ablegen, um Frieden mit sich selbst zu schließen. Brown offenbart, dass er zur Zeit von Taras Verschwinden mit Lawrence Romero Jr., dem in illegale Drogengeschäfte verstrickten Sohn des Sheriffs, befreundet ist. Lawrence bewohnt einen Trailer, in dem sie – zusammen mit drei Freunden, die Brown nur als Leroy, David und »den Rothaarigen« bezeichnet – eines Abends ausgelassen feiern. Im Rausch der Margaritas kommt das Gespräch auf eine schreckliche Tat: Sie haben Tara angefahren, entführt und in einer Kiesgrube vergewaltigt. Als sie sich wehrt und droht, sie zur Rechenschaft zu ziehen, soll Lawrence sie mit einem Messer ermordet haben. Die Leiche wird, so Brown, in einem Teich versenkt, der zu dem Anwesen eines der beteiligten Jungen gehört. Der Mörder gesteht später das Verbrechen gegenüber Deputy Rivera, dem Nachfolger seines Vaters, bevor er sich am 19. Mai 1991 selbst erschießt.

Die Taskforce wird nicht mal ein Jahr später im August 2014 wieder aufgelöst, und der Fall bleibt ein Cold Case. Was die Ermittler aus den gewonnenen Informationen gezogen haben, ist nicht bekannt. Fakt ist, dass weiterermittelt worden ist. Am 1. Oktober 2019 lobt das FBI eine Belohnung von bis zu 20 000 Dollar für präzise Angaben aus, die zur Identifizierung oder zum Aufenthaltsort von Tara Calico führen, und für Hinweise, die zur Verhaftung und Verurteilung der für ihr Verschwinden Verantwortlichen. Offensichtlich sind sie dabei weitergekommen. Im September 2021 geben das Valencia County Sheriff's Office und die New Mexico State Police bekannt, dass sie eine neue Spur haben und ein versiegelter Haftbefehl für einen unbekannten privaten Wohnsitz im County ausgestellt worden ist. Obwohl keine weiteren Details dazu genannt werden, vermuten Websleuths, die Ermittler könnten jenen Teich gefunden haben, in dem Taras Überreste liegen. Das letzte vielversprechende Update gibt der amtierende Sheriff von Valencia County Denise Vigil am 13. Juni 2023 auf einer Pressekonferenz bekannt. Demnach habe es einen Durchbruch gegeben, und die Ermittlungsakten könnten bald der Staatsanwaltschaft vorgelegt werden, um zu prüfen, ob Anklage gegen die ermittelten Personen erhoben werden könne.[86] Angesichts der zahlreichen Enthüllungen konvergieren die Theorien der Internetdetektive auf einen gemeinsamen Nenner: Die von Rene Rivera vorgetragene und später durch den Zeugen Henry Brown bestätigte Geschichte scheint stimmig zu sein. In diesem Kontext wird der Sheriff, dem vorgeworfen wird, möglicherweise Beweise zurückgehalten oder korrupt gehandelt zu haben, verständlicherweise kritisch betrachtet. Taras Geschwister Michele, Chris und Tod blicken mit Zuversicht auf die mögliche Aufklärung des seit 42 Jahren ungelösten Falls ihrer Schwester, ein Lichtblick, der durch den unermüdlichen Glauben ihrer vor 18 Jahren verstorbenen Mutter Patty genährt wird. Die Hoffnung, dass mit dieser Entwicklung auch die 35 Jahre alten Rätsel um die Identitäten der Personen auf den Polaroidbildern gelöst werden, bleibt bestehen.

Vermisst: Tara Calico

Geburtsdatum: 28. Februar 1969
Verschwunden seit: 20. September 1988
Letzter bekannter Aufenthaltsort: Belen, New Mexico

Hinweise an:
Valencia County Sheriff's Office: +1 (505) 866-2400
New Mexico Department of Public Safety: +1 (505) 827-9300
E-Mail: Coldcase.homicideunit@state.nm.us
www.dps.nm.gov

Twin Peaks in den White Mountains: keine Spur von Maura Murray

Tim und Faith Westman leben in Woodsville am Rande der Kleinstadt Haverhill in New Hampshire. Am 9. Februar hören sie um 19:26 Uhr einen lauten Knall vor ihrem Haus. Es liegt direkt in einer scharfen Kurve der Route 112, die in die White Mountains führt. Als Faith aus dem Fenster schaut, erkennt sie ein Auto, das von der Fahrbahn abgekommen und gegen eine Schneewehe gekracht ist. Um 19:27 Uhr verständigt sie das Sheriff's Department von Grafton County über den Vorfall und gibt laut Notrufprotokoll an, dass sie im Inneren des Wagens einen Mann erkenne, der eine Zigarette rauche.

Etwa zeitgleich passiert Faiths Nachbar Butch Atwood, der 100 Meter von der Unfallstelle entfernt an der gleichen Straße wohnt, auf seinem Weg in den Feierabend den schwarzen Saturn. Die Motorhaube ist zerbeult, die Windschutzscheibe zu Bruch gegangen, und die Airbags haben ausgelöst. Er hält direkt neben dem Wagen, öffnet die Tür und bietet der zitternden jungen Frau, die auf der Fahrerseite sitzt, an, die Polizei zu verständigen. Zu seinem Erstaunen lehnt sie das sofort vehement ab. Stattdessen erklärt sie, dass sie unverletzt sei und bereits den Unfalldienst der American Automobile Association (AAA) per Handy verständigt habe. Auch sein Angebot, solange bei ihr zu warten, lehnt sie ab, worauf Atwood seinen Weg fortsetzt. Nachdem er den Bus vor seinem Grundstück geparkt und ins Haus gegangen ist, ruft er um 19:42 Uhr die Polizei an. Er weiß, dass die Frau ihm nicht die Wahrheit gesagt haben kann, weil es am Unfallort keinen Handyempfang gibt. Danach setzt sich Butch wieder in seinen Bus und bemerkt, dass um 19:46 Uhr ein Streifenwagen des Haverhill Police Department eintrifft. Darin sitzt Officer Cecil Smith. Als er an der Unfallstelle aussteigt, findet er die Fahrerin nicht mehr vor. Im Inneren des Wagens fällt ihm sofort eine beschädigte Kiste Rotwein auf und eine Colaflasche, aus der eine rote Flüssigkeit an die Innentür und an die Decke des Fahrzeugs gespritzt ist. Bei intensiver Durchsuchung des Wageninneren findet Officer Smith eine AAA-Karte, die auf die 21-jährige Wagenhalterin Maura Murray ausgestellt ist, und er lässt diese zur Fahndung ausschreiben. Außerdem entdeckt der Polizist eine ausgedruckte Wegbeschreibung nach dem nahe gelegenen Burlington, Handschuhe, unausgefüllte Versicherungsformulare, einen Plüschaffen, Antibabypillen und neben Lehrwerken für die Uni auch ein Buch über Bergsteigen in den White Mountains. Als Cecil um den Saturn herumgeht, erkennt er, dass jemand einen Lappen in den Auspuff des Wagens gestopft hat, und kann sich das beim besten Willen nicht erklären. Nachdem um 20 Uhr Rettungswagen und Abschleppdienst eintreffen, suchen Smith und Atwood mit ihren Fahrzeugen die Straße in beide Richtungen ab.

Am Nachmittag des nächsten Tages erhält Mauras Vater Fred Murray die Nachricht über den Unfall und das Verschwinden seiner Tochter. Er setzt sich in seinen Wagen, um nach Haverhill zu fahren, wo er in den frühen Morgenstunden des 11. Februar ankommt und sich einer groß angelegten Suche anschließt, die von Polizei und der Umweltbehörde New Hampshire Fish and Game Department organisiert wird. Der 61-jährige Medizintechniker aus Boston ist wie seine Tochter ein Outdoor-Freak und kennt die Gegend gut, da er gemeinsam mit ihr einige Mal in den White Mountains gewandert ist. Einzig ein Polizeihund kann im Rahmen der Suche, bei der das Gebiet auch weiträumig mit einem Helikopter überflogen wird, eine Fährte von Maura aufnehmen. Er verfolgt sie von ihrem Wagen aus etwa hundert Meter weiter die Straße entlang in Richtung Osten, bevor sie auf Höhe einer kleinen Wohnsiedlung versiebt. Die Ermittler vermuten zunächst, dass Maura hier in ein fremdes Auto eingestiegen ist, auch weil niemand Fußspuren im Schnee gefunden hat, die sie hätte hinterlassen müssen, wenn sie zu Fuß in Richtung des Waldes oder der Häuser gelaufen wäre.

Am Nachmittag kommt Mauras Freund Bill in Haverhill an. Kurz darauf sind auch ihre Geschwister Freddy, Kurtis und Kathleen vor Ort. Ihre ältere Schwester Laurie trifft ein paar Tage danach ein. Dass diese im Gegensatz zu allen anderen Angehörigen, die intensiv verhört werden, nie von der Polizei kontaktiert wird, soll später Fragen aufwerfen. Die Ermittler wollen wissen, was Maura in die White Mountains verschlagen hat. Gleichzeitig beginnen die Detectives im 126 Kilometer entfernten Amherst zu ermitteln, wo Maura an der University of Massachusetts (UMass) Krankenpflege studiert. Sie befragen Kommilitonen und untersuchen Mauras Zimmer, das vollgestellt ist mit Umzugskartons, in die Maura kurz vor ihrer Abreise aus ungeklärten Gründen alle ihre Habseligkeiten verpackt hat. Auf einem der Kartons finden Ermittler eine ausgedruckte E-Mail-Korrespondenz zwischen Maura und Bill, die impliziert, dass Mauras Freund fremdgegangen ist und dass das Paar Probleme gehabt hat. Beide Police Departments werden schnell feststellen, dass dies nicht ihre einzigen Schwierigkeiten gewesen sind.

Maura gilt als äußerst intelligent, organisiert und sportlich. In ihren Jugendjahren gehört sie in ihrer Altersklasse zu den besten Leichtathleten des Bundesstaates und schließt die Whitman-Hanson Regional High School als Notenbeste ab. Im Oktober 2000 folgt sie ihrer Schwester Laurie an die United States Military Academy Westpoint in New York, um dort Chemieingenieurwesen zu studieren. Als sie wegen des Diebstahls von Make-up gegen den Ehrenkodex der Elite-Uni verstößt und unter Druck gerät, beschließt sie, diese im Januar 2001 freiwillig zu verlassen. Mit ihrem Freund Bill Rausch, der weiterhin die Militärakademie besucht, führt sie seither eine Fernbeziehung. Doch auch nachdem sie ihren zweiten akademischen Anlauf an der UMass beginnt, läuft nicht alles rund für Maura. Im November 2003 gerät sie mit dem Gesetz in Konflikt, als sie beim Bezahlen von Restaurantrechnungen und Essenslieferungen mit einer entwendeten Kreditkarte ertappt wird. Obwohl sie unter Auflagen freigelassen wird, ringt sie damit, wieder einen stabilen Lebensrhythmus zu finden. In den letzten Tagen vor ihrem Verschwinden kommt es zu einer Reihe von sonderbaren Ereignissen. Am 7. Februar reist Vater Fred nach Amherst, um seiner Tochter bei einem Autokauf zu helfen, da ihr alter Wagen kaputtgegangen sein soll. Maura, die bei ihrer Mutter in Hanson in Massachusetts aufgewachsen ist, pflegt ein enges Verhältnis zu ihrem stolzen Vater, der sie in Lebensfragen berät, sie in Leichtathletik coacht und mit ihr und Laurie wandern geht. Oft sind sie dafür auch nach New Hampshire in den Ort Bartlett gefahren, der 100 Kilometer östlich von Haverhill liegt. Am Abend seiner Ankunft in Amherst leiht Fred seiner Tochter nach einem gemeinsamen Restaurantbesuch seinen neuen Toyota Corolla, damit sie zu einer Party auf den Campus fahren kann, wo sie mit zwei Freundinnen Bier und Wein getrunken haben soll. Als sie ihm am frühen Morgen das Auto zurück zu seinem Motel bringen will, steuert Maura um 3:30 Uhr gegen eine Leitplanke. Der Toyota wird dabei schwer beschädigt und muss abgeschleppt werden. Warum die Polizei damals keinen Alkoholtest bei der Unfallverursacherin durchführt, ist genauso rätselhaft wie der Grund, warum Maura sich überhaupt mitten in der Nacht dazu entschlossen hat, ins Motel ihres Vaters zu fahren. Um 4:49 Uhr wird sie von ihrem Freund angerufen, doch was die beiden besprechen, ist bis heute nicht bekannt, weil Bill nicht mit den Medien spricht. Fred fährt am darauffolgenden Tag mit einem Mietwagen zurück in seine Heimatstadt und erfährt währenddessen, dass seine Versicherung den 8000-Dollar-Schaden am Wagen übernehmen wird. Er bittet seine Tochter telefonisch, dafür einige Unterlagen auszudrucken und auszufüllen. In der Nacht auf den 9. Februar sucht Maura im Internet Wegbeschreibungen nach Stowe in Vermont, das knapp 100 Kilometer westlich von Haverhill liegt. Am Vormittag macht sie einige Anrufe bei Bekannten, bevor sie gegen 14:00 Uhr vergeblich versucht, ein Hotelzimmer in Stowe zu buchen. Danach schickt sie Bill eine E-Mail, die sich wahrscheinlich auf den Inhalt des Gesprächs in der Nacht bezieht. Sie schreibt, dass sie ihn liebe, momentan aber mit niemandem sprechen könne, nur um kurz darauf seine Mailbox anzurufen, auf der sie ihm mitteilt, dass sie mit ihm reden wolle. Dann verfasst sie E-Mails an mehrere Dozenten, in denen sie erklärt, sie werde wegen eines Todesfalls in der Familie eine Woche lang die Stadt verlassen müssen. Allerdings hat es nach Angaben ihrer Angehörigen keinen Trauerfall gegeben. Um 15:30 Uhr setzt sich Maura in ihren Saturn und stoppt zehn Minuten später an einem Geldautomaten, wo sie 280 Dollar abhebt. Kurz darauf hält sie an einem Liquor Store und kauft für 40 Dollar einen Sixpack Rotwein sowie je eine Flasche Baileys und Kahlua Vodka, die man später genauso wenig finden wird wie Mauras schwarzen Rucksack und ihr Portemonnaie. Um 16:37 Uhr hört sie das letzte Mal ihre Mailbox ab. Bei ihrem Vater und ihrem Freund meldet sie sich nicht mehr, und auch sonst gibt es kein weiteres Lebenszeichen von Maura, bis sie um 19:26 Uhr in Haverhill von der Straße abkommt. Ihr Telefon kann nicht lokalisiert werden, und auch Mauras verschwundene Kreditkarte wird nicht wieder benutzt.

Eine Woche nach ihrem Verschwinden wird der Fall der vermissten Studentin aus Amherst – vor allem durch TV-Auftritte ihrer Verwandten – ein in den gesamten USA diskutiertes Mysterium. Obwohl Vermisstenfälle normalerweise nicht zum Aufgabenbereich des FBI gehören, schaltet sich die Behörde jetzt ebenfalls in die Ermittlungen ein und strengt die Suche landesweit an. Das Gebiet am Rande der White Mountains wird insgesamt zwei Wochen von Hunderten Helfern unter Einsatz von Hubschraubern mit Wärmebildkameras und verschiedenen Hundestaffeln durchsucht. Am Ende können die Ermittler nur zwei Theorien annehmen. Entweder Maura ist bereits mit der Absicht, sich selbst umzubringen, in Richtung Norden gefahren, oder sie habe aussteigen und ein neues Leben beginnen wollen. Möglicherweise hätte sie sich auf dem Weg nach Kanada befunden, das nur noch 100 Kilometer vom Unfallort entfernt liegt. Schließlich sei sie auf ihrem Weg vermutlich depressiv und alkoholisiert gegen einen Baum gefahren. Mauras Familie und Freunde glauben beides nicht, auch weil die Dinge, die in ihrem Auto vorgefunden werden, und die Pläne, die sie gehabt hat, dagegensprechen. Insbesondere ihr Vater ist von einem Verbrechen überzeugt und beginnt bald, die Arbeit der Ermittler öffentlich zu kritisieren, unter anderem weil ihm keine Akteneinsicht gewährt wird.

Für alle stellt sich die zentrale Frage, wo Maura abgeblieben ist. Erst drei Monate nach ihrem Verschwinden gibt es darauf einen konkreten Hinweis, als der Bauunternehmer Rick Forcier, der ebenfalls 100 Meter vom Unfallort entfernt in einem Wohnwagen lebt, sich bei der Polizei meldet. Er erklärt, dass seine zuvor getätigte Aussage, er habe auf seinem Rückweg von einer Baustelle zwei Tage nach Mauras Verschwinden eine junge Frau auf der Route 112 acht Kilometer entfernt in Richtung Osten laufen sehen, nicht stimme. Dies sei doch schon am Tag des Unfalls gewesen. Aber auch eine Suche an beschriebener Stelle bleibt ohne Ergebnis. Ende 2004 gibt Fred Murray bekannt, dass ihm ein Mann namens Larry Moulton per Post ein rostiges Messer zugeschickt habe. Es soll dessen Bruder Claude gehört haben, der in der Nähe des Unfallortes lebe, und dieser soll Maura damit umgebracht haben. Fred schickt das Messer den Ermittlern zu, doch er hört später nichts mehr davon, weil der stellvertretende Generalstaatsanwalt Jeffery Strelzin es unter Verschluss stellt. Als der ehemalige von Fred Murray angeheuerte Polizist John Smith das sogenannte A-Frame-House im Jahr 2006 mit einem Leichenspürhund untersucht, schlägt dieser an. Smith findet in Claudes Schrank auch Blutspuren, die sich bei späterer Untersuchung als die zwei verschiedener Personen herausstellen. Doch ein DNA-Profil kann daraus nicht gewonnen werden. Bill ist laut Angaben seiner Mutter in den Medien hingegen weiterhin felsenfest davon überzeugt, dass er einen Tag nach Mauras Verschwinden während seines Fluges auf seiner Mailbox die Nachricht einer Freundin erhalten habe. Das Winseln und Schluchzen habe er erkannt, und nicht nur Bill macht stutzig, dass die Ermittler ihm mitgeteilt haben, der Anruf sei versehentlich über eine Notrufnummer des Roten Kreuzes an sein Handy weitergeleitet worden und habe nichts mit dem Fall zu tun.

Vater Fred muss bei seinen Privatermittlungen nun auch auf die Unterstützung von Internetdetektiven bauen, die unter anderem auf der Seite *Websleuths* den Fall an sich reißen und ebenfalls nicht mit Kritik an den Behörden sparen, seit ein Mann in einem

Forum bekannt gibt, einen schwarzen Rucksack hinter einer Toilette in der Nähe von Mauras Unfallort entdeckt zu haben. Staatsanwalt Strelzin gibt öffentlich zu erkennen, dass die Strafverfolgungsbehörden über den Rucksack informiert gewesen sind, enthält sich jedoch einer Antwort auf die Frage, ob eine forensische Untersuchung des Rucksacks stattgefunden hat. Zwischen 2006 und 2010 analysieren mehrere Cold-Case-Einheiten pensionierter Polizeibeamter Mauras Fall auf ein mögliches Verbrechen hin. Von 2004 an bis heute wird die Vermisste immer wieder von Zeugen tot oder lebendig entdeckt, doch keine Sichtung hat sich als echte Spur erwiesen. Besonders die Recherchen der 2017 ausgestrahlte Doku-Serie *The Dissapearance of Maura Murray* und die seit 2015 inzwischen über 150 Folgen laufende Podcastserie *Missing Maura Murray* liefern über investigative Recherchen, auftretende Experten und Kooperationen mit den Internetdetektiven neue und aktuelle Hinweise zum Fall. Dass daneben auch die Ermittlungsbehörden bis heute nicht überzeugt von einem einfachen Vermisstenfall sein können, zeigen kontinuierliche und andauernde Ermittlungen. Im Januar 2022 etwa gibt das FBI in Murrays Fall eine nationale Warnmeldung heraus und erstellt ein sogenanntes Violent Criminal Apprehension Profile, das mehreren Strafverfolgungsbehörden ermöglicht, Informationen zu Mauras Verschwinden auszutauschen.

In True-Crime-Foren existieren Dutzende Unfalltheorien, wobei die von der Polizei kolportierten Selbstmord- oder Aussteigerabsichten zu den weniger geäußerten zählen. Auf Suizid weisen vor allem jene hin, die in dem aus Mauras Kofferraum stammenden, in den Auspuff gestopften Lappen eine entsprechende Absicht sehen. Einige spekulieren, dass Maura, belastet von zahlreichen Problemen, möglicherweise eine Auszeit in den Bergen sucht. Auf ihrer Fahrt könnte sie in ihrem Kummer Alkohol konsumiert und dadurch einen Unfall verursacht haben. Da sie unter Bewährungsauflagen steht, flieht sie möglicherweise in Panik aus dem Wagen, um einer Begegnung mit der Polizei zu entgehen, da sie keine weiteren Schwierigkeiten riskieren möchte. In der Folge könnte sie sich in den Wald begeben haben, dort desorientiert umhergeirrt und letztlich in der Kälte der Berge erfroren sein. Ein wesentlicher Kritikpunkt an dieser Theorie ist jedoch, dass sie in diesem Szenario mit hoher Wahrscheinlichkeit gefunden worden wäre. Bei der Rekonstruktion des Unfalls weisen Experten darauf hin, dass der Schaden an Mauras Auto nicht durch einen Aufprall mit einem Baum oder einer Schneewehe entstanden sein könne, da die Front des Autos nicht in Mitleidenschaft gezogen worden sei. Der Meinung ist auch der pensionierte Polizeileutnant John Healy, der lange an dem Cold Case gearbeitet hat. Vieles deute laut diesem darauf hin, dass die Schäden bei einem Unfall, der sich zuvor ereignet habe, entstanden sein müssen, etwa bei einem Wildunfall oder beim Zusammenstoß mit einer Leitplanke oder dem Heck eines anderen Fahrzeugs. Daraus haben sich verschiedene Theorien über eine Inszenierung des Unfalls entwickelt, in die die kuriosen Ereignisse vor Mauras Verschwinden einfließen. So stellt sich die Frage, warum Maura mit ihrem Saturn überhaupt in Richtung Kanada gefahren ist, der ja laut Angaben ihres Vaters kaputt gewesen sei, was erst dazu geführt hat, dass dieser nach Amherst gereist ist und ihr seinen Toyota geliehen hat, mit dem sie dann gegen eine Leitplanke gekracht ist. Hinzu kommen bekannt gewordene Informationen darüber, dass Maura am Abend des 5. Februar 2004 während ihrer Schicht als Campus-Security-Mitarbeiterin nach einem angeblichen Telefonat mit ihrer Schwester einen unerklärlichen Nervenzusammenbruch erlitten hat, nach dem sie ihre Vorgesetzte sogar bis in ihr Bett begleitet hat. In dieser Nacht ereignet sich etwa eine Stunde vor Mauras Zusammenbruch ein nicht geklärter Autounfall mit Fahrerflucht in unmittelbarer Nähe des Campus, bei dem der Student Petrit Vasi schwer verletzt wird und in ein künstliches Koma versetzt werden muss. Der Theorie nach habe Maura, die zur Tatzeit in ihrer Pause gewesen ist, diesen Unfall begangen und ihn in Sorge, sie habe einen Menschen umgebracht, danach verschleiern müssen, indem sie einen weiteren Crash in Haverhill inszeniert habe. Dabei könnte sie Helfer aus der Familie gehabt haben, und eine eingeweihte Person könnte ihr nach New Hampshire gefolgt sein und sie dann mit einem zweiten Auto mitgenommen haben. Dazu passt, dass Maura sich zwar den Ermittlungen zufolge nach Unterkünften in der Region erkundigt, aber nie eine solche gebucht hat.

In diesem Zusammenhang ist bis heute auch nicht ganz geklärt, warum Fred Murray auf seinem Weg aus seiner Heimat Boston zu Mauras Uni an acht verschiedenen Geldautomaten insgesamt 4000 Dollar abgehoben hat. Die meisten Anhänger solcher Theorien gehen davon aus, dass Maura noch am Leben und untergetaucht ist. Auch eine Schwangerschaft könnte bei dem Plan, sich abzusetzen, eine Rolle gespielt haben, denn Maura hat am Abend vor ihrem Verschwinden im Internet auch nach Auswirkungen von Alkoholkonsum auf Schwangere gesucht. Der prominenteste Vertreter der Ausreißer-Theorien ist der Autor James Renner, der ein Buch über den Fall geschrieben und für *True Crime Addict: How I Lost Myself in the Mysterious Disappearance of Maura Murray* das Leben der Vermissten auf den Kopf gestellt hat, bis er selbst völlig besessen von der Aufklärung des Falls gewesen sei. Renner, der viele Details über Mauras Vorgeschichte zutage gefördert hat, auf der anderen Seite aber auch eine Menge spekuliert, geht davon aus, dass sich Maura erfolgreich nach Kanada abgesetzt hat. Er will ebenfalls herausgefunden haben, dass sie von ihrem Freund Bill missbraucht worden ist und, nachdem sie erfahren habe, von diesem schwanger zu sein, den Plan gefasst hat, ein neues Leben zu beginnen.

Die meisten kursierenden Theorien rücken ein Verbrechensszenario in den Vordergrund, bei dem Maura entführt und getötet worden ist. Einige glauben, dass sie das Opfer eines Serienkillers gewesen sein könnte, der möglicherweise auch ein 17-jähriges Mädchen verschleppt und umgebracht hat, das einen Monat nach Maura in der gleichen Region spurlos auf ähnliche Weise verschwunden ist. Da bekannt wird, dass in New Hampshire viele Menschen den Polizeifunk abhören, glauben einige, dass ein Gelegenheitsverbrecher zum Tatort geeilt sein könnte, um Maura zu entführen. Dazu kommt die Aussage einer Zeugin, die in der Zeit zwischen Unfallmeldung und Eintreffen der Polizei gesehen haben will, wie ein in der Gegend unbekannter roter Truck in Richtung der Unfallstelle gefahren ist, der später nie identifiziert werden wird. Die Aussage einer zweiten Zeugin wirft ebenfalls Fragen auf. Diese behauptet, sie habe kurz nach der ersten eine weitere Polizeimeldung über den Scanner gehört, in der der Einsatz für das Rettungsfahrzeug aufgehoben worden sei, da die verunfallte junge Frau mit einem Privatwagen von der Unfallstelle weggekommen sei. Eine Aussage, die die Polizei nicht bestätigen kann.

Zu den Hauptverdächtigen für ein Verbrechen jedoch gehören zwei inzwischen verstorbene Personen, die an der Stelle, wo Mauras vom Polizeihund aufgenommene Fährte endet, gelebt haben. Bauunternehmer Rick Forcier ist der einzige Mann, der Maura am Abend nach dem Unfall gesehen und darüber zunächst falsche Angaben gemacht hat. Es ist publik geworden, dass er seinerzeit den Ermittlern die Untersuchung seines Wohnwagens untersagt hat. Außerdem habe er am Abend des Unfalls einen roten Truck gefahren. Wenn die Aussagen der Zeugin stimmen, allerdings in die genau entgegengesetzte Richtung, die er angegeben hat. Der zweite Verdächtige ist Butch Atwood, der letzte Mensch, der mit Maura gesprochen und sich Zeugen zufolge nach dem Unfall merkwürdig verhalten hat, zum Beispiel, indem er seinen Bus waagerecht vor einem Nebengebäude seines Hauses abgestellt hat, was zuvor nie vorgekommen ist. Außerdem sei er nach seinem Anruf bei der Polizei im Bus sitzen geblieben, da er dort laut eigener Aussage Papierkram erledigt habe, bis Officer Smith an sein Fenster geklopft habe. Butch, der später nach Florida verzogen ist, passt in verschiedene Theorien. Er könnte auch ein Unfallverursacher gewesen sein, wenn er Maura mit seinem Bus angefahren hätte. Als Eingeweihter hätte er ihr helfen können, unterzutauchen. Einer Bekannten soll er zudem erzählt haben, Maura habe gemeinsam mit ihrem Freund im Auto gesessen, und knüpft damit an Faiths Aussage an, sie habe einen rauchenden Mann im Wagen gesehen. Sollte Mauras Leiche in Atwoods Bus gewesen sein, hätte er zudem auch die Möglichkeit gehabt, diese zu entsorgen, denn er hat die Suche nach ihr umgehend begonnen, nachdem Officer Smith eingetroffen ist. Auch dieser muss sich in den Jahren nach dem Vorfall heftiger öffentlicher Kritik unterziehen. Zum Beispiel habe er nicht wissen können, wie Maura, für die er wenige Minuten nach seinem Eintreffen eine detaillierte Beschreibung zur Fahndung herausgegeben habe, ausgesehen hätte. Was schließlich zu Smiths Selbstmord führt, den er am 15. Jahrestag des Verschwindens von Maura begeht. Doch das entlastet ihn in True-Crime-Foren nicht, sondern macht ihn erst recht verdächtig.

Vermisst: Maura Murray

Geburtsdatum: 4. Mai 1982
Verschwunden seit: 9. Februar 2004
Letzter bekannter Aufenthaltsort: Route 112, Haverhill, New Hampshire

Hinweise an:
New Hampshire State Police: +1 (603) 271-3636
New Hampshire Cold Case Unit: +1 (603) 223-3856
E-Mail: coldcaseunit@dos.nh.gov

Haverhill Police Department: +1 (603) 787-2222

»Oh Shit!«: Brandon Swanson vom Erdboden verschluckt

Der 19-jährige Brandon Swanson aus Marshall im US-Bundesstaat Minnesota setzt sich am Abend des 14. Mai 2008 in seinen weißen Chevrolet Lumina, um mit Kommilitonen den Beginn der Semesterferien zu feiern. Zunächst verschlägt es ihn zu einem Treffen von fünf Freunden in die 400-Einwohner-Gemeinde Lynd, die zehn Kilometer von seinem Heimatort Marshall entfernt liegt. Um 22:30 Uhr verabschiedet sich Brandon von seinen Kumpels, weil er zu einer Party eines Studienkollegen in Canby eingeladen ist, wo er im zweiten Semester am Minnesota West Community and Technical College Windkraft-Technologie studiert. Seine Kommilitonen, die auf dem Campus schlafen, trinken exzessiv Alkohol. Da Brandon an diesem Abend noch nach Hause fahren will, nimmt er sich vor, sich damit zurückzuhalten. So kommt bei ihm allerdings keine ausgelassene Partystimmung auf, und er verlässt die Feier schon kurz nach Mitternacht, um die 48 Kilometer nach Hause zu fahren. Warum er sich dazu entschließt, bei Dunkelheit im Zickzackkurs über marode Landstraßen zu manövrieren, statt wie üblich die direkte Route über den beleuchteten Minnesota State Highway 68 zu nehmen, ist bis heute ein Rätsel. Auch seine Eltern, die um 1:54 Uhr einen Anruf ihres Sohnes erhalten, nachdem dieser zuvor vergeblich versucht hat, Freunde um Hilfe zu bitten, haben das nie verstanden.

Brandon teilt seinem Vater mit, dass er mit dem Wagen von der Straße abgekommen und in einem Graben liegen geblieben sei. Brian und Annette Swanson sind heilfroh, als ihr Sohn ihnen mitteilt, dass er unverletzt ist, und stimmen seinem Vorschlag zu, ihn erst mal abzuholen. Er sagt, er befinde sich etwa zehn Minuten von Lynd entfernt, auf einer Nebenstraße direkt neben dem

Highway 23, und wolle seine Eltern per Handy, so gut es gehe, zu dem Ort lotsen. Diese setzen sich in ihren Pick-up und folgen den Anweisungen ihres Sohnes, der überzeugt ist, sich in der Nähe des Savannah Hills Golfplatzes zu befinden. Als Brandon meint, seine Eltern, die ihm fortwährend ihren Standort mitteilen, müssten in unmittelbarer Sichtweite sein, er aber kein Auto hört, bittet er seinen Vater, ihm per Lichthupe Signal zu geben. Doch er sieht weit und breit keinen Lichtkegel und versucht daraufhin selbst mit Lichtsignalen und per Hupe, seine Eltern auf sich aufmerksam zu machen. Diese nehmen jedoch weder das eine noch das andere wahr, worauf es zu einem kleinen Disput kommt, weil Brandon glaubt, sie seien seinen Anweisungen nicht gefolgt. Aggressiv beendet er das Gespräch. Als ihn seine Mutter um 2:17 Uhr zurückruft und sich entschuldigt, teilt Brandon ihr mit, dass er nun einfach nach Lynd laufen werde, dessen Lichter er in der Ferne erkenne. Er macht mit seinen Eltern den Parkplatz der allen bekannten Lyndwood Tavern aus, wo sie ihn abholen sollen.

Brian Swanson ist einverstanden, setzt zunächst seine Frau zu Hause ab und macht sich dann auf zum Treffpunkt, wo er aber niemanden vorfinden wird. Um 2:23 Uhr erreicht er seinen Sohn auf dem Handy, der ihm mitteilt, dass er immer noch zu Fuß auf der Landstraße unterwegs ist. Sein Vater bleibt am Telefon, als sich Brandon irgendwann entscheidet, querfeldein weiterzugehen, um das Ganze abzukürzen. Kurz darauf verflucht er den Weg, weil er über mehrere Zäune steigen muss. Das Gespräch zwischen Vater und Sohn dauert 40 Minuten, bis Brandon um 3:10 Uhr wie aus heiterem Himmel in den Hörer ruft »Oh shit«. Es ist das letzte Lebenszeichen, das Brian Swanson von seinem Kind hat. Die Telefonverbindung steht noch, aber Brandon antwortet nicht, und auch sonst kann sein Vater nichts durch die Leitung hören. Brian legt auf und versucht, seinen Sohn mehrfach zurückzurufen, wird jedoch immer auf dessen Mailbox weitergeleitet. Noch in der Nacht kontaktieren seine Eltern die Bekannten, mit denen ihr Sohn unterwegs gewesen ist, doch niemand kann ihnen sagen, welche Route Brandon gefahren ist. Da sie sich nicht anders zu helfen weiß, ruft Annette Swanson um 6:30 Uhr beim Lynd Police Department an, um eine Vermisstenanzeige aufzugeben. Der Beamte antwortet ihr, man könne erst nach 24 Stunden eine Suche einleiten, hält aber die Situation auch nicht für ungewöhnlich und verweist darauf, dass Brandon erwachsen sei und »ein Recht darauf hat, vermisst zu werden«. Im Verlaufe des Vormittags schließen sich aber doch Cops und Suchhunde den vielen freiwilligen Helfern an, die das Gebiet um Lynd seit den frühen Morgenstunden absuchen, finden jedoch weder eine Spur von Brandon noch von seinem Auto.

Die Polizisten erbitten Hilfe von Joel Dahl, dem Sheriff von Lyon County, der darauf die Anrufe, die der Vermisste getätigt hat, zurückverfolgen lässt. Die Ergebnisse versetzen Brandons Eltern noch mehr in Aufregung, denn nach den Verbindungsdaten hat ihr Sohn aus der Nähe der Gemeinde Taunton angerufen, die 40 Kilometer von Lynd entfernt liegt. Sie fragen sich, wie ihr Junge, der einen ausgeprägten Orientierungssinn hat und sich in der Gegend, in der er aufgewachsen ist, gut auskennt, sich so verschätzen konnte. An beschriebener Stelle finden die Beamten relativ schnell gegen 12:30 Uhr das unbeschädigte Auto des Vermissten auf einem Feldweg neben der Lyon Lincoln Country Road, einer Schotterstraße zwischen den Gemeinden Taunton und Porter. Der Rahmen des Fahrzeugs hat sich an der Böschung eines Grabens verkeilt, die Türen sind geöffnet, der Zündschlüssel fehlt. Von Brandon aber ist weit und breit nichts zu sehen, nicht mal Fußspuren führen von dem Chevrolet weg. Beamte und Freiwillige durchkämmen darauf das Gebiet, und auch Hubschrauber werden eingesetzt. Doch erst ein Suchhund nimmt schließlich eine Fährte auf, die er 4,8 Kilometer lang verfolgen kann. Sie führt zu einer verlassenen Farm und endet im sechs Meter breiten Yellow Medicine River. Sheriff Dahl schließt daraus, dass Brandon vermutlich vom Auto aus das rote Licht eines Getreidesilos in dem kleinen Örtchen Minneaota bemerkt hat und diesem in der Annahme, es handele sich um die Beleuchtung in Lynd, gefolgt ist, bis er in den Fluss gestürzt sei.

In der Überzeugung, dass sich ein tragisches Unglück ereignet hat, suchen Boote und Taucher des Department of Natural Resources das Gewässer ab, während Beamte zu Fuß, auf Pferden und in Geländewagen die Ufer durchforsten. Außerdem werden Absperrgitter im Yellow Medicine River installiert, die eine treibende Leiche abfangen würden, bevor sie in den reißenden Minnesota River gespült würde. Brandon jedoch wird weder tot noch lebendig gefunden. Die zuständigen Ermittler des Lincoln County unter Leitung von Sheriff Jack Vizecky können sich keinen Reim darauf machen, da in den sechs Tagen der offiziellen Suche trotz aller Anstrengungen weder ein Kleidungsstück noch Brandons Handy gefunden wird. Aus lauter Verzweiflung geht Vizecky auf der Suche nach dem Verschollenen persönlich weitere vier Wochen lang jeden Tag die 3,2 Kilometer des an vielen Stellen nur knietiefen Flusses ab – vergeblich. Da der Yellow Medicine River Brandon nicht verschluckt haben kann, müssen andere Erklärungen für das Verschwinden des Studenten in Betracht gezogen werden, zumal bei einer weiteren Suche Spürhunde seine Fährte auf der gegenüberliegenden Seite des Ufers wiederaufnehmen können, bis sie nach einem Kilometer auf einer Schotterstraße ins Leere läuft. Man muss also in Betracht ziehen, dass Brandon wieder aus dem Yellow Medicine River hinausgeklettert ist, sich dann verlaufen hat und irgendwo an Unterkühlung oder Erschöpfung gestorben ist.

Die Theorie, dass er im Fluss ertrunken ist, bleibt unwahrscheinlich, weil Brandons Handy bis zum 16. Mai angeschaltet ist und klingelt, bevor die Mailbox anspringt. Laut den Telekommunikationsanbietern würde diese bei einem ausgeschalteten oder zerstörten Handy, wovon bei einem Eintauchen ins Gewässer ausgegangen würde, sofort angehen. Doch auch wenn Brandon auf der anderen Seite wieder ans Ufer geklettert wäre, hätte man seine Leiche im Suchgebiet finden müssen; dessen sind sich die Beamten sicher, die zumindest ein Verbrechen nicht mehr ausschließen können. Ist ihm auf der Schotterstraße jemand begegnet? Die Ermittler versuchen, Brandons letzten Abend so weit wie möglich zu rekonstruieren. Dabei steht die Frage im Vordergrund, warum er nicht den Highway gefahren ist. Die einzige denkbare Erklärung für sie ist, dass er zu viel getrunken und daher Angst gehabt hat, von der Polizei angehalten zu werden. Er ist mit 19 Jahren noch nicht berechtigt zu trinken und bereits zwei Jahre vor seinem Verschwinden einmal mit Alkohol am Steuer erwischt worden. Die Befragungen aller Personen, die mit ihm am 14. Mai gefeiert haben und auf die er nüchtern und klar gewirkt habe, ergeben jedoch nicht mehr als »einen Whisky-Shot«. Die Beamten finden darüber hinaus keine Verdächtigen, die ein Motiv gehabt haben könnten, den bei Kommilitonen beliebten Studenten umzubringen.

Ab Herbst 2008 organisiert Emergency Support Services, eine Rettungsorganisation aus Minneapolis, weitere Suchen mit Leichenspürhunden. Bis 2010 werden insgesamt 320 Quadratkilometer um Brandons letzten bekannten Standort ohne einen kleinsten Hinweis auf seinen Verbleib durchkämmt. Es folgen viele weitere privat organisierte Suchen, in der die Offiziellen sich auch mit den Internetdetektiven des Forums Websleuths austauschen. Die größte Aktion findet 2013 statt, dauert 120 Tage, über 500 Personen inklusive Hundestaffeln beteiligen sich. Die letzte ergebnislose Suche wird 2021 durchgeführt, nachdem der Yellow Medicine River aufgrund einer Dürre komplett ausgetrocknet ist. Das Minnesota Bureau of Criminal Apprehension führt Brandons Verschwinden als Open Case, entsprechend breit sind die Theorien der Internetdetektive gefächert: Sie reichen von einem Nervenzusammenbruch, den der Vermisste erlitten haben könnte über Selbstmord bis hin zu einem freiwilligen Abtauchen. Einige glauben, Brandon sei in ein eine Grube, einen Brunnen oder eine Zisterne gefallen, die bei der Suche übersehen wurden, später zugewachsen sind und ihn so für immer verschluckt haben könnten. Vieles dreht sich in diesen Theorien um die Frage, welches Ereignis jemanden dazu gebracht haben könnte, »Oh shit« zu rufen.

Die Verbrechenstheoretiker nehmen an, dass Brandon von einem Jäger oder Farmer, der in dieser Nacht unterwegs gewesen ist, erschossen worden sein könne, weil man ihn vielleicht für einen Dieb oder Wilderer gehalten habe. Dieser Unbekannte hätte die Leiche dann entsorgt, und nur so könne sich erklären, warum nie Überreste gefunden worden seien. Die Theorie wird vor allem dadurch genährt, dass bekannt geworden ist, einige Bauern des Areals, das Brandon passiert hat, hätten die Durchsuchung ihrer Grundstücke untersagt. Im Forum Websleuths glauben einige User daran, dass er ein Opfer des in der Gegend mordenden Serienkillers Israel Keyes gewesen ist, der öffentlich bekundet hat, Minnesota sei sein Hauptjagdgebiet. Brandon würde zudem in das Beuteschema des Killers passen. Seine Entscheidung, bei Dunkelheit abseits der Schotterstraße querfeldein zu gehen, nähren wie der Umstand, dass er mit dem Auto Schleichwege gefahren ist, die Vermutung, er könnte auf der Flucht gewesen sein. Seine eingeschränkte Sicht aufgrund eines fast blinden Auges und die offenen Autotüren weisen auf ein überstürztes Verlassen des Chevrolets hin. Alternativ könnte Brandon in einen Fluss gefallen, entkommen und später in ein Auto auf dem Highway eingestiegen sein. Auch ein Unfall durch Begegnung mit einem unbekannten Fahrzeug, das auf einem der Feldwege unterwegs gewesen sein könnte, liegt im Bereich der Vermutungen. Dann hätte der Fahrer die Leiche wahrscheinlich mitgenommen, um den Unfall zu vertuschen. Gleiches könnte sich ereignet haben, wenn ein Farmer der Gegend ihn möglicherweise mit einem landwirtschaftlichen Fahrzeug überfahren hätte.

Brian und Annette Swanson haben die Hoffnung bis heute nicht aufgegeben und lassen jede Nacht die Lichter ihrer Veranda brennen für den Fall, dass ihr Sohn nach Hause kommt. Auf ihre Initiative hin wird am 1. Juli 2009 in Minnesota »Brandon's Law« verabschiedet. Das Gesetz verpflichtet die Behörden, eine Vermisstenanzeige unverzüglich entgegenzunehmen und eine Untersuchung einzuleiten.

Vermisst: Brandon Swanson

Geburtsdatum: 30. Januar 1989
Verschwunden seit: 14. Mai 2008

Letzter bekannter Aufenthaltsort: In der Nähe von Taunton, Minnesota

Hinweise an:
Lincoln County Sheriff's Office: +1 (507) 694-1664
Minnesota Bureau of Criminal Apprehension: +1 (877) 996-6222
Crime Stoppers of Minnesota: +1 (800) 222-8477
www.crimestoppersmn.org
www.facebook.com/CrimeStoppersMN/

Der Fall des hässlichen Thunfischs: kein Ausgang für Brian Shaffer

Die Bar Ugly Tuna Saloona, die sich im South Campus Gateway Complex an der High Street in Columbus befindet, können Gäste nur erreichen, wenn sie über eine Rolltreppe in den zweiten Stock des Gebäudekomplexes fahren oder die danebenliegenden Treppenstufen nehmen. Dabei werden alle Besucher von mehreren Kameras aufgenommen. Columbus gilt als die am besten überwachte Stadt im Staat Ohio, und das Ugly Tuna ist auch im Blickwinkel der Videokameras umliegender Geschäfte. Wie es passieren konnte, dass der Medizinstudent Brian Shaffer am 31. März 2006 beim Betreten, aber nicht beim Verlassen der Bar aufgezeichnet werden konnte, stellt die Ermittler bis heute vor ein Mysterium. Weder kann sich jemand schlüssig erklären, wie der 27-jährige Student aus dem Gebäude gekommen ist, noch wo er sich heute befindet, denn er ist seit diesem Abend nie wieder gesehen worden. Internetdetektive wollen nicht akzeptieren, dass sich ein Mensch in Luft auflöst, und ermitteln weiter in einem von Amerikas kuriosesten Vermisstenfällen.

Bis 2006 scheint das Leben von Brian Shaffer, der im zweiten Semester Medizin an der Ohio State University in Columbus studiert, rundzulaufen. Als engagierter und sportlicher junger Mann, der bereits exklusive Erfahrungen als Radiologieassistent im Universitätskrankenhaus sammelt, scheint ihm eine glänzende Karriere als Arzt sicher. Doch jenseits der strukturierten Welt der Medizin hegt Brian eine tiefere, brennende Leidenschaft für die Musik. Sein Myspace-Profil verrät seinen Traum, der weit über die sterilen Hallen des Krankenhauses hinausreicht: Er möchte seiner musikalischen Berufung folgen. Der attraktive Brian träumt davon, mit einer Rockband aufzutreten, die Bühnen zu erobern und an der Seite seiner Traumfrau ein idyllisches Leben an einem paradiesischen Strand zu führen. Diese Sehnsucht, die er in sich trägt, ist so stark, dass er für sie keine Kompromisse eingeht. Als ihn zu Highschoolzeiten der Trainer seiner Tennismannschaft, in der er Kapitän ist, eines Tages anweist, sich die langen Haare abzuschneiden, tritt er aus dem Team aus und spielt lieber weiter Gitarre in seiner Garage-Band.

2016 trägt Brian die Frisur längst kurz, bewohnt mit seinem Kumpel Clint ein Apartment auf dem Campus und ist glücklich mit seiner neuen Freundin Alexis Waggoner, die ebenfalls im zweiten Semester Medizin in Columbus studiert. Seine Vorfreude auf einen mit ihr geplanten Spring-Break-Urlaub zwischen dem 3. und 10. April in Miami wird jedoch getrübt, als seine Mutter Renee, die den beiden die Reise geschenkt hat, kurz zuvor am 6. März an ihrem Knochenkrebsleiden verstirbt. Brian befindet sich da gerade in einer wichtigen Prüfungsphase und muss sich, selbst zutiefst von dem Verlust getroffen, nun auch noch um seinen trauernden Vater Randy kümmern. So beginnt er auch den letzten Abend vor seiner Abreise am 31. März nach der Abschlussvorlesung des Semesters bei einem gemeinsamen Essen mit seinem

Vater in einem Outback-Steakhaus im nahe gelegenen Reynoldsburg. Während seine Freundin Alexis aufgebrochen ist, um vor der Reise ihre Eltern in Toledo zu besuchen, ist Brian für den späteren Abend mit seinem besten Kumpel Clint Forrest verabredet, um in den Bars rund um den Campus zu feiern.

Die Überwachungskamera hält fest, wie Brian Shaffer und Clint am Freitagabend, dem 31. März, um 21:30 Uhr die Rolltreppe zum Ugly Tuna Saloona hinauffahren, das sich nur 800 Meter von Brians Apartment entfernt befindet. Um 21:56 Uhr hinterlässt er eine einfühlsame Nachricht auf der Mailbox von Alexis, in der er ihr seine Liebe und Sehnsucht und seine Vorfreude auf ihren bevorstehenden gemeinsamen Urlaub bekundet, der am kommenden Montag beginnen soll. Nachdem die Freunde einige Zeit in der Bar verbracht und ein paar Drinks genossen haben, werden sie beim Verlassen des Ugly Tuna Saloona erneut von der Sicherheitskamera erfasst. Anschließend begeben sie sich zu Fuß in den belebten Arena District, ein Unterhaltungsviertel, das auch das Eishockeystadion der Columbus Blue Jackets beherbergt und ein beliebter Treffpunkt für Nachtschwärmer ist. Dort beginnen sie ab Mitternacht ein kleines Barhopping und trinken überall einen Shot. In der North Shore Tavern treffen sie schließlich auf Meredith Reed, eine Freundin von Clint, die mit dem Auto da ist und sie mitnehmen kann. Die drei beschließen, auf dem Rückweg noch einmal auf einen Absacker im Ugly Tuna einzukehren. Brian und sein Kumpel landen so um 1:15 Uhr wieder am Ausgangspunkt ihrer Kneipentour, wie Bilder der Überwachungskamera zeigen.

Die Bar, in der gerade eine Band auftritt, ist gut gefüllt. Am Eingang sitzen auf Barhockern die Studentinnen Amber Ruic and Brighton Zatko; sie kennen Brian und unterhalten sich mit ihm. Brighton wird später in einem Interview angeben, sie seien alle ziemlich betrunken gewesen, und sie könne sich nicht an den Inhalt des Gesprächs mit Brian erinnern. Sie habe ihm aber ihre Telefonnummer gegeben, worauf er ihren Hals geküsst habe. Um 1:45 Uhr wird in der Bar, die um 2:30 Uhr schließt, die letzte Runde eingeläutet. Brighton erinnert sich daran, dass Brian ihr und Amber angeboten hat, sie zu ihrem Auto zu bringen. Die Überwachungskamera zeichnet den Medizinstudenten um 1:56 Uhr bei einem kurzen Gespräch mit den Mädchen im Foyer vor der Rolltreppe auf. Dann verschwindet er aus dem Blickfeld der Kamera, während die Freundinnen nach unten fahren. Es sind die letzten Bilder von Brian. In diesem Moment stellen Clint und Meredith fest, dass ihr Begleiter nicht mehr bei ihnen ist. Sie durchkämmen die Bar, überprüfen die Toiletten und versuchen wiederholt, ihn auf seinem Handy zu erreichen, doch ohne Erfolg. Schließlich kommen sie zu dem Schluss, dass er die Bar wohl schon verlassen haben muss, und entscheiden sich, ebenfalls nach Hause zu gehen. Sie werden Brian nie wieder sehen. Auch sein Vater Randy und sein Bruder Derek, die in den folgenden Tagen unermüdlich versuchen, ihn telefonisch zu erreichen, werden ihn nicht finden. Alexis wartet in seinem Apartment auf Brian und fährt schließlich mit dem letzten Funken Hoffnung wie verabredet am Montag zum Flughafen. Als ihr Freund auch dort nicht auftaucht und der Flug ohne das Paar nach Miami abhebt, wissen alle, dass etwas nicht mit rechten Dingen zugeht. Randy Shaffer gibt also eine Vermisstenmeldung beim Ohio Police Department Columbus auf.

Die Ermittler unter Leitung von Sergeant John Hurst können Brians Handy nicht orten, aber anhand der Kameraaufnahmen und Zeugenaussagen seine letzten Stunden nachvollziehen, bis sie ihn um 1:56 Uhr letztmalig auf den Bildern der Kamera sehen. Danach kommen auch sie nicht weiter und ziehen die Möglichkeit in Betracht, dass Brian sich umgezogen und einen Hut aufgesetzt haben könnte. Sie gehen die Bilder der Überwachungskameras Frame für Frame und Gast für Gast durch, können ihn aber nicht ausfindig machen. Da es demnach ausgeschlossen ist, dass er den regulären Weg nach draußen genommen hat, bleiben theoretisch nur zwei Richtungen übrig. Während die Bar rechtsseitig der Rolltreppe liegt, führt das Foyer auf der linken Seite zu einer Tür, die damals von Bandmitgliedern und Personal zum Transport genutzt wird. Über den Flur gelangt man eine Treppe tiefer ins Erdgeschoss, das sich im März 2006 noch in der Bauphase befindet und in dem später unter anderem ein Kino entstehen wird. Über die Baustelle kann man seitlich das Gebäude verlassen, wo sich auch die Müllcontainer befinden. Da die Fundamente schon gelegt sind, gibt es auf dem Bau keine Möglichkeit, in ein Loch zu stürzen. Die Kamera im Foyer allerdings erfasst Brian nicht auf dem Flur Richtung Baustelle, wovon ihn die beiden Polizeibeamten, die sich hier positionieren, vermutlich auch abgehalten hätten. Außerdem wäre es erforderlich gewesen, dass er sich in seinem betrunkenen Zustand in einen schmalen, kaum sichtbaren Bereich drängt, was selbst unter normalen Umständen bemerkt worden wäre. Wenn Brian also rechts gegangen wäre, müsste er zurück in die Bar gelaufen sein. Er wird dort zwar nicht wieder gesehen, obwohl seine Begleiter direkt am Türbereich sitzen, aber in der Theorie bliebe die zweite Option ein sich im Inneren befindlicher Notausgang. Dahinter führt eine nicht einsehbare Treppe parallel zum Fahrstuhl ins Erdgeschoss. Doch auch die Notfalltür ist von einer Kamera überwacht, und das Öffnen hätte zusätzlich einen Alarm ausgelöst. Und selbst wenn es Brian gelungen wäre, über eine dieser Treppen aus dem Gebäude zu gelangen, hätten ihn die Kameras der gegenüberliegenden Bars erfasst.

Im Ugly Tuna selbst gibt es keine Möglichkeit, sich zu verstecken. Der gesamte Gebäudekomplex wird mit Spürhunden abgesucht: die Baustelle, der Müllcontainer, die Kanalisation darunter. Die Detectives befragen alle Mitarbeiter, die Bandmitglieder und Gäste des Abends. Nach 2 Uhr morgens gibt es keine bestätigten Sichtungen von Brian mehr, weder von Anwohnern noch von Geschäftsinhabern des Viertels, das trotz seiner hohen Kriminalitätsrate durch ein umfangreiches Netzwerk von Sicherheitskameras überwacht wird. Angesichts des Mangels an Zeugenaussagen und Aufzeichnungen muss die Frage, wie Brian unbemerkt die Bar verlassen konnte, vorerst unbeantwortet bleiben. Die Beamten verteilen Flyer und weiten die Suche auf das Zentrum der Stadt aus. Längst wird ein Verbrechen angenommen, doch ein Motiv lässt sich nach Befragungen in der Familie, dem Uni- und Bekanntenkreis genauso wenig finden wie Hinweise darauf in Brians Apartment oder in seinem Auto. Ist er freiwillig verschwunden? Einzig der Tod seiner Mutter könnte dafür sprechen. Doch warum werden weder sein Handy noch seine Kreditkarte je wieder benutzt? Alle Möglichkeiten müssen bei der Fahndung offenbleiben. Sagt jemand nicht die Wahrheit? Randy und Meredith bestehen die ihnen angebotenen Lügendetektortests, doch Clint verweigert diesen. Könnte hier ein Schlüssel liegen? Brians Kumpel und Mitbewohner wird zum ersten Verdächtigen in dem Fall und stellt auf Anraten seines Anwalts Neil Rosenberg die Kommunikation mit der Polizei umgehend ein, die ihrerseits in Erfahrung bringt, dass Clint und Brian in der Vergangenheit häufig in Streit geraten sind; zudem standen sie kurz vor der Entscheidung, nicht mehr zusammen wohnen zu wollen. In Interviews spricht Clint danach äußerst schlecht über Brian, sodass seine Familie regelrecht geschockt ist. Er sei ein unverbesserlicher Womanizer und unbeliebt gewesen, habe eine große Klappe gehabt. Clint macht auch widersprüchliche Aussagen, mal meint er, sein Kumpel sei in die Bar zurückgegangen, um mit den Bandmitgliedern zu sprechen, mal habe er nach Mädchen gesucht. Auf jeden Fall glaubt er, Brian habe sich durch sein schlechtes Benehmen selbst in Gefahr gebracht.

Alexis erlebt eine Zeit tiefster Verzweiflung und Trauer. Sie verbringt unzählige Stunden in Brians Zimmer, umgeben von seinen persönlichen Gegenständen als stumme Zeugen seiner Abwesenheit. In den Monaten nach seinem Verschwinden ruft sie jeden Abend seine Handynummer an, einzig getrieben von dem Bedürfnis, seine Stimme auf der Mailbox zu hören, was ihr einen Hauch Trost spendet. Ihr Herz macht einen Sprung, als im September 2004 plötzlich sein Telefon klingelt. Zwar hebt niemand ab, aber Alexis versteht dies als ein deutliches Zeichen dafür, dass ihr Freund noch leben sein könnte. Sie verständigt sofort die Familie und die Polizei. Sie alle rufen an, und Brians Handy klingelt noch einige Stunden lang, bis die Leitung wieder tot ist. Das Telefon kann daraufhin über einen Mobilfunkmast in Hilliard – einer Stadt 22 Kilometer entfernt von Columbus – geortet werden. Nach einer Untersuchung des Vorfalls erklärt Brians Mobilfunkanbieter, dass möglicherweise eine Computerstörung dafür verantwortlich gewesen sei. Unabhängige Experten behaupten jedoch bis heute, dass dies unmöglich sei.

So endet die Suche nach Brian vorerst so skurril, wie sie angefangen hat. Vater Randy sucht in den kommenden beiden Jahren unermüdlich nach seinem Sohn, verteilt 20 000 Flugblätter, inspiziert wochenlang den Olentangy River, nachdem ihm ein beauftragter Hellseher einen entsprechenden Tipp gegeben hat. Auch den Gebäudekomplex, in dem Brian verschwunden ist, lässt sein Vater mit eigenen Leichenspürhunden absuchen. Doch das Schicksal meint es nicht gut mit der Familie. Am 14. September 2008 wird Randy von einem herabfallenden Ast in seinem Garten erschlagen. Die gepostete Nachricht unter einer im Internet eingerichteten Kondolenzseite »To Dad, love Brian«, abgesendet angeblich von den Virgin Islands, lässt Familie und Freunde noch einmal hoffen, doch als der Eintrag von der Polizei als Fake entlarvt wird, erlischt der Lichtblick.

In den Kreisen der Hobbydetektive werden zahlreiche Hypothesen über das mögliche Schicksal Brians erörtert. Das Spektrum der Vermutungen erstreckt sich von gewaltsamen Szenarien wie Raubüberfällen und Entführungen bis hin zu tragischen Ereignissen wie Schlägereien, Verkehrsunfällen oder einer suizidalen Absicht. Im Zentrum des Rätsels stehen nicht nur Clint und einige Familienmitglieder, sondern auch die Möglichkeit, dass ein Serienmörder involviert sein könnte. Vor allem der Smiley-Face-Killer wird diskutiert. Das Phantom geht auf die sogenannte Smiley-Mord-Theorie zurück, die einige pensionierte Polizisten und Strafrechtler aufgestellt haben, nach der 45 junge Männer, die in den späten 1990er- bis in die 2010er-Jahre in verschiedenen Bundesstaaten des Mittleren Westens der USA tot in Gewässern gefunden worden sind, nicht versehentlich ertrunken seien, sondern Opfer eines oder mehrerer Serienmörder geworden sein sollen. Dabei seien alle Leidtragenden weiße Männer im Collegealter gewesen, die zuvor vornehmlich Bars oder Partys besucht hätten. Auch Brandon Swansons Verschwinden wird in diesem Zusammenhang diskutiert.

Daneben gibt es hitzige Diskussionen um die Frage, welche Motivation Brian dazu veranlasst haben könnte, aus eigenem Antrieb zu verschwinden. Der Fantasie sind dabei kaum Grenzen gesetzt. Doch bis heute hat niemand eine stichhaltige Theorie darüber aufstellen können, wie der Medizinstudent aus dem Ugly Tuna herausgekommen ist. Daher ist für Internetdetektive die einzig annehmbare Möglichkeit etwas, das die Polizei natürlich ausschließt. Da nur solche Bilder der Überwachungskamera zu sehen sind, auf denen Brian regulär und erkennbar die Bar verlässt, könnten nur diejenigen, die das Material untersucht haben, etwas übersehen haben. Brian könne verkleidet auf den nicht öffentlichen Bildern sichtbar sein, glauben Hobbyermittler und fordern seit Jahren die Herausgabe sämtlicher Aufnahmen. Dass die Polizei diese freigeben wird, ist eher unwahrscheinlich. Genauso beziehen sich alle anderen bleibenden Optionen auf Behördenversagen. Etwa könnten sowohl Fahnder als auch Hunde die Leiche im Erdgeschoss übersehen haben.

Bis heute glauben Menschen, dass sie Brian irgendwo auf der Welt gesehen haben, oder sind der Überzeugung, dass sie Hinweise auf ein Verbrechen machen können. So gehen regelmäßig Nachrichten darüber bei der gemeinnützigen amerikanischen Organisation Crimestoppers ein, an die Bürger anonyme Informationen über kriminelle Aktivitäten melden können. Auch die Strafverfolgungsbehörden nehmen Brians offenen Fall weiterhin ernst. Im Jahr 2014 gibt die Polizei an, drei Theorien nachzugehen, lehnt es aber auf Anfrage seither ab, dazu Stellung zu beziehen. Große Hoffnung keimt 2019 auf, als das Bild eines Obdachlosen aus Mexiko in den sozialen Netzwerken kursiert, der frappierende Ähnlichkeit mit Brian aufweist, doch ein FBI-Ermittler schließt nach einer Gesichtserkennung aus, dass es sich um den Vermissten handelt. Dafür veröffentlicht das Ohio Bureau of Criminal Investigation 2021 ein mit künstlicher Intelligenz erstelltes Foto des Verschollenen, das zeigen soll, wie er als 42-Jähriger aussehen könnte. Menschen, die daran glauben wollen, dass Brian Shaffer lebt, verweisen immer wieder auf seinen einst auf Myspace verfassten Beitrag, in dem er schreibt, dass er davon träume, irgendwo sein Leben an einem paradiesischen Strand zu verbringen. Und dass das so ist, kann schließlich niemand ausschließen.

Vermisst: Brian Shaffer

Geburtsdatum: 25. Februar 1979
Verschwunden seit: 1. April 2006
Letzter bekannter Aufenthaltsort: Ugly Tuna Saloona, South Campus Gateway, Columbus, Ohio

Hinweise an:
Columbus Police Department: +1 (614) 645-4545
Central Ohio Crime Stoppers: +1 (614) 645-4749
E-Mail: crimestoppers16038@gmail.com
www.facebook.com/CentralOhioCrimeStoppers

KAPITEL 7

IDENTITÄT GESUCHT: OPFER OHNE NAMEN

Fälle von nicht identifizierten Toten bilden nach Cold Cases und Vermisstenfällen die drittbeliebteste Kategorie im True-Crime-Bereich. Im Forum *Websleuths* erreicht das entsprechende Unterforum für ungeklärte Fälle 128 900 Posts auf 7100 Diskussionen. Todesfälle, in denen eine menschliche Leiche gefunden wird, deren Identität durch Ermittler und Gerichtsmediziner nicht festgestellt werden kann, werden vom Bundeskriminalamt unter dem Kürzel Utot geführt und im Informationssystem der Polizei INPOL registriert. Amerikanische Ermittlungsbehörden verwenden die Abkürzungen UID *(unidentified decedent)* oder UP *(unidentified person)* und weisen den Leichen die Platzhalter John Doe für männliche Tote und Jane Doe für weibliche zu. Die wichtigste Datenbank der USA ist das vom Justizministerium verwaltete National Missing and Unidentified Persons System (NamUs). Zusätzlich betreibt das FBI das National Crime Information Center (NCIC). Um die Zusammenarbeit bei der Suche international professionalisieren zu können, gibt es weltumspannende Datenbanken nicht identifizierter Toter. Die wichtigste ist die von Interpol verwaltete Disaster Victim Identification (DVI).

Es gibt verschiedene Gründe, warum Leichen nicht erkannt werden können. Sie reichen vom Fehlen von Ausweisdokumenten, nicht vorhandenen DNA-Abgleichmöglichkeiten bis hin zur Konfrontation mit einer vollständigen Verstümmelung eines Todesopfers. Die Identifizierung wird dabei zusätzlich erschwert, wenn keine Vermisstenanzeige vorliegt beziehungsweise die Toten aufgrund fehlender Kennzeichen nicht zugeordnet werden können. Auch wenn es sich um einen nicht registrierten Ausländer handelt, ist die Rekonstruktion erheblich erschwert. Während in den USA aktuell 40 000 UIDs registriert sind, verzeichnet in Deutschland die BKA-Akte »Vermisste, unbekannte Tote und unbekannte Hilflose« (Vermi/Utot) aktuell 1589 Datensätze unbekannter Toter oder aufgefundener unbekannter Leichenteile.[87] Skelettierung, Verwesungs- und Fäulniszustände erschweren es der Gerichtsmedizin, nicht nur die Todesursache festzustellen, sondern auch spezifische Merkmale, die der Identifizierung dienen, zu bestimmen oder zu rekonstruieren. Dazu gehört beispielsweise, Alter, Größe, Gewicht oder ethnische Zugehörigkeit des Toten zu ermitteln sowie individuelle Krankheiten, Frakturen, Zahnersatz oder Operationsnarben festzustellen.

Der Erfolg einer Suche nach einem unbekannten Toten hängt auch entscheidend von der Öffentlichkeitsfahndung ab. Dafür stellen Ermittler häufig Fotos der Leichen auf ihre Webseiten oder lassen, sofern nicht anders realisierbar, Gesichter künstlich modellieren. Als ein wahrer Glücksfall in der Identifizierung unbekannter Personen haben sich genealogische Datenbanken erwiesen, die Usern die Möglichkeit bieten, mittels DNA-Einsendung Familienstammbäume zu erstellen und »neue« Verwandte zu finden. Ermittler und Internetdetektive werden, falls DNA vorhanden ist, häufig initiativ tätig und können – wie bei der Suche nach Tätern, die DNA am Tatort hinterlassen haben – auch noch Jahrzehnte später Erfolge erzielen.

Im Folgenden werden vier Beispiele der rätselhaftesten unbekannten Toten beschrieben, die heute in True-Crime- und Websleuth-Foren diskutiert werden. Interessanterweise zeigen alle vier Fälle auf fast schon erschreckende Weise Parallelen, sodass sie oft gemeinsam in entsprechenden Foren Erwähnung finden und Zusammenhänge gesucht werden.

Im Eis verbrannt: das Rätsel um die Isdal-Frau

Am 29. November 1970 um 13 Uhr machen ein Universitätsprofessor und seine zwei minderjährigen Töchter bei einem Ausflug durch das norwegische Isdalen einen gruseligen Fund. Sie durchwandern das malerische Tal nahe der Stadt Bergen an der Nordwand des Ulriken, als eines der Mädchen einen üblen Geruch nach verbranntem Fleisch wahrnimmt. Als die drei diesem nachgehen, stoßen sie kurz darauf auf die verkohlte Leiche einer Frau, die eingeklemmt zwischen wuchtigen Felsen und wilden Sträuchern auf dem Geröllfeld in einer Schlucht liegt. Ihre Fäuste hält sie nach oben über dem Kopf verschränkt. Während die Mädchen beim Anblick des völlig entstellten Gesichts vor Angst erstarren, reibt sich der Hochschullehrer verwundert den Kopf. Als wäre es eine Vorahnung gewesen, wandert er ausgerechnet durch ein Gebiet, das als Dødsdalen bekannt ist – das »Tal des Todes«. Ein Ort, der nicht nur für seine Unfälle berüchtigt ist, sondern schon im Mittelalter von Menschen aufgesucht wurde, die, vom Tod angezogen, dort ihrem Leben ein Ende setzten. Was der Mann zu diesem Zeitpunkt jedoch nicht ahnen kann: Die Todesursache der später sogenannten Isdal-Frau wird nie aufgeklärt werden, und sein Fund bildet den Auftakt zu einem der rätselhaftesten Kriminalfälle Norwegens.

Die Ermittler des Nationalen Kriminalpolizeidiensts (Kripos) der Stadt Bergen entdecken am Fundort verteilt um die Leiche angekokelte Papierstücke sowie verschiedene Gegenstände, darunter eine leere Flasche Kräuterlikör, eine Streichholzschachtel, mehrere Schlaftabletten, einen zerbrochenen Regenschirm und Gummistiefel. Im hohen Gras liegen Wollpulli und Nylonstrümpfe, auf einem Felsen drapiert Ohrringe und eine Armbanduhr, die auf 10:10 Uhr eingestellt ist – eine Zeit, auf die Uhren konfiguriert werden, wenn sie zum Kauf im Geschäft ausliegen. Ausweisdokumente, die Aufschluss über die Identität der Frau geben könnten, fehlen; von ihren Kleidungsstücken, die gänzlich ungeeignet für eine Wanderung sind, wurden sämtliche Etiketten entfernt. Unter der Leiche liegt eine Pelzmütze, auf der im Labor Benzinspuren nachgewiesen werden können.

Nach erfolgter Autopsie am Gade-Institut des Krankenhauses von Haukeland stellen die Pathologen als Todesursache eine Vergiftung fest, die auf einer Kombination aus Kohlenmonoxid und Phenobarbital beruht. Das Barbiturat stammt aus den etwa 60 Beruhigungstabletten, die im Magen der Frau gefunden werden. Da in ihren Lungen Ruß identifiziert wird, schließen die Pathologen daraus, dass die Unbekannte lebendig verbrannt ist; außerdem stellen sie eine Prellung an ihrem Hals fest, die entweder von einem Sturz oder einem Schlag herrühren könnte. Für die Beamten ist zu diesem Zeitpunkt klar, dass sie es mit einem Mordfall zu tun haben. Ein erstes Phantombild der Frau, die offiziell als »Fallnummer 134/70« registriert wird, kann erstellt und damit landesweit in die Fahndung gegeben werden, worauf sich drei Tage nach dem Fund der Leiche ein Bahnangestellter meldet, der auf zwei nicht abgeholte Koffer an der Gepäckaufbewahrungsstelle des Bahnhofs Bergen hinweist. Ermittler inspizieren die Gepäckstücke und können sie der toten Frau zuordnen, weil sie an einer Sonnenbrille ihre Fingerabdrücke sicherstellen. An den Dutzenden hochwertiger Schuhe und Kleidungsstücke, darunter Lederschuhe aus Rom und Handschuhe aus Paris, sind ebenfalls jeweils sorgfältig die Etiketten herausgetrennt worden. In einem Koffer befindet sich Bargeld in verschiedenen Währungen, eine Tüte Zucker, jede Menge Make-up, Kosmetika, Perücken, ein Streichholzpäckchen von Beate Uhse. Alles lässt darauf schließen, dass die Frau sich häufig verkleidete und ihre Identität verschleiern wollte; selbst die Markennamen ihrer Zahnbürsten sind sorgfältig abgekratzt worden. Und sie hat Codes für Notizen benutzt, die sie mit blauer Tinte in einem Block niedergeschrieben hat. Ermittler können diese entschlüsseln und daraus Orte ableiten, die die Unbekannte zuvor besucht hat. Auch gelingt ihnen bald die Feststellung, dass die Frau mit mindestens acht gefälschten Pässen und unter Aliasnamen in Hotels eingecheckt hat. Claudia Tielt aus Brüssel, Alexia Zarne-Merchez aus Ljubljana, Finella Lorck, Genevieve Lancier, Elizabeth Leenhouwer. Zeugenaussagen zeichnen das Porträt einer Frau, die dem Hotelpersonal als attraktiv und im Alter zwischen 25 und 40 Jahren in Erinnerung bleibt. Sie fällt durch ihr akzentuiertes Englisch auf und gibt sich gelegentlich als reisende Antiquitätenhändlerin oder Dekorateurin aus. Oftmals beobachten Gäste ein merkwürdiges Verhalten, so wechselt die Isdal-Frau auf ihren Wunsch hin regelmäßig ihre Hotelzimmer, stellt Möbel in den Zimmern um und erhält Besuch von mindestens zwei Männern, in deren Gegenwart sie nicht spricht, die aber auch nicht von der Polizei ermittelt werden. Gäste und Personal wollen gehört haben, dass sie vor allem Deutsch gesprochen hat, und sie soll auffällig nach Knoblauch gerochen haben, der in der norwegischen Küche zu dieser Zeit nicht verwendet wird. Einer Hotelmitarbeiterin bleibt in Erinnerung, dass die Unbekannte neben zwei Offizieren der deutschen Bundesmarine gesessen hat, ohne mit ihnen zu sprechen. Die Polizei lässt mit diesen Informationen und Phantombildern über Interpol fahnden, doch weder in Norwegen noch im Ausland kennt jemand die Isdal-Frau, deren Tod schließlich durch die Strafverfolgungsbehörden nach nur drei Wochen Ermittlungen in einer Pressekonferenz unerwartet als Selbstmord erklärt wird.

2016 rollen Kripos und der öffentlich-rechtliche norwegische Rundfunk NRK den Fall neu auf und legen ein umfangreiches Online-Archiv vergangener und neuer Untersuchungen an.[88] Darüber hinaus produziert der NRK gemeinsam mit BBC London den investigativen Podcast *Death in Ice Valley* (2018), in dem der Sohn eines damaligen Ermittlers behauptet, er wisse von seinem Vater, dass die Todesursache Selbstmord auf den Druck norwegischer Geheimdienste zurückzuführen ist. Der Podcast kommt nach Ansicht der freigegebenen Akten zu dem Schluss, dass die Isdal-Frau ermordet worden ist. Bereits 2005 wendet sich der Seekapitän Ketil Kversoy an die Öffentlichkeit und gibt bekannt, dass er im November 1970 die Unbekannte im Isdal-Tal gesehen hat. Sie habe verängstigt ausgesehen und sei von zwei südländisch anmutenden Männern verfolgt worden. Als er den Vorfall bei der Polizei gemeldet habe, habe man ihm dringend geraten, er solle die Sache auf sich beruhen lassen, da der Fall größere Kreise ziehe und der norwegischen Strafverfolgung die Hände gebunden seien.

Die vorherrschende Theorie zur Identität der Isdal-Frau geht davon aus, dass sie eine Spionin aus dem Ostblock gewesen sein könnte. Diese Annahme stützt sich auf die Vermutung, dass sie zur Zeit ihres Aufenthalts geheime Raketentests der norwegischen Armee ausspioniert haben könnte, die damals tatsächlich stattgefunden haben. Andererseits hätte sie sich als Agentin zu auffällig verhalten, und Experten schließen aus, dass ein Agent mit mehr als ein oder zwei falschen Identitäten ausgestattet worden wäre.

Ihre Reiseroute stimmt dagegen mit entsprechenden militärischen Aktionen überein. Am 24. März ist die Unbekannte in Bergen, als dort Raketenboote anlegen, danach in Stavanger, wo Raketen zu Übungszwecken abgeschossen werden. Ein Fischer sieht sie im Gespräch mit einem NATO-Offizier in Tananger. Demnach könnte die Frau auch eine russische oder ostdeutsche Doppelagentin gewesen sein, die schließlich von einer Seite entlarvt und umgebracht worden ist. Andere Ansätze der Internetdetektive, die vor allem in der zum Podcast gehörenden Facebook-Gruppe *Death in Ice Valley* diskutiert werden, spekulieren, dass die Isdal-Frau eine Kurierin des israelischen Geheimdienstes Mossad gewesen ist, die in Norwegen nach untergetauchten Nazis gesucht hätte.

Auf Reddit wird vermutet, dass es sich um eine Edelprostituierte oder eine Drogenkurierin gehandelt habe, auch eine psychische Krankheit mit Verfolgungswahn und eine Epilepsie werden diskutiert. Im Jahr 2017 finden Forscher durch eine Isotopenanalyse ihrer Zähne heraus, dass die Isdal-Frau in Süddeutschland, höchstwahrscheinlich in Nürnberg, geboren ist und ihre frühe Kindheit auch dort verbracht haben muss. Später könnte sie in der deutsch-französischen Grenzregion gelebt haben, außerdem möglicherweise osteuropäischer Herkunft sein. Selbst 52 Jahre nach dem Fund ihrer Leiche bleibt die Identität der Isdal-Frau weiterhin ein Mysterium, das Kriminalisten und True-Crime-Fans gleichermaßen fasziniert. Auf geradezu mystische Weise scheint der nächste Fall mit ihrem Schicksal verknüpft zu sein.

Alter zum Zeitpunkt des Todes: Zwischen 25 und 40 Jahren
Gefunden: 29. November 1970
Fundort: Isdalen-Tal, Bergen, Norwegen

Hinweise an:
Polizeidirektion Bergen: +47 55 55 63 00
Norwegische Kriminalpolizei (Kripos): +47 23 20 80 00
E-Mail: kripos@politiet.no

Die Tote aus Zimmer 2805: Wer ist Jennifer Fergate?

Espen Næss, ein Wachmann des Oslo-Plaza-Hotels, läuft am Abend des 3. Juni 1989 den Flur der 28. Etage des norwegischen Luxushotels entlang. Er hält vor der Tür des Zimmers 2805 inne, an dem ein »Bitte nicht stören«-Schild hängt. Sein Auftrag ist es, die Bewohnerin des Zimmers, die seit vier Tagen unter dem

Namen Jennifer Fergate registriert ist, daran zu erinnern, die Rechnung für ihren verlängerten Aufenthalt zu begleichen. Diesbezügliche Nachrichten, die ihr die Rezeptionistin Evy Tudem Gjertsen zuvor über ihr TV-Gerät eingespielt hat, hat Jennifer zwar per Fernbedienung als gelesen bestätigt, ist aber der Aufforderung, an die Rezeption zu kommen, nicht gefolgt und hat ihr Zimmer seit dem Vortag nicht verlassen. Espen Næss klopft an die Zimmertür, worauf er unmittelbar einen Schuss aus dem Raum hört. Aus Sicherheitsgründen betritt er diesen daraufhin nicht, sondern beschließt, mit dem Aufzug in die Sicherheitszentrale des Hotels zu fahren, um von dort aus die Polizei zu verständigen. Bevor diese 50 Minuten später im Plaza-Hotel eintrifft, geht der Sicherheitschef zu Zimmer 2805, öffnet das von innen doppelt verriegelte Schloss mit seiner Sicherheitskarte und stellt fest, dass bei flatternden Vorhängen vor einem offenen Fenster eine leblose Frau in unnatürlicher Position auf der Matratze liegt. Das Licht ist ausgeschaltet. Ihre Beine hängen aus dem Bett, im Raum liegt ein beißender Geruch, der Fernseher läuft. Als die Person auf Zurufe nicht reagiert, schließt der Security-Chef eigenen Angaben zufolge die Tür wieder, um auf die Ermittler zu warten, die dann einen grausamen Fund machen. Es ist Jennifer Fergate, die hier mit einer Schusswunde in der Stirn auf dem blutüberströmten Hotelbett liegt. Auf den ersten Blick sieht es für die Ermittler nach einem klaren Selbstmord aus, denn die Tote hält noch eine Browning Pistole 9 mm, die später als Tatwaffe ermittelt wird, in der auf ihre Brust gesackten Hand. Skeptisch werden die Beamten, weil Jennifer die Waffe falsch herum hält und der Daumen im Abzug hängt. Die dunkelhaarige Frau mit den auffallend blauen Augen, die auch als Plaza-Woman in die Kriminalgeschichte eingehen wird, trägt eine lange Baumwolljacke über BH und einer Seidenunterhose, Strümpfe und Pumps aus italienischer Produktion, am rechten Ringfinger einen Goldring aus Deutschland und am linken Handgelenk eine teure japanische Taucheruhr. Ein zweiter Schuss ist zudem in ein Kissen abgefeuert worden, woraus die Polizei schlussfolgert, dass es sich um einen Test gehandelt haben könnte.

Auf die Identität der Frau finden die Kriminalisten jedoch keinen einzigen Hinweis im Hotelzimmer, da weder Portemonnaie, Pass, Flugtickets oder etwaige persönliche Gegenstände aufgefunden werden. Außerdem hat Jennifer offenbar weder Hose, Rock noch Ersatzunterwäsche bei sich gehabt. Das knielange Kleid, in dem sie das Hotel betreten hat, wird nicht entdeckt, Zahnbürsten oder Toilettenartikel werden nirgendwo gesehen. Doch nicht nur, was nicht gefunden wird, wirft Fragen auf, sondern auch das wenige, das sich im Zimmer befindet. So sind an drei der vier Oberteile, die in ihrem Schrank hängen, die Etiketten sauber abgeschnitten worden. Eine Aktentasche, die vor dem Nachtschrank steht, beinhaltet nichts außer 25 Schuss Munition für die sichergestellte Waffe. In einer auf einem Sessel liegenden Stoffreisetasche stecken Dessous und eine Strumpfhose, auf dem Tisch daneben steht ein Teller mit einer halb verzehrten Bratwurst und Kartoffelsalat. Neben dem Schreibtisch, auf dem zwei leere Flaschen Cola und eine Orangenlimonade aus der Minibar stehen, lehnt ein Bügelbrett an der Wand, das nicht zur Ausstattung gehört. Hinweise auf einen möglichen weiteren Gast, der sich im Zimmer befunden haben könnte, liefern ein Flakon Herrenduft und eine zweite Schlüsselkarte, die auf den Namen Lois Fergate ausgestellt worden ist.

Die Ermittler erfahren, dass Jennifer am 31. Mai um 22:44 Uhr im Hotel eingecheckt hat, offenbar aber trotz strengster Sicherheitsvorkehrungen kein Mitarbeiter die Frau, die fließend Deutsch mit ostdeutschem Akzent gesprochen hat, nach ihrem Ausweis gefragt hat. Das ist ein Vorgang, den sich die Haus-Security des Hotels bis heute nicht erklären kann. Genauso ist keine Kreditkarte für die Bezahlung der drei gebuchten Nächte registriert worden. Erschwerend kommt hinzu, dass gleich zwei Angestellte behaupten, sie hätten die Unbekannte in Empfang genommen und ihr Schlüsselkarte und Formular übergeben, auf der ihr Name unter *Fairgate* angegeben ist, das sie aber mit *Fergate* unterschreibt. Während Rezeptionist Sascha René Anonsen behauptet, sie sei alleine am Tresen gewesen, ist sich Empfangschefin Evy Tudem Gjertsen sicher, dass sie zusammen mit einem Mann eingecheckt habe. Einige Stunden zuvor habe Jennifer das Hotel telefonisch kontaktiert und angekündigt, dass sie von ihrem Ehemann Lois begleitet werden würde.

Jennifer Fergate. Geburtsdatum: 23. August 1973, 0748 Rue de la Stehae, 7968, Verlaine, Belgien. Telefon: 32-68-326548. Firma: Cerbis, Belgien

Die Ermittler stellen nach einem Abgleich durch belgische Behörden schnell fest, dass es sich um falsche Angaben handelt. So gibt es weder eine Person dieses Namens in Verlaine noch die angegebene Firma oder die Hausnummer an der notierten Straße. Auch die Vorwahl ist nicht korrekt. Die Plaza-Frau hat von ihrem Zimmer aus versucht, zwei nichtexistierende Nummern in Belgien anzurufen. Außerhalb ihres Hotelzimmers wird Jennifer während ihres Aufenthalts von niemandem bemerkt. Das letzte Mal lebend gesehen wird sie, als sie am Abend des 2. Juni den Zimmerservice bestellt. Der Kellnerin Kristin Andersen, die die georderte Bratwurst zunächst versehentlich zum gegenüberliegenden Zimmer 2804 liefert, übergibt Jennifer ein hohes Trinkgeld von acht Dollar. Dabei bemerkt Kristin Andersen einen später nicht mehr auffindbaren Rollkoffer im Zimmer. Die Autopsie des Magens der Toten ergibt, dass sie die unverdauten Wurststücke erst etwa 24 Stunden nach der Bestellung zu sich genommen hat, kurz vor ihrem Tod. Außerdem geben die Obduktionsergebnisse Aufschluss darüber, dass die Plaza-Frau nicht wie angegeben 21 Jahre alt gewesen sein kann, sondern dass ihr Alter zwischen 25 und 30 Jahren liegen müsse.

Nicht nur aufgrund der gegebenen Kuriositäten, die über das Auffinden von Jennifer bekannt geworden sind, ranken sich um den Tod in Zimmer 2805 Verschwörungstheorien, sondern vor allem, weil die Ermittlungen offensichtlich unzureichend durchgeführt worden sind, was die Recherchen des unermüdlich an dem Fall forschenden Journalisten Lars Wegner nahelegen. Die Ergebnisse seiner Analysen des Polizeiberichtes und eigenen Zeugenbefragungen stellt er erstmals umfassend im Jahr 2020 in einem Dokumentarfilm der norwegischen Zeitung *Verdens Gang* vor. Erst danach wird Jennifers Schicksal durch eine anhand des Filmmaterials konzipierte Episode der Netflix-Serie *Unsolved Mystery* bekannt.

Die Polizei stellt den Fall 1996 als Selbstmord dar, ohne Grundsätzliches überprüft zu haben. Es sind keine Tests dahingehend durchgeführt worden, inwieweit sich Jennifer überhaupt in ihrer Position selbst erschossen haben konnte. Auch die Tatwaffe, an der keine Blut- oder Schmauchspuren gefunden werden und an der die Sicherheitsnummer professionell mittels Säure weggeätzt worden ist, wirft Fragen auf. Aus dem Polizeibericht geht nicht hervor, dass die Ermittler die Kameraaufzeichnungen des Hotels gesichtet haben. Während sich an Bett, Wand und Zimmerdecke Blutspuren nachweisen lassen, haben die Kriminalisten keine Blutspritzer an der Leiche selbst gefunden oder angesengte Haare ausgemacht, die auf einen Schuss aus der Hand der Toten hätten hindeuten können. Als Argument für einen Suizid führt die Polizei an, dass es im Zimmer keine Kampfspuren gegeben hat und die Tür von innen verriegelt gewesen ist, während sich beide ausgestellten Schlüsselkarten im Raum befunden haben. Warum jemand insgesamt 34 Patronen mitbringen sollte, um sich zu erschießen, bleibt ein Geheimnis. Weder wird geklärt, wie die Tote ohne Sicherheitscheck das Hotel buchen konnte, noch, was sie in ihrer Abwesenheit aus dem Zimmer in Oslo gemacht hat oder wie sie überhaupt nach Norwegen gekommen ist.

Die Fahndung nach Jennifers Fingerabdrücken über Interpol führt genauso wenig zum Erfolg wie die Suche nach ihrem vermeintlichen Ehemann Lois. Die Tatsache, dass jemand am Mordabend in Zimmer 2805 geduscht hat, worauf benutzte Seife und Handtücher hindeuten, lässt doppelt Zweifel aufkommen. Einerseits erscheint es als äußerst ungewöhnlich, dass ein Selbstmörder kurz vor seinem Suizid isst und duscht, andererseits könnte der Täter in die Dusche gestiegen sein und sein Parfum versehentlich zurückgelassen haben. Das Hotel übergibt jedem Gast bei Ankunft eine Zeitung in einer Plastiktüte, auf der die entsprechende Zimmernummer notiert wird. Warum auf derjenigen, die in Jennifers Raum gefunden wird, die Nummer eines anderen Zimmers steht, kann nicht geklärt werden. Aufgrund einer fehlenden Gästeliste können die Ermittler auch nicht den Namen des Gastes, der zur gleichen Zeit in dem angegebenen Zimmer 2816 gewohnt hat, ausfindig machen. Vielleicht ist der nicht identifizierte Fingerabdruck, der auf der Plastiktüte sichergestellt wird, seiner.

Zwei Monate nach Jennifers einsamer Beerdigung am 26. Juni 1996 in einem Armengrab unter einem Kirschbaum auf dem Osloer Vestre Gravlund lässt der Polizeichef zudem alle gefundenen Gegenstände und Kleidungsstücke aus Zimmer 2805 vernichten.

Im November 2016 wird der Cold Case der Plaza-Frau von der Kriminalpolizei und der norwegischen Zeitung *Verdens Gang* unter Federführung von Lars Wegner neu aufgerollt, dabei ihre Leiche exhumiert und erneut obduziert. Mittels DNA- und Isotopenanalyse der Zähne stellen die Gerichtsmediziner fest, dass Jennifer wahrscheinlich Deutsche gewesen ist und in Deutschland gelebt hat. Bis heute jedoch hat sich niemand gemeldet, der sie vermisst. Verschiedene kriminalistische Experten kommen zu Wort und halten es für undenkbar, dass die Plaza-Frau sich selbst erschossen hat, ohne dabei Spuren zu hinterlassen, oder dass es überhaupt möglich gewesen wäre, dass die Wucht des Schusses die Pistole nicht aus ihrer Hand katapultiert hätte. Der norwegische Geheimdienstoffizier Ola Kaldager stellt die Theorie auf, dass Jennifer Fergate höchstwahrscheinlich eine aufgespürte und ermordete Geheimagentin gewesen ist.

Journalist Wegner gelingt es, einen belgischen Gast ausfindig zu machen, der im Zimmer gegenüber gewohnt hat, an das die Bratwurst zunächst geliefert worden ist. Wie die meisten Hotelgäste der Etage wird auch dieser Mann damals nicht von der Polizei befragt. Gegenüber Wegner lässt er sich verleugnen, als er erfährt, warum er kontaktiert wird. Der Journalist gibt nicht auf und macht ihn in Belgien ausfindig. Nach tagelangen vergeblichen Versuchen meldet sich der Gesuchte auf Wegners hinterlassener Telefonnummer und erklärt, zum Tatzeitpunkt in besagtem Zimmer gewohnt zu haben, weil er beruflich in Oslo gewesen sei. Er sagt am Telefon, dass er sich gut an den Selbstmord der Frau erinnern könne, da er beim Auschecken an der Rezeption gefragt worden sei, ob ihm etwas in Bezug auf Zimmer 2805 aufgefallen sei. Wegner weiß, dass das nicht sein kann, weil er das Check-out-Formular des Belgiers gesehen hat, auf dem zu lesen ist, dass dieser am Morgen des 1. Juni 1995 ausgecheckt hat – zwölf Stunden bevor Jennifer in ihrem Zimmer gefunden worden ist. Damit konfrontiert, stellt der Mann den Kontakt sofort ein. Außerdem findet Wegner heraus, dass die Plaza-Frau nach Angaben der elektronischen Schlüsselkarte zwischen dem 1. Juni um 12:34 Uhr und dem 2. Juni um 8:50 Uhr nicht in ihrem Zimmer gewesen ist, doch niemand weiß bis heute, was sie in diesen 20 Stunden gemacht hat. Dies ist ein neuer Erkenntnisstand, den auch die Polizei bestätigt und der die Theorie der einsamen, depressiven Jennifer, die sich über mehrere Tage in ihrem Hotelzimmer auf ihren Selbstmord vorbereitet, infrage stellt.

Was wirklich in Zimmer 2805 geschehen ist, bleibt bis heute ein ungelöstes Mysterium. Wegner sucht über eine Homepage händeringend nach neuen Hinweisen, wobei er immer die Theorien im Blick hat, die in den Foren der Internetdetektive diskutiert werden und die die Plaza-Frau wahlweise als Agentin, Edelprostituierte, Drogenkurierin oder Auftragsmörderin identifiziert haben wollen.

Unidentifizierte Tote »Jennifer Fairgate«

Alter zum Zeitpunkt des Todes: Geschätzt zwischen 20 und 40 Jahren
Gefunden: 3. Juni 1995
Fundort: Oslo Plaza Hotel, Oslo, Norwegen

Hinweise an:
Polizeidirektion Oslo: +47 02800
Norwegische Kriminalpolizei (Kripos): +47 23 20 80 00
Verdens Gang unter jennifer@vg.no.

Der Mann mit der lila Plastiktüte: Wer kennt Peter Bergmann?

Am frühen Morgen des 16. Juli 2009 joggen Arthur Kinsella und sein Sohn Brian, der sich auf einen bevorstehenden Triathlon vorbereitet, am menschenleeren Strand des Dorfes Rosses Point, das zehn Minuten Fahrzeit von der Kleinstadt Sligo entfernt an der westirischen Küste liegt. Um 6:50 Uhr verlangsamen sie ihr Tempo, als sie aus der Ferne am felsigen Ufer einen menschlichen Körper bemerken. Sie nähern sich und blicken fassungslos auf einen Mann in Shorts, der platt und regungslos mit dem Gesicht nach unten im Sand liegt. Als Arthur Kinsella dessen eiskalten Knöchel berührt, bestätigt sich sein Verdacht, dass sie auf eine Leiche gestoßen sind. Da die beiden Iren keine Fußspuren im Sand sehen, nehmen sie an, dass die Flut den Mann nach einem Badeunfall an den Strand gespült hat und dass es irgendwo Angehörige geben muss, die über den Tod des Unbekannten informiert werden sollten. Arthur und Brian Kinsella sprechen ein Vaterunser und benachrichtigen dann die irische Polizei Garda Síochána, die mit mehreren Beamten anrückt.

Um 8:10 Uhr stellt die hinzugezogene Gerichtsmedizinerin Valerie McGowan den Tod des etwa 60-jährigen schlanken grauhaarigen Mannes fest. Niemand ahnt, dass es in den nächsten fünf Monaten voller Ungereimtheiten nicht gelingen wird, seine Identität festzustellen. Dem Ermittler Terry MacMahon fallen die ersten Kuriositäten bereits am Fundort auf, denn der Tote trägt seine Unterhose über der lila-rosa gestreiften Speedo-Badehose, in die er außerdem ein blaues Shirt gesteckt hat. Später finden die Polizisten seine restliche Kleidung, ordentlich zusammengefaltet und abgelegt auf einem Felsen, die Etiketten sind herausgeschnitten worden, doch die Marken lassen sich identifizieren: marineblaue Chinohose und schwarze Lederjacke von C&A, schwarzer Tommy-Hilfiger-Pullover. Die dunklen Socken stecken in den Finn-Comfort-Lederschuhen in Größe 44. Ausweispapiere finden die Beamten nicht, dafür Bargeld, eine Armbanduhr, in Deutschland vertriebene Aspirin-Tabletten, Pflaster und Seife. Sergeant Terry MacMahon stellt schnell fest, dass er es nicht mit einer Wasserleiche zu tun hat, denn wenn überhaupt, kann der Unbekannte nicht lange im Wasser gewesen sein.

Der Gerichtsmediziner Clive Kilgallen findet bei der Obduktion im Universitätskrankenhaus von Sligo weder Anzeichen von Ertrinken noch Hinweise auf ein Tötungsdelikt. Vermutlich sei die Todesursache des Unbekannten, den er zwischen 55 und 60 Jahren einschätzt, ein Herzinfarkt gewesen. Der Rechtsmediziner hält außerdem fest, dass sich der »Unidentified Male on Rosses Point Beach« vor seinem Tod in einem äußert schlechten gesundheitlichen Zustand befunden hat. Er diagnostiziert Prostatakrebs, Knochenmetastasen im fortgeschrittenen Stadium und eine Herzerkrankung. Verwundert notiert er in seinem Bericht, dass laut toxikologischer Untersuchung der schwer kranke Mann keine Schmerzmittel eingenommen habe, die seiner Meinung nach dringend notwendig gewesen wären. Die Ermittler können sich die Herkunft des Toten nicht erklären, seinen Bewegungen in der Grafschaft Sligos aber durch Aufzeichnungen von öffentlichen Kameras und Zeugenaussagen im Detail nachvollziehen. Drei Tage vor seinem Tod wird der mysteriöse Mann am 12. Juni 2009 zwischen 14:30 und 16:00 Uhr das erste Mal am Ulster-Busbahnhof im irischen Derry gesichtet, von wo aus er mit einem einen Bus nach Sligo fährt, wo er um 18:28 Uhr ankommt und sich mit einem Taxi ins Sligo City Hotel fahren lässt. An der Rezeption bucht er drei Nächte, zahlt die dafür anfallenden 195 Euro in bar und trägt auf dem Anmeldeformular folgende nichtexistierende Adresse ein:

Peter Bergmann, Ainstettersn 15, 4472, Wien, Österreich.

Die Hotelangestellten beschreiben Peter Bergmann als äußerst gepflegten, gut gekleideten Mann, der Englisch mit stark deutschem Akzent spricht. Bei seiner Ankunft trägt er eine schwarze Laptop-Umhängetasche und eine Tragetasche. Während seines Aufenthalts wird er von Überwachungskameras des Hotels aufgezeichnet, unter anderem mehrfach beim Rauchen vor dem Eingang. Insgesamt 13 Mal verlässt er das Sligo City zudem mit einer gefüllten lilafarbenen Plastiktüte in der Hand, kehrt aber ohne diese zurück. Die Kriminalisten schlussfolgern daraus, dass er in der Tüte seine Habseligkeiten transportiert und diese irgendwo entsorgt hat. Auf öffentlichen Kameras ist der Brillenträger bei seinen Spaziergängen durch Sligo zu sehen, doch immer dann, wenn er die Tüte leert, erfassen ihn die Sicherheitskameras nicht. Nach intensivem Studium folgern die Ermittler, dass Peter Bergmann den Inhalt der Plastiktüte in kommunalen Mülleimern entsorgt habe, dabei genau im Bilde über den Standort der Kameras gewesen sein müsse und sich daher bewusst im toten Winkel bewegt habe. Bei der

Inspektion aller Abfalltonnen findet die Polizei jedoch nichts, was auf Peter Bergmann hindeutet. Es kann auch kein Zeuge ermittelt werden, der ihn bei einem seiner 13 »Tüten-Entsorgungsgänge« gesehen hat. Auffällig ist zudem, dass Bergmann weder mit anderen Leuten spricht noch telefoniert. Ermittler MacMahon glaubt, dass es sich um einen Profi gehandelt haben muss, und tippt auf einen ehemaligen Polizisten oder Soldaten.

Am Samstag, den 13. Juni, erwirbt Peter Bergmann um 10:49 Uhr im General Post Office in Sligo zehn Briefmarken zu je 82 Cent und mehrere Luftpostetiketten. Die Ermittlungen ergeben später keine Hinweise auf den Verbleib oder die Nutzung dieser Postwertzeichen. Auffällig ist, dass die Überwachungskameras der Post an diesem Tag die Briefkästen aus unbekannten Gründen nicht aufzeichnen. Am Sonntag, dem 14. Juni, nimmt Peter Bergmann morgens ein Taxi, das von Gerard Higgins gefahren wird, und äußert den Wunsch, zum Strandhill an der Sligo Bay gebracht zu werden, wo er schwimmen möchte. Higgins rät ihm jedoch von diesem Vorhaben ab und empfiehlt stattdessen den attraktiveren Strand von Rosses Point. Bergmann stimmt zu, fährt dorthin, entscheidet sich aber gegen das Aussteigen und begutachtet den Badestrand lediglich aus dem stehenden Taxi heraus, bevor er sich zurück zum Ausgangspunkt fahren lässt. Während der Fahrt teilt Bergmann Higgins mit, dass er aus Österreich stamme. Am folgenden Tag checkt er um 13:06 Uhr aus dem Hotel aus und verlässt es mit seinen beiden Taschen und der lilafarbenen Plastiktüte. Wenig später wird er von einer Kamera am Eingang des Quayside Shopping Centre gefilmt. Er läuft dann zu Fuß zum Busbahnhof, wo er ab 13:32 Uhr von der nächsten Überwachungskamera erfasst wird. Zu diesem Zeitpunkt hat Bergmann seine Reisetasche nicht mehr bei sich, die wie seine Brille verschollen bleiben wird. Er bestellt an einem Kiosk einen Cappuccino und ein getoastetes Schinken-

Käse-Sandwich. Die Kamera zeigt ihn während des Essens an einem Tisch neben einer Frau und einem Mann sitzend, mit denen er nicht spricht. Dabei zieht er einen Zettel aus seiner Laptoptasche, schreibt etwas darauf, zerreißt und entsorgt ihn dann in einem Mülleimer. Danach besteigt er um 14:20 Uhr den Bus, der ihn nach Rosses Point bringt. Die Ermittler können insgesamt 16 Personen ausfindig machen, die Peter Bergmann an diesem Tag am Strand begegnet sind oder die ihn beim ziellosen und schwermütig wirkenden Umherstreifen beobachtet haben. Das letzte Mal wird er um 23:50 Uhr von einer Frau dabei bemerkt, wie er mit seiner Plastiktüte in der Hand am Wasser entlangspaziert. Die Tüte sowie auch die Laptoptasche werden ebenfalls nicht wieder auftauchen. Am 18. September 2009 wird Peter Bergmann auf dem Friedhof in Sligo beerdigt. Die sechs Trauergäste setzen sich aus vier Polizisten und zwei Bestattern zusammen.

Ob die irischen Behörden alles gegeben haben, um die wahre Identität von Peter Bergmann aufzuklären, kann spätestens nach einem Bericht der französischen Zeitung *Le Monde* aus dem Jahr 2015 bezweifelt werden. Darin heißt es, die österreichische Polizei sei nie wegen des Falls kontaktiert worden und es läge auch keine Interpol-Meldung vor, weil der Unbekannte weder in die Kategorien »vermisste Person« noch »gesuchte Person« passe. Trotz öffentlicher Aufrufe in österreichischen und deutschen Medien und detaillierter Bilder des Mannes haben sich bis heute keine Angehörigen oder Freunde gemeldet, die Peter Bergmann vermissen oder kennen. Doch ist es nicht unwahrscheinlich, dass zehn Menschen Briefe aus Sligo bekommen haben. Die sichergestellte DNA des Unbekannten hat bislang keinen Treffer erzielt. Weiterhin bleibt die genaue Todesursache unklar. Alles deutet darauf hin, dass Peter Bergmann seinen Tod vorbereitet hat und nicht einfach durch einen Herzinfarkt verstorben ist.

Online-Detektive spekulieren, dass Peter Bergmann seinen Tod vielleicht absichtlich rätselhaft inszeniert hat, was eine mögliche Erklärung für seine ursprüngliche Intention sein könnte, sich an der Sligo Bay das Leben zu nehmen. Diese Gegend ist für den Deadman's Point bekannt, einen Ort, der seinen Namen einer Legende verdankt, in der ein unbekannter Seemann in einem seichten Grab bestattet worden ist, versehen mit einem Laib Brot und einer Schaufel für den Fall, dass er wieder zu Bewusstsein kommen sollte. Die Umstände seines Todes, vor allem aber seines Erscheinens sind so ungewöhnlich, dass in Internetforen Peter Bergmann sogar als möglicher Außerirdischer oder Zeitreisender diskutiert wird.

Unbekannter Toter: Peter Bergmann

Alter zum Zeitpunkt des Todes: Zwischen 55 und 65 Jahren
Gefunden: 16. Juni 2009
Fundort: Strand von Rosses Point, County Sligo, Irland

Hinweise an:
Sligo Polizeistation: +353 71 915 7000

Anonyme Hinweise: +353 1 800 250 025
E-Mail: info@garda.ie

Irish Times (Rosita Boland) unter E-Mail: rboland@irishtimes.com

Australiens größtes Rätsel: der Somerton Man

In den frühen Morgenstunden des 1. Dezember 1948 liegt dichter Nebel über dem Strand von Somerton Park. Die Sonne kämpft sich nur langsam durch die feuchtkalte Luft, als der 16-jährige Neil Day und sein Freund Horrie aus dem Vorort des südaustralischen Adelaide beim Vorbeireiten auf ihren Pferden vor der Ufermauer eine schemenhafte Gestalt erkennen. Erst als sie kurz darauf ein zweites Mal an der Stelle vorbereiten, ahnen sie, dass mit der Person, die sich kein Stück bewegt hat, etwas nicht stimmen kann. Sie steigen ab, nähern sich dem voll bekleideten Mann in einem edlen braunen Jackett, mit weißem Hemd und Krawatte, der rücklings mit überkreuzten Beinen im Sand liegt, neben ihm eine halb aufgerauchte, erloschene Zigarette. Wenn er nicht mit leeren Augen in den Himmel starren würde, hätten sie annehmen können, dass der Fremde eingeschlafen sei. Als er auf Zurufe nicht reagiert, ist allen Frühaufstehern, die sich langsam um den Mann versammeln, klar, dass sie auf eine Leiche gestoßen sind. Spaziergänger Jack Lyons verständigt gegen 6:30 Uhr die Polizei. Niemand ist zu diesem Zeitpunkt darauf gefasst, dass schon wenig später das ganze Land über ihre Entdeckung reden wird. Der Fall des sogenannten Somerton Mans, wie ihn die lokale Bevölkerung nennen wird, geht als Australiens größtes Rätsel in die Geschichte ein.

Den Ermittlern gelingt es nicht, die Identität des rotblonden

Mannes festzustellen. In seinen Taschen finden sie Kaugummis, eine Streichholzschachtel und einen Kamm, aber keine Ausweisdokumente. Anhand einer Fahrkarte können sie immerhin feststellen, dass der Mann am Tag vor seinem Auffinden von Adelaide nach Somerton gereist ist. Auffällig ist, dass die Zigaretten, die bei ihm gefunden werden, nicht der Marke der Schachtel entsprechen, in der sie entdeckt worden sind. Die eingeleitete Öffentlichkeitsfahndung bringt keinen einzigen Zeugen zutage, dem der auf Anfang 40 geschätzte Mann bekannt vorkommt. Auch die landesweite Fahndung und das Übermitteln seiner Fingerabdrücke an internationale Polizeibehörden in der ganzen Welt – inklusive FBI und Scotland Yard – werden später keinen Treffer erzielen und auch nie sachdienliche Hinweise ergeben. Gerichtsmediziner stellen fest, dass der Somerton Man in guter körperlicher Verfassung ist. Da er keine Schwielen an den Händen hat, vermuten sie, dass er nie anstrengender Arbeit nachgegangen ist. Zwar werden weder Krankheiten noch Verletzungen diagnostiziert, jedoch spezifische Organschäden, wie sie bei einem Giftopfer vorkommen können. Doch eine toxische Substanz kann nicht nachgewiesen werden, weshalb Experten auf ein exotisches Gift tippen, das sich schnell aufgelöst hat. Sie spekulieren, ob er ein solches über die ausgetauschten Zigaretten aufgenommen haben könnte, doch feststellen lässt sich das nicht mehr, da die Kippen bereits vernichtet worden sind.

Am 14. Januar 1949 stellen die Ermittler einen Koffer am Bahnhof in Adelaide sicher, der hier bereits am 30. November abgegeben worden ist. Sie können diesen dem Somerton Man zuweisen, denn darin finden sie eine Rolle mit orangefarbenem Garn, mit dem das Jackett, das er getragen hat, ausgebessert worden ist. Die Marke des Zwirns ist zu diesem Zeitpunkt nur in den USA erhältlich, sodass die Polizei nun darauf schließt, dass sie es nicht mit einem Australier zu tun haben. Rätselhaft ist außerdem, dass aus sämtlichen sich im Koffer befindlichen Kleidungsstücken die Etiketten herausgeschnitten worden sind, wie dies auch der Fall bei der Bekleidung gewesen ist, die der Mann am Körper getragen hat. Diese Prozedur ist als probates Mittel bekannt, das Geheimagenten nutzen, um ihre Identität zu verschleiern. Im Koffer befinden sich außerdem Werkzeuge, nautische Kartierungsutensilien und Schablonen, die darauf schließen lassen, dass der Mann zur See gefahren und in Schmuggelaktivitäten verwickelt gewesen sein könnte. An einigen Gegenständen ist der Name T. Keane angebracht, der die Ermittlungen jedoch auch nicht weiterbringt. Schließlich findet sich doch noch ein Hinweis in der Hosentasche des Mannes, den man zunächst übersehen hat. Es ist ein zusammengerollter Papierfetzen von so winziger Größe, dass er mit einer Pinzette herausgetrennt werden muss. In Druckbuchstaben stehen dort die Worte »Tamám Shud« geschrieben, die frei aus dem Persischen übersetzt »Es ist beendet« bedeuten. Nachdem hinzugezogene Bibliothekare feststellen, dass die Worte den Schluss des Liebesgedichtbandes Rubáiyát des persischen Autors Omar Khayyam bilden, wird über die Presse landesweit nach Ausgaben des Buches gesucht, in denen die letzte Seite fehlt.

Die Fahndung hat Erfolg, denn am 22. Juli 1949 meldet sich ein Australier aus einem Nachbarort von Somerton Park, aus dessen Buch die Stelle herausgerissen worden ist. Der Mann, der zu seinem eigenen Schutz bis heute anonym bleibt, gibt an, dass er den Somerton Man nicht kenne und das Buch kurz nach dem Fund der Leiche in seinem Auto gefunden habe. Die Forensiker können bestätigen, dass der Zettel des Toten aus dem entsprechenden Band stammt, sehen sich aber sogleich mit einem noch größeren Rätsel konfrontiert. Denn auf dem Buchrücken ist per Handschrift folgender Geheimcode notiert worden:

WRGOABABD
MLIAOI
WTBIMPANETP
x
MLIABOAIAQC
ITTMTSAMSTGAB[89]

In den 1940er- und 1950er-Jahren ist das Versehen von Büchern mit Codes ein gängiges Mittel weltweiter Geheimdienste, sodass zum ersten Mal der Somerton Man auch als möglicher Spion betrachtet wird, zumal Australien zum Zeitpunkt seines Auffindens gerade sein Atomprogramm ausweitet, britisch-amerikanische Projekte realisiert werden und sich Hinweise verdichten, dass sowjetische Geheimdienste Australien ausspionieren. Die Ermittler schicken also den Code an verschiedene internationale Nachrichtendienste und lassen ihn auch in Zeitungen veröffentlichen in der Hoffnung, ein Hobbydetektiv könne ihn knacken. Doch niemandem ist es je gelungen, daraus einen Sinn zu kreieren. Ermittler und Internetdetektive finden über Jahrzehnte immer wieder neue Verdächtige. Bis heute wird unter vielen anderen auch der KGB-Spion Pavel Fedosimov verdächtigt, der dem Somerton Man ähnlich sieht, vor dessen Tod in New York operiert hat und danach nie wieder auftaucht. Außerdem melden sich Dutzende Menschen, die den Somerton Man als vermissten Angehörigen erkannt haben wollen, bei den Behörden.

Ein weiterer entscheidender Hinweis ist eine Telefonnummer, die ebenfalls auf dem Buchrücken des Rubáiyát notiert ist. Diese können Ermittler seinerzeit als die einer 400 Meter von der Leiche entfernt wohnenden Frau identifizieren. Diese gibt bei ihrem Verhör an, dass sie weder den Somerton Man kenne noch eine Erklärung dafür habe, warum er ihre Nummer besessen habe oder was er von ihr gewollt haben könnte. Die Polizei sichert auch ihr Anonymität zu, worauf die später in der Presse »Jestyn« genannte Frau zugibt, ihrem ehemaligen Geliebten Alf Boxall, zu dem sie keinen Kontakt mehr habe, 1945 eine Ausgabe des Rubáiyát geschenkt zu haben. Die Ermittler glauben bereits, den Somerton Man endlich gefunden zu haben, als Boxall dann aber wohlauf angetroffen wird und seinen Rubáiyát mit entsprechender Widmung präsentiert. Der Verdächtige, der zur See gefahren ist und zwischen 1945 und 1948 für den australischen Geheimdienst gearbeitet hat, wird befragt und erinnert sich, dass Jestyn ihm den Gedichtband im Clifton Garden Hotel in Sydney übergeben hat. Eine Information, die Jahrzehnte später von Websleuths aufgegriffen wird, die feststellen, dass zwei Monate vor dem Treffen der beiden in unmittelbarer Nähe des besagten Hotels die Leiche eines Mannes am Strand gefunden worden ist, der einen Rubáiyát bei sich gehabt hat und dessen Todesumstände ebenfalls mit einem Giftmord in Verbindung gebracht werden. In seinem Buch *The Unknown Man* erklärt der Autor Gerry Feltus, dass er die Frau zu seinen Recherchen im Jahr 2002 befragt hat und ihr nicht glaubt, dass sie nicht gewusst habe, wer der Unbekannte gewesen ist. 2013 gibt die Tochter die Identität ihrer 2007 verstorbenen Mutter als Jessica Ellen »Jo« Thomson bekannt und erklärt ein Jahr darauf in einer TV-Sendung, dass ihre Mutter ihr verraten hat, dass sie den Somerton Man gekannt habe, ohne nähere Details darüber preiszugeben. Außerdem enthüllt sie noch eine weitere Neuigkeit, nämlich dass ihre Mutter Russisch gesprochen, sich für den Kommunismus interessiert und sich in Australien um Einwanderer aus Russland gekümmert hat. Doch damit nicht genug.

In der Sendung treten auch Roma Egan, die Witwe von Jessica Thomsons früh verstorbenem Sohn Robin, sowie ihre Tochter Rachel Egan auf und behaupten, der Gesuchte sei Robins Vater gewesen. Seither ist Jestyn untrennbar mit dem Somerton Man verbunden, mal als mögliche Killerin, die den Rubáiyát verwendet hat, um Morde anzukündigen, mal als Geliebte des Somerton Mans und Mutter seines Sohnes Robin, der nach Fotoabgleichen optische Ähnlichkeiten mit dem mysteriösen Mann aufweist. Demnach habe Jestyn neu geheiratet, ihrem Ehemann Prosper Thomson das Kind untergejubelt und später dem Sommerton Man, der sich wieder habe annähern wollen, eine Abfuhr erteilt, worauf dieser sich auf möglichst dramatische Weise quasi vor der Haustür seiner unerreichbaren Liebe umgebracht hat. Der Physiker Derek Abbott und die Genealogin Colleen Fitzpatrick, die den Fall für die Universität Adelaide untersuchen, geben an, dass sie 2017 auf dem Gipsabdruck der Leiche drei Haare gefunden haben, aus der sie DNA extrahiert hätten. Diese reiche aber nicht aus, um sie mit der DNA von Rachel Egan, die sich lange Zeit als Enkelin des Somerton Man betrachtet, vergleichen zu können. Die DNA-Analyse ergibt allerdings, dass Rachel eine genetische Übereinstimmung mit Prosper Johnson aufweist, was die Theorie ihrer Verwandtschaft widerlegt. Trotz anfänglicher Ablehnung durch australische Behörden aufgrund eines angeblich fehlenden öffentlichen Interesses wird der Leichnam am 19. Mai 2021 exhumiert. Das South Australia Institut bemüht sich seither, DNA aus den sterblichen Überresten zu extrahieren und zu analysieren.

Am 26. Juli 2022 verkünden Abbott und Fitzpatrick, dass sie vermutlich den entscheidenden Durchbruch erzielt haben, indem sie den Somerton Man als den aus Melbourne stammenden Elektroingenieur Carl Webb identifizieren konnten. Sie haben dafür DNA genutzt, die aus Haarproben extrahiert werden konnte, und über genealogische Datenbanken DNA-Übereinstimmungen mit entfernten Cousins gefunden. Abbott präsentiert kurz darauf den Urenkel des Somerton Mans Stuart Webb. Obwohl dieser und andere Verwandte den Fremden nicht kennen, sprechen internationale Medien umgehend von einer Sensation. Doch bis jetzt haben weder die australische Polizei noch das zuständige forensische Institut Abbotts und Fitzgeralds Fund bestätigt – was natürlich zu neuen Spekulationen führt und andere Theorien aufrechterhält. Für den 1905 in einem Vorort von Melbourne geborenen Sohn eines deutschen Auswanderers aus Hamburg sprechen einige Indizien, die sich aus den bisherigen Recherchen seines Lebens ergeben. Nachdem ein australischer TV-Sender Fotos von Carl Webb in einem unbeachteten Familienalbum bei dessen Urenkel findet, können sie Verbindungen herstellen und einen Stammbaum generieren.

Wenn Carl Webb, über den noch wenig bekannt ist, der Somerton Man sein sollte, könnte sich eine lange existierende, vergleichsweise aber unspektakuläre Theorie bewahrheiten. Das Thema des Rubáiyát, nach dem der Mensch das Leben genießen solle, bevor es zu Ende gehe, deutet schon in den Fünfzigerjahren daraufhin, dass der Unbekannte Selbstmord begangen haben könnte. Mittlerweile ist es gelungen, Carl Webbs verstorbene Frau Dorothy zu ermitteln, die 1951 die Scheidung eingereicht hat, nachdem ihr Ehemann drei Jahre verschwunden geblieben ist. Das Bild, das sie von ihm in den Scheidungspapieren schreibt, ist wenig schmeichelhaft. Er sei gewalttätig und unbeliebt gewesen und: »Er hat viele Gedichte geschrieben, die meisten davon über den Tod, den er als seinen größten Wunsch bezeichnete.«[90]

Diese Aussagen könnten den Tod des Somerton Man als Selbstmord erklären und eine Verbindung zum Rubáiyát herstellen. Doch Dutzende Kuriositäten des Falls bleiben bis heute ein Rätsel, und solange dies nicht gelöst ist, wird in True-Crime-Foren weiter über das Geheimnis des Tamám-Shud-Codes, Spionage und die mysteriöse Verbindung des Somerton Mans zu Jestyn diskutiert.

Unbekannter Toter: Somerton Man

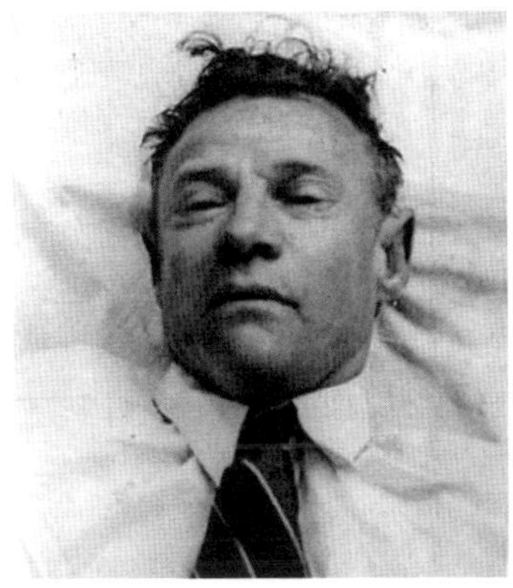

Alter zum Zeitpunkt des Todes: Geschätzt zwischen 40 und 50 Jahren
Gefunden: 1. Dezember 1948
Fundort: Somerton Beach, Adelaide, Südaustralien

Hinweise an:
South Australia Police Historical Society: +61 8 8207 4100
Anonyme Hinweise: 1800 333 000
E-Mail: sapolicenews@sapolice.sa.gov.au

KAPITEL 8

MYSTERIÖSE TODESFÄLLE: MORD, SELBSTMORD ODER UNFALL?

True-Crime-Fans, die das ultimative Rätsel lieben und einen unbändigen Hang zu Theorien und Mysterien hegen, schwören schließlich auf eine vierte Sparte: die mysteriösen Todesfälle. Diese umfassen Cold Cases, bei denen die offiziellen Todesursachen angezweifelt werden, sowie vermeintliche Selbstmorde oder Unfälle, die so viele Fragen aufwerfen, dass die Möglichkeit einer Straftat nicht ausgeschlossen werden kann. Beliebt sind hier vor allem Verschwörungstheorien, nach denen Verbrechen erfolgreich vertuscht worden sind; nicht selten werden auch paranormale Erklärungen herangezogen. Einige weltweit bekannte Fälle erhalten in Deutschland kaum Aufmerksamkeit, selbst wenn die Opfer aus einem Nachbarland stammen und dort medial rauf- und runtergespielt werden.

Das rätselhafte Verschwinden der Niederländerinnen Kris Kremers und Lisanne Froon im panamaischen Dschungel im April 2014 etwa zählt definitiv zu den mysteriösesten Fällen. Trotz der umfangreichsten Suchaktion in der Geschichte Panamas ist es über Wochen nicht gelungen, die auf dem Pianista Trail verschollenen Frauen zu finden. Erst als ihr Rucksack entdeckt wird, kommen neue Hinweise ans Licht – darunter eine Digitalkamera mit beunruhigenden Aufnahmen, die möglicherweise die letzten Stunden von Kris und Lisanne dokumentieren. Danach sammeln Indigene Stück für Stück einzelne Knochenteile der Vermissten, aber so wenige, dass Forensiker weder die Todesursache noch den Tod der Holländerinnen an sich feststellen können – ein Horror für Eltern und Angehörige. Der Fall gehört gleichzeitig weltweit zu den hartnäckigsten Internetdetektiv-Kämpfen darüber, ob ein Unfall oder ein Verbrechen zum Tod der Frauen geführt hat.

In deutschen Medien besonders prominent, vor allem durch *Aktenzeichen XY,* sind die Todesfälle Sonja Engelbrecht, die 1995 im Alter von 19 Jahren nach einer Party spurlos verschwindet. Erst 26 Jahre später können Mordermittler im Sommer 2020 die Überreste der Münchnerin, 100 Kilometer von ihrer Heimat entfernt, bergen. Todesursache und möglicher Täter sorgen weiterhin für Spekulationen. Die Kripo-Beamten können bei der weiteren Fahndung auf die Hilfe von deutschen Websleuths zählen. Möglicherweise nämlich führen die bei den Knochen gefundenen Reste einer Decke auf die Spur des Mörders. Einer Kinderpflegerin aus Nordrhein-Westfahlen, die nach Feierabend an Kriminalfällen arbeitet, ist es gelungen, in mühevoller Recherchearbeit in »Deckendatenbanken« das historische Stück zu identifizieren und die Ergebnisse der Polizei zur Verfügung zu stellen. Auf entscheidende Hinweise warten auch die im Folgenden vorgestellten kniffligen Fälle.

Berg der Toten: der wirklich unerklärliche Vorfall am Djatlow Pass

Am 26. Februar 1959 durchwandern drei Skiläufer einen 3,5 Kilometer langen Gebirgspass am Hang des 1097 Meter hohen Berges Kholat-Syahl, der im nördlichen Uralgebirge in der russischen Oblast Swerdlowsk liegt und aus der Sprache der Ureinwohner übersetzt »Berg der Toten« bedeutet. Sie sind Teil einer aus Dutzenden Bergsteigern, Wanderführern und Soldaten bestehenden Expedition, die schon seit Tagen nach einer Gruppe verschollener Studenten des Uraler Polytechnischen Institutes (UPI) Jekaterinburg sucht, die genau einen Monat zuvor unter Führung des 23-jährigen Igor Djatlow von der letzten bewohnten Siedlung Vizhai aus zu einer von ihrem Sportverein organisierten Extremwanderung aufgebrochen, aber nie zurückgekehrt sind. Nun endlich gibt es ein Lebenszeichen, als die Skiläufer 300 Meter vom Berggipfel entfernt ein aufgestelltes schneebedecktes Zelt finden. Sie bemerken, dass es aufgeschnitten worden ist und sich niemand im Inneren befindet. Auf dem Zeltdach liegt eine funktionierende, nicht verschneite Taschenlampe. Vor dem Zelt steht ein Ofen, daneben stecken ein Paar Skier im Schnee, ein Eispickel ragt aus dem Boden. Als die Männer den Unterschlupf näher inspizieren, finden sie jedoch die gesamte Ausrüstung der vermissten Wandergruppe, die aus sechs Studenten und drei Ingenieuren des UPI sowie einem ehemaligen Frontsoldaten besteht. Noch glauben die Bergretter, dass die Gruppe jeden Augenblick zurückkehren wird, und genehmigen sich zur Stärkung ein paar Schlucke aus der Flasche Wodka, die sie neben anderen Lebensmitteln im Zelt vorfinden. Doch als niemand erscheint, geben sie per Funk den Fund an die Einsatzleitung der Expedition durch und fordern Verstärkung an.

Am nächsten Tag machen die Suchtruppen, der sich politische Führer der KPdSU als Ermittler angeschlossen haben, 1,5 Kilometer vom Zelt entfernt eine grausame und unerklärliche Entdeckung. An einem Flussbett unter einer Zeder liegen zwei Leichen, die nur ihre Unterwäsche tragen und mit Zweigen bedeckt sind. Um sie herum befinden sich abgebrochene Äste und einige angebrannte Kleidungsstücke. Es sieht aus, als hätten die Männer, die später als Georgi Krivonischenko und Juri Doroshenko identifiziert werden, hier ein Feuer machen wollen. Sie alle weisen Verbrennungen und Schnitte auf, einem fehlt die Nasenspitze, auf der Wange des anderen findet sich eine nicht bestimmbare graue Schaummasse. Am Stamm des Baumes wird man Haut- und Muskelgewebe finden. 300 Meter hangaufwärts in Richtung des Zeltes liegt die bekleidete Leiche von Igor Djatlow, der sich an einen Ast klammert und getrocknetes Blut im Gesicht aufweist. Erneut etwa wieder 300 Meter weiter den Hang hinauf finden die Männer des Suchtrupps die Leiche von Zinaida Kolmogorova. Sie hat gefrorenes Blut unter der Nase, Prellungen im Gesicht und hält die Fäuste geballt vor sich. Zinaida ist vollständig angezogen, trägt aber keine Schuhe.

Die Staatsanwaltschaft der Stadt Swerdlowsk leitet ein Strafverfahren ein und schickt erfahrene Kriminologen an den Tatort. Ihre Untersuchungen des Vorfalls sind akribisch in der 400 Seiten starken, über Jahrzehnte streng geheim gehaltenen Fallakte dokumentiert.[91] Mittels Eissonden beginnen die Helfer, das gesamte Areal nach weiteren Leichen abzusuchen. Erst eine Woche später stoßen sie so auf den unter einer 20 Zentimeter dicken Schneeschicht verborgenen Rustem Slobodin. Er hat eine Schädelfraktur, ist warm angezogen und trägt an jedem Fuß vier Paar Socken, aber nur einen Stiefel. Nach ersten Ermittlungen am Unglücksort, der bald nur noch Djatlow-Pass genannt werden wird, geraten

Jäger der Ureinwohner Mansi in Verdacht, die Studenten überfallen zu haben, weil sie in ihr Land eingedrungen seien. Dieser wird verworfen, nachdem die Autopsie der ersten fünf Leichen zwar Erfrierungen, Prellungen, Hautabschürfungen oder Verbrennungen ergibt, aber keine Verletzungen, die auf ein Tötungsdelikt hinweisen. Sie alle sind sechs bis acht Stunden nach ihrer letzten Mahlzeit gestorben und haben keinen Alkohol konsumiert. Die Gerichtsmedizin gibt Unterkühlung als Todesursache an. Nach Lage der am Hang gefundenen Leichen schließen die Ermittler, dass die Toten auf dem Rückweg zum Zelt gewesen sein müssen, ohne den Ansatz einer Erklärung dafür zu finden, warum sie dieses überhaupt verlassen haben. Die Feststellung, dass die Zeltplanen von innen aufgeschnitten worden sind, ist nur eines von vielen Rätseln, mit denen sich Polizei und Staatsanwaltschaft in den nächsten drei Monaten konfrontiert sehen.

Trotz einer groß angelegten ausgeweiteten Suche werden die übrigen Studenten zunächst nicht gefunden. Erst mit beginnender Schneeschmelze taucht bei Grabungen am 5. Mai die Leiche von Lyudmila Dubinina in einem Bachbett auf. Ihr fehlen die Augäpfel, der Mundboden und die Zunge. Erfrierungen weist sie nicht auf. Eng neben ihr liegen wie aufgereiht die ebenfalls entstellten Leichen von Semyon Zolotarev, Nikolai Brignole und Alexander Sergejewitsch Kolevatow. Sie alle haben mehrere Knochenbrüche und schwere Kopfverletzungen, teilweise fehlen ihnen Augäpfel und andere Gesichtsteile. Nach erfolgtem Autopsiebericht sind die Verletzungen durch »Einwirkung großer Gewalt« entstanden.

In den Verdacht gerät auch ein zehnter Teilnehmer der Wandergruppe, der als einziger Überlebender zurückgekehrt ist. Juri Judin, der sich bereit erklärt, die Ermittler zum Unglücksort zu begleiten, hat sich aufgrund von Rückenschmerzen dazu entschlossen, die Tour frühzeitig abzubrechen, doch zum ermittelten

Todeszeitpunkt ist er bereits längst wieder bei seiner Familie. Er kann den Ermittlern aber einige neue Erkenntnisse liefern, als er feststellt, dass seine Freunde teilweise Kleidung getragen haben, die anderen aus der Gruppe gehört hätten. Die Spurensicherer gehen davon aus, dass die Studenten aufgrund eines Ereignisses alle gleichzeitig das Zelt verlassen haben, nicht aber in Panik, sondern in langsamem Tempo und dicht beieinander den Hang hinuntergelaufen sind. All das scheint nicht so recht zusammenzupassen. Große Fragezeichen werfen während der Ermittlungen die Aussagen sowohl von Mitgliedern der Suchtruppen und der Mansi als auch von Bewohnern und Touristen umliegender Ortschaften auf, die am 17. Februar einen Feuerball über dem Djatlow-Pass gesehen haben wollen. Einige sind der Überzeugung, ein UFO beobachtet zu haben. Dazu kommt, dass die letzte Aufnahme der entwickelten Fotos einer Kamera, die die Expedition dabeihat, scheinbar Lichter am Himmel zeigt. Außerdem sind drei Kleidungsstücke der Toten mit radioaktivem Material kontaminiert. Dies alles hätte Grund für weitere Untersuchungen sein müssen, doch dann plötzlich lässt der leitende Staatsanwalt Lew Iwanow die Ermittlungen am 28. Mai 1950 überraschend einstellen und gibt dafür folgende Begründung:

»In Anbetracht des Fehlens äußerer Verletzungen an den Körpern oder von Anzeichen eines Kampfes, des Vorhandenseins aller Wertsachen der Gruppe und unter Berücksichtigung der Schlussfolgerungen der medizinischen Untersuchungen zu den Todesursachen der Wanderer wird der Schluss gezogen, dass die Ursache für ihr Ableben eine überwältigende Gewalt war, der die Wanderer nicht gewachsen waren.«[92]

Die Untersuchung führt in der russischen Gesellschaft zu massiver Kritik, auch weil die Sowjetunion das Gebiet nach Abschluss der Ermittlungen absperren lässt. Familienangehörige, die nach der Überführung ihrer Liebsten erschrocken über die verrunzelte, orange wirkende Haut mit teilweisen Verbrennungen dritten Grades und die komplett ergrauten Haare ihrer Angehörigen reagiert haben, wollen sich auch Jahrzehnte später nicht mit den Ermittlungsergebnissen zufriedengeben und vermuten eine Vertuschung durch die Regierung. Im Jahr 1990 veröffentlicht Iwanow selbst einen Artikel, in dem er durchblicken lässt, dass er genötigt worden sei, die Ermittlungen abzubrechen, und dass er davon überzeugt sei, dass die Studenten Opfer geheimer Experimente geworden sind. Vor seinem Tod 2013 bricht auch Juri Judin sein Schweigen über Dinge, die er am Unfallort gesehen hat und die seiner Meinung nach sicher nicht seinen Freunden gehört haben. Darunter sind ein Stück Militärtuch, eine unbekannte Brille und ein Paar fremde Skier. Doch erst im September 2018 wird der Fall durch die russische Generalstaatsanwaltschaft neu aufgerollt. Die Untersuchungen beginnen am 1. Februar 2019 – dem 60. Jahrestag des Unglücks – und enden am 11. Juli 2020 mit der Verkündung der Ergebnisse. Diesen nach hätten die Studenten ihr Zelt in der Nacht auf den 2. Februar 1959 aufgrund einer anrollenden Lawine verlassen, hätten anschließend nicht mehr dorthin zurückgefunden und seien im Kampf gegen die Unwetter ums Leben gekommen. Die Verletzungen der drei im Mai gefundenen Leichen seien durch die auf sie herabfallenden Schneemassen der Lawine zu erklären, das radioaktive Material habe sich auf das Thorium in den mitgeführten Campinglampen zurückführen lassen.

Auch dieses Urteil können die Angehörigen und ihre Anwälte nicht akzeptieren, die sich an den Ergebnissen von bis zu 100 privat organisierten Expeditionen an den Unglücksort orientieren. Gegen die Lawinentheorie spricht, dass es vor Ort keine Anzeichen für eine solche gegeben hat und die zuerst gefundenen Leichen nur mit einer flachen Schneeschicht bedeckt gewesen sind. Messungen haben ergeben, dass es in diesem Gebiet auch noch nie zu Lawinenabgängen gekommen ist. Das ruhige Entfernen der Gruppe vom Zelt, das bei einer Lawine ebenfalls eingestürzt wäre, spricht ebenfalls gegen die offizielle Darstellung. Die langjährige Erfahrung der Studenten als Bergsteiger legt nahe, dass sie ihr Lager nicht an einem gefährlichen Ort errichtet oder den Weg dorthin verloren hätten, um dann versehentlich zu erfrieren. Die Mehrheit der Familien der Verstorbenen vertritt die Ansicht, dass der Tod durch den Absturz einer Militärrakete verursacht worden ist, der eine toxische Wolke freigesetzt haben könnte. Der russische Staatsanwalt Andrej Kurjakow argumentiert, dass seine Untersuchung des Djatlow-Passes mit modernster Technologie das Phänomen orkanartiger, katabatischer Winde aufgedeckt hat. Er vertritt die Ansicht, dass diese Winde mit ihrer Orkanstärke eine kleinere Lawine ausgelöst haben könnten, welche das Zelt der Wanderer überrollte und sie zur Flucht zwang. In der Folge hätten sie im Dunkeln den Rückweg nicht mehr gefunden. Der Staatsanwalt führt die Entkleidung einiger Opfer auf das sogenannte Paradoxon des Erfrierens zurück, bei dem Betroffene in der Endphase der Hypothermie ein unkontrollierbares Hitzegefühl entwickeln und ihre Kleidung ablegen. Er vermutet außerdem, dass überlebende Gruppenmitglieder die Kleider der Verstorbenen an sich genommen haben, um sich vor der Kälte zu schützen. Die schweren Verletzungen von vier Wanderern erklärt er mit einem Sturz in einen vereisten Bach beim Versuch, eine Schneeschutzhöhle zu graben, wobei sie von Schneemassen begraben wurden. Diese Theorie stößt jedoch bei den Familien der Opfer und in breiten Teilen der russischen Öffentlichkeit auf Ablehnung, die darin lediglich einen weiteren Versuch der Vertuschung sehen.

Russlands größtes Rätsel – der Vorfall am Djatlow-Pass – gehört zu den am längsten und kontroversesten in True-Crime-Foren diskutierten Kriminalfällen, spätestens seit die Akten des Falls, die auch zahlreiche Fotos und die Tagebücher der Wanderer enthalten, mit dem Zusammenbruch der Sowjetunion öffentlich werden. Die russische Staatsanwaltschaft ist mit etwa 100 verschiedenen Versionen der Todesumstände konfrontiert, die ihnen Internetdetektive und Experten aus der ganzen Welt anbieten. Neben einerseits Naturgewalten wie Lawinen, Stürme oder Erdrutsche und diverse Raubtierangriffe sowie andererseits Tests unterschiedlicher Waffen durch russische Militärs, durch die die Wanderer versehentlich ums Leben gekommen sein sollen, kursieren vor allem Verbrechenstheorien. Darunter sind Angriffe durch Ureinwohner, Wilderer oder entflohene Häftlinge aus einem wenige Kilometer entfernten Gulag genauso wie ein Streit zwischen den Studenten selbst, möglicherweise durch Drogeneinfluss. Eine Theorie, die unter dem Pseudonym Alexei Rakitin verbreitet worden ist, postuliert, dass drei Mitglieder der Djatlow-Gruppe verdeckte KGB-Agenten gewesen sein könnten. Diese hätten, getarnt als Touristen, radioaktives Strontium auf ihrer Kleidung transportieren sollen, um es an westliche Spione zu übergeben. Dieser Ansicht nach hätten sie sich infolge einer mutmaßlichen Enttarnung durch die anderen Gruppenmitglieder gegenseitig getötet. Recherchen russischer Journalisten verdichten nachträglich die Hinweise darauf, dass Semyon Zolotarev, der einzige Nichtstudent der Gruppe und spät durch die KPdSU hinzugefügt, möglicherweise für den russischen Geheimdienst tätig gewesen ist.

Daneben existieren allerlei paranormale Erklärungsmodelle, die von einem Alienangriff bis hin zu dem legendären Bigfoot reichen. Als hätte dies noch gefehlt, entdecken Hobbyermittler auf einem der Fotos der Kamera eine etwa drei Meter große Yeti-ähnliche Gestalt, die die Gruppe aus dem Wald heraus zu beobachten scheint. Besonders viele Russen glauben an diese Theorie. Schließlich hätte sowohl ein Yeti als auch ein sibirischer Braunbär die Kraft gehabt, den Studenten die unmenschlichen Verletzungen zuzufügen – und wohl ebenfalls eine Lawine, die wiederum von einem nuklearen Testversuch hätte ausgelöst werden können.

Mysteriöse Todesfälle am Djatlow-Pass

1. Igor Djatlow (* 13.1.1936; † 2.2.1959)
2. Zinaida Kolmogorowa (* 12.1.1937; † 2.2.1959)
3. Ludmila Dubinina (* 12.5.1938; † 2.2.1959)
4. Alexander Kolewatow (* 16.11.1934; † 2.2 1959)
5. Rustem Slobodin (* 11.1.1936; † 2.2.1959)
6. Nikolai Thibeaux-Brignollel (* 5.7.1935; † 2.2.1959)
7. Alexander Zolotarjow (* 2.2.1921; † 2.2.1959)
8. Jurij Doroschenko (* 29.2.1938; † 2.2.1959)
9. Jurij Krivonischenko (* 7.2.1935; † 2.2.1959)

Hinweise an:
Öffentliche Stiftung Zum Gedenken an die Dyatlov-Gruppe (Dyatlov Foundation)
E-Mail: fond-dyatlov@yandex.ru
fond-dyatlov.livejournal.com

Der Junge im Kamin: Wie kam Joshua Maddux durch den Schornstein?

Das beschauliche Städtchen Woodland Park liegt eingebettet in die Wildnis des Pike National Forest im Teller County, Colorado. Die 8000 Einwohner zählende alte Holzfällergemeinde am Fuße der Rocky Mountains gehört der Großstadt Colorado Springs an, liegt aber außerhalb und ist unter den Städtern als verschlafen und hinterwäldlerisch verrufen. Als eher cool gilt der bei seinen Mitschülern beliebte 18-jährige Joshua Maddux. Obwohl er viele Freunde hat, verbringt er seine Freizeit jedoch gerne alleine in den Wäldern der Gegend, vor allem nachdem sein älterer Bruder Zachary sich im Jahr 2006 das Leben nimmt. Joshua liebt Tiere, Campen und Angeln, veröffentlicht Romane und spielt leidenschaftlich Gitarre.

Da er des Öfteren schon ohne Ankündigung Nächte in der ihm so verbundenen Natur verbracht hat, macht sich seine Familie keine Sorgen, als Joshua am 8. Mai 2008 nach einem Spaziergang nicht nach Hause kommt. Er gilt als hochintelligent und umsichtig, sodass sie ihm vertraut. So ist zu erklären, dass sein Vater Mike ihn erst fünf Tage später, nachdem er sämtliche Freunde und Bekannte seines Sohnes vergeblich kontaktiert hat, am 13. Mai 2008 bei der Polizei als vermisst meldet. In der Vermisstenmeldung notieren die Beamten, dass Joshua, der kurz vor seinem Highschool-Abschluss gestanden hat, aufgrund des Verlustes seines Bruders psychisch angeschlagen sei. Alle Suchaktionen, die in den folgenden Wochen und Monaten stattfinden, bleiben ergebnislos. Sieben Jahre, in denen seine Familie hofft, Joshua könne – abenteuerlustig, wie er ist – die Stadt verlassen haben, um irgendwo ein neues Leben zu beginnen, doch dafür findet sich nicht die geringste Spur. Die Hoffnungen der zwischenzeitlich geschiedenen Eltern darauf, dass ihr gemeinsamer Sohn eines Tages mit Enkelkindern an der Hand wieder vor ihnen stehen könnte, begraben sich, als sie Anfang September 2015 einen Anruf des Journalisten Bill Vogrin vom *Pikes Peak Courier* erhalten, der ihnen offenbart, dass bei Abrissarbeiten am 7. August in einer alten heruntergekommenen Waldhütte, die nur etwa 500 Meter von Joshuas Elternhaus entfernt liegt, die Leiche eines jungen Mannes gefunden worden sei.

Die Hütte hat einst als Lagerraum der Thunderhead Ranch – eines ehemals berüchtigten Trink- und Glücksspielkomplexes – gedient und steht seit zehn Jahren leer. Ihr Besitzer, der Bauunternehmer Chuck Murphy aus Colorado Springs, der sie 60 Jahre zuvor von seinen Eltern geerbt hat, plant, auf dem Gelände eine neue Wohnsiedlung zu errichten und die Hütte abzureißen. Er wundert sich, dass vor dem Kamin eine in die Küche gehörende massive Frühstücksbar steht, schiebt sie beiseite und stößt im Schornstein auf die skelettierten Überreste einer Leiche, die sich nach gerichtsmedizinischer Untersuchung durch Zahnabgleiche als Joshua herausstellen und seiner Familie die letzte Gewissheit bringen wird. Die von Chuck verständigten Beamten stehen vor einem Rätsel, denn niemand kann sich erklären, wie der Mann, der nur mit einem Thermo-Shirt bekleidet gewesen ist und mit Händen und Füßen nach oben in Embryonalstellung in dem engen Schacht hängt, dort hineingekommen ist. Da sie die restliche Kleidung zusammengefaltet vor dem Kamin finden, müssen sie davon ausgehen, dass Joshua bereits in der Hütte gewesen ist, sich dann aus irgendeinem Grund ausgezogen hat, aufs Dach geklettert und danach kopfüber in den Kamin gerutscht ist.

Die Ermittler setzen die Hoffnungen in den Gerichtsmediziner Al Born, der sich nach der Autopsie, bei der er keine Spuren eines Tötungsdelikts durch äußere Gewalteinwirkung finden kann, trotz vieler Zweifel am 28. September 2015 auf die Todesursache Verdursten oder Erfrieren nach »einem Unfall unbekannter Art« festlegt. Demnach sei Joshua »im Stil des Weihnachtsmanns« den Schornstein hinuntergerutscht, in den Kamin geklettert, stecken geblieben, während seine Hilferufe von niemandem gehört worden seien. Er habe wahrscheinlich ein oder zwei Tage im Kamin überlebt.[93]

Bauunternehmer Murphy ist laut seinen Angaben zu keiner Zeit von der Polizei mit in die Ermittlungen einbezogen worden, hat aber von dieser, noch bevor die Untersuchungen abgeschlossen gewesen sind, das Okay zum Abriss der Hütte erhalten. Nun protestiert er in den Medien gegen die fehlende Kommunikation, gegen die Unfalltheorie generell und fordert die Wiederaufnahme der Ermittlungen. Aufgrund der Position, in der er Joshua aufgefunden habe, könne dieser sich nicht alleine von oben in den Schornstein gestürzt haben. Er müsse von unten hineingekommen sein, worauf auch die Kleidung hindeute, die vor dem Kamin gefunden worden sei. Er glaubt, dass Joshua entweder lebendig in den Schlot getrieben, dort eingeschlossen und dem Tod überlassen worden ist oder dass er in der Hütte getötet wurde und seine Überreste im Kamin entsorgt worden sind.[94]

Da sich nach Murphys Aussagen nun internationale Medien auf den Fall des Jungen im Schornstein stürzen und Anrufe von

Bürgern bei ihm eingehen, die behaupten, ein Mann aus dem Ort habe damit geprahlt, Joshua umgebracht zu haben, nimmt Born die Ermittlungen noch einmal auf. Der Pathologe erfährt nun zum ersten Mal von Murphy, dass dieser über dem Schornstein ein schweres Drahtgitter gegen das Eindringen von Waschbären angebracht hat, das hätte abgelöst werden müssen, damit Joshua dort hineingelangt sein könne. Er versichert, dass dies nicht der Fall gewesen ist, die Ermittler vor Ort das Gitter aber nicht mehr hätten finden können, da es vor Auffinden von Joshuas Leiche abmontiert und mit anderen Metallteilen auf den Schrottplatz gebracht worden sei. Born entgegnet, dass das Gitter immerhin verrostet und brüchig gewesen sein könne. Er schließt aus, dass Joshua sich alleine in die Position begeben hat, in der er gefunden worden ist. Mindestens zwei Personen hätten ihn dort mit Gewalt hereinschieben müssen. Born bleibt offiziell bei seiner Unfalltheorie und lässt die Ermittlungen einstellen, da es keine Verdächtigen gibt und Untersuchungen vor Ort sowieso nicht mehr möglich sind. Dennoch schließt er in den Medien einen Mord auch nicht weiter aus, denn nach Murphys Einlassungen erscheint die vor den Kamin geschobene Frühstücksbar einen anderen Sinn zu ergeben. Das letzte Statement des Gerichtsmediziners muss somit äußerst unbefriedigend ausfallen und lässt zu viele Fragen offen:

»Ich weiß, dass es sich nicht um einen natürlichen Tod handelt, und ich bin sicher, dass es kein Selbstmord war. Die anderen Möglichkeiten sind ein Unfalltod, Mord und eine unbestimmte Todesursache. Es ist frustrierend, dass wir es nicht genau bestimmen können.«[95]

Dass im Gegensatz zur Polizei das Internet einen Verdächtigen im ungelösten Fall des Joshua Maddux hat, zeigt die weitere Entwicklung der Causa auf Reddit. Denn im Oktober meldet sich hier ein Freund Joshuas, der behauptet, dass gemeinsame Bekannte die Polizei schon Jahre vor dem Auffinden seiner Leiche auf einen gestörten Hippie namens Andy aus Woodland Park hingewiesen hätten. Dieser sei mit Joshua befreundet gewesen und habe nach dessen Verschwinden in sozialen Medien damit geprahlt, seinen Begleiter in ein Loch gesteckt und umgebracht zu haben. So knüpft er an bereits getätigte Aussagen des Gerichtsmediziners an, nach dem es ähnliche Hinweise aus der Bevölkerung gegeben habe. Ohne einen Namen zu nennen, hat Born zuvor der Presse gegenüber angegeben, dass es sich bei dem Verdächtigen um einen aus der Gemeinde stammenden mehrfach verurteilten und inhaftierten Straftäter gehandelt habe, der in Texas im Gefängnis sitze. Man habe die Spur allerdings nicht weiterverfolgt, weil man keine Hinweise darauf bekommen habe, dass der Mann zum Zeitpunkt von Joshuas Verschwinden in Woodpark gewesen sein könnte. Der Beitrag auf Reddit enthält einen Link zu einem Artikel, der den Namen des aus Woodland Park stammenden Andrew Newman publik macht und von dessen Festnahme im Jahr 2009 berichtet, nachdem er einen Mann in New Mexico erstochen haben soll. Bei seiner Ergreifung gesteht Newman, im Städtchen Taos eine Frau umgebracht und in ein Fass gesteckt zu haben. Während die Anklage später aufgrund des Todes des einzigen Zeugen fallen gelassen wird, wird gegen Newman wegen seiner Aussage, die Frau getötet zu haben, nie ermittelt. Offenbar hat ihn auch nie jemand gefragt, ob er mit Josh zu tun gehabt hat. Die Familie des Opfers, die sich mit einem Unfalltod nicht abfinden will, hat sich zum Verdächtigen nie geäußert.

Selten sind sich Internetdetektive und True-Crime-Fans bei der Festlegung auf einen Täter in einem offenen Fall so einig wie im Todesfall Joshua Maddox. Ob Andrew Newman tatsächlich mit der Tragödie in Verbindung steht, bleibt bis heute genauso ungelöst wie die Frage, ob er mit einem Mord an dem jungen Musiker geprahlt hat. Die bekannten Indizien jedoch lassen eindeutig auf ein Fremdverschulden schließen. Und da es bis heute nur einen Tatverdächtigen gibt, steht Andrew Newman im Zentrum der verschiedenen Theorien darüber, was sich in Murphys Hütte abgespielt haben könnte. Joshua hätte nach einem Streit ermordet und anschließend im Kamin versteckt worden sein können. Auch eine Beziehungstat sei denkbar: Womöglich wurde er gedemütigt und gezwungen, nackt in den Schornstein einzusteigen. Er könne sich hier auch vor einem Täter oder einer anderen Gefahr in Sicherheit gebracht haben wollen. Fälle ähnlich mysteriöser Leichenfunde werden diskutiert und Serienmörder mit einem speziellen Fetisch in Betracht gezogen. Auch eine Wette, die tödlich geendet haben könnte, wird thematisiert und letztendlich ein besonders ungewöhnlicher Selbstmord ins Gespräch gebracht. Diejenigen, die an einen Unfall glauben, führen Drogen an, die Joshua konsumiert haben könnte, und verweisen auf das paradoxe Ausziehen und Vergraben, das bei Erfrierenden im Endstadium beobachtet wird. Und schließlich könnte auch irgendjemand anderes die Frühstücksbar aus der Küche gerissen und vor den Kamin gestellt haben, ohne dass er von der Leiche darin gewusst oder diese bemerkt hat. Dazu hat Murphy angegeben, dass er selten, jedoch hin und wieder mal in seiner Hütte gewesen ist, aber nicht, wann ihm die Bar vor dem Kamin zum ersten Mal aufgefallen sei. Ob jemals die Ermittlungen erneut aufgenommen werden, liegt allein im Ermessen des Gerichtsmediziners Born. Die vorherrschende Gesetzeslage sieht vor, dass, erst wenn dieser zu dem Schluss kommt, dass Indizien für ein Fremdverschulden vorliegen, die Polizei wieder zu Untersuchungen berechtigt wird.

Joshua Maddux (* 9. März 1990; † Mai 2008)

Hinweise an:
El Paso County Sheriff's Office, Telefon: +1 (719) 520-7100
Pikes Peak Area Crime Stoppers, Telefon: +1 (719) 634-7867
www.crimestop.net
www.facebook.com/pikespeakarea.crimestoppers

Selbstmord im Paradies? Der unglaubliche Fall der Magdalena Zuk

Am 30. April 2017 soll sich die lebensfrohe 27-jährige Polin Magdalena Zuk während ihres Urlaubs in Ägypten durch einen Sprung aus dem Fenster das Leben genommen haben. Die Todesumstände der jungen Breslauerin sind so mysteriös und widersprüchlich, dass sowohl ihre Familie als auch polnische Ermittler den Angaben der ägyptischen Behörden nicht trauen. Bis heute ist die Untersuchung nicht abgeschlossen, und polnische Medien berichten regelmäßig über den Fall, der ein ganzes Land erschüttert hat.

Magda ist glücklich. Die aus dem niederschlesischen Bogatynia an der deutsch-polnischen Grenze stammende attraktive Frau liebt Sport, Pole Dance und Reisen. 2017 betreibt sie ihr eigenes Kosmetikstudio und steht kurz vor ihrem Bachelor-Abschluss der Diätetik. Um ihren neuen Freund Markus zu überraschen, bucht sie im Frühjahr eine Pauschalreise nach Ägypten. Die Tickets zeigt sie ihm erst an seinem Geburtstag am 25. April, acht Stunden bevor der Flug um 20:20 Uhr von Kattowitz aus nach Hurghada starten soll. Es kommt zu einer unerwarteten Wendung in den Reiseplänen, als Markus seiner Freundin erklären muss, dass er keinen gültigen Reisepass besitzt. Da es unmöglich ist, in der kurzen Zeitspanne einen neuen ausgestellt zu bekommen, will das Paar die Reise absagen. Markus bietet daher die gesamte bereits bezahlte Tour in die Küstenstadt Marsa Alam auf Facebook zum Verkauf an, doch vier Stunden vor dem Abflug findet sich kein Abnehmer mehr dafür. Auch niemand von Magdalenas Freundinnen und Schwestern hat spontan Zeit, mitzukommen, sodass sie vor der Entscheidung steht, die Reise verfallen zu lassen oder sie alleine anzutreten. Mit Zustimmung ihres Freundes entscheidet sie sich, das Abenteuer auf eigene Faust zu wagen, denn beide sind der Meinung, dass sie Entspannung dringend nötig hat. Markus hat zwar leichte Bedenken, aber Magda, die schon einmal Urlaub in Marsa Alam gemacht hat, kann ihn damit beruhigen, dass es sich um ein harmloses, verschlafenes Nest handele.

Markus bringt sie zum Flughafen, erinnert sich daran, dass seine Freundin zwar geweint, aber ansonsten normal gewirkt hat. Auch nach ihrer Landung gegen Mitternacht in der ägyptischen

Hauptstadt, als sie sich wieder bei Markus meldet, scheint alles in Ordnung zu sein. Sie freut sich auf ihren Urlaub und mietet am Flughafen ein Auto. Damit fährt sie nach Marsa Alam, das 286 Kilometer südlich direkt am Roten Meer liegt. Um 3:30 Uhr morgens checkt Magda im Three Corners Equinox Resort Beach Hotel ein und ist danach wie ausgewechselt. Die folgenden Ereignisse lassen sich nur grob durch spätere Zeugenaussagen, Kameraaufnahmen und Telefonprotokolle rekonstruieren. Fast alle an die Medien durchgesickerten Informationen weisen dabei Widersprüche und kontroverse Aussagen auf.

Am Mittwoch, den 26. April, um 3 Uhr morgens, drei Stunden nach ihrer Ankunft im Hotel, meldet sich Magda erneut telefonisch bei ihrem Freund. Sie erzählt ihm völlig verängstigt, dass jemand in ihrem Zimmer sei, sie sich verstecke und er die Hotelrezeption informieren solle. Der Rezeptionist inspiziert das Hotelzimmer, kann aber nichts Ungewöhnliches feststellen. Doch Magda verbleibt in einem panischen Zustand. Immer wieder kontaktiert sie ihren Freund, erklärt ihm, dass irgendwas nicht stimme und er sofort nach Ägypten kommen müsse, um sie abzuholen. Den ganzen Mittwoch spitzt sich die Lage späteren Zeugenaussagen zufolge immer weiter zu. Statt zu erwartende Fotos schickt Magda merkwürdige Nachrichten an ihre Freundinnen, von denen sie offenbar glaubt, dass sie mit ihr in Ägypten seien. Einer Freundin sagt sie, dass sie glaube, dass ihr jemand etwas in ein Getränk untergemischt habe. Auch Personal und Hotelgästen entgeht das beängstigende Verhalten der jungen Polin nicht. Magda weint, flucht und erzählt fremden Leuten, dass sie ihren Freund vermisse und wieder nach Polen wolle. Nahezu apathisch fragt sie eine Frau, ob sie an ein Leben nach dem Tod glaube. Aufnahmen der Hotelkameras zeigen Magda dabei, wie sie panisch und pöbelnd durch das Hotel rennt. Ihre Bekannten zu Hause, die weiterhin unerklärliche Nachrichten bekommen, kontaktieren schließlich Magdas Eltern und informieren diese über den beunruhigenden Zustand ihrer Tochter. Diese wenden sich an die polnische Botschaft, erhalten jedoch kurze Zeit später die nichtssagende Antwort, dass mit ihrer Angehörigen alles in Ordnung sei. Ganz offensichtlich ist es das nicht, denn nun kriegen Familie und Freunde plötzlich Nachrichten von Magda, die von einem fremden Handy abgesendet werden. Es wird sich später als das Telefon des einheimischen Reiseführers Mahmoud Khairy herausstellen, der für das Hotel arbeitet und sich um polnische Gäste kümmert, da er die Sprache beherrscht. Er hat jetzt die Aufgabe, Magda im Auge zu behalten.

Am Donnerstag, den 27. April, wird Magdas Zustand für alle immer unerklärlicher. Sie scheint sich zeitweise in einer manischen Phase zu befinden, wird dabei beobachtet, wie sie enthusiastisch am Strand tanzt oder sich in der Hotellobby das Shirt auszieht und den Hotelgästen ihre entblößten Brüste zeigt. Markus, der über den Zustand informiert wird, will nicht länger warten und kauft seiner Freundin ein Ticket für den nächstmöglichen Rückflug. Später erzählt er einem Reporter, dass er angenommen habe, dass Magda etwas Schlimmes tun könne, will aber keine Details nennen. Über eine Standortortung ihres Handys werden Ermittler feststellen, dass Magda an diesem Abend an den Strand geht und hier ein Boot besteigt, das sie einige Kilometer weit aufs Meer fährt. Sofern sie im Besitz ihres Handys ist, verbringt sie die Nacht an Bord. Mit wem sie dort gewesen ist und zu welchem Zweck, ist bis heute ein Rätsel. Am Morgen des nächsten Tages zeigen Aufnahmen, die ein Hotelangestellter mit seinem Handy macht, wie Magda lethargisch in einem Bademantel in einem Hotelbett liegt und anschließend möglicherweise bewusstlos auf dem Boden im Eingang ihres Zimmers kauert. Polnischen Ermittlern zufolge sollen dies die Auswirkungen dessen sein, was Magda in der Nacht auf dem Boot widerfahren ist. Das Hotel schickt ihren Eltern die Aufnahmen, um zu unterstreichen, wie ernst der Zustand ist. Markus teilt später seiner völlig verstörten und veränderten Freundin telefonisch mit, dass sie am nächsten Tag zurückfliegen könne. Gäste sagen aus, dass Magda an diesem Tag mehreren Personen Handys gestohlen und sich geweigert habe, diese wieder herauszugeben. Die Situation eskaliert so sehr, dass Reiseführer Mahmoud und ein weiterer Mann sie in ein Krankenhaus nach Port Ghalib fahren, wo sie aber nicht behandelt wird. Über den Grund kursieren zwei unterschiedliche Informationen. Die eine besagt, dass die Klinik eine Behandlung abgelehnt habe, da man keine psychiatrischen Patienten aufnehme; die andere legt dar, dass Magda sich strikt geweigert habe, sich untersuchen zu lassen. In einem Interview behauptet der Arzt Ahmed Shawky, sie sei nicht aus dem Auto ausgestiegen. Doch Kameraaufnahmen des Krankenhauses widerlegen diese Aussage. Sie zeigen Magda, wie sie um 15 Uhr in Begleitung von Mahmoud torkelnd, aber gefasst im Inneren der Klinik zu sehen ist. Weitere Aufnahmen, die vor dem Gebäude entstehen, erfassen Magda beim Telefonieren, umgeben von vier einheimischen Männern, die sie beobachten.

Am Samstag, den 29. April, um 6 Uhr morgens bemerken Hotelangestellte, dass Magda auf das Dach des Hotels gestiegen ist, offensichtlich um von dort herunterzuspringen. Die Mitarbeiter können sie daran hindern und in ihr Zimmer zurückbringen. Sie wird bewacht, bis sie Mahmoud schließlich am Vormittag zum Flughafen fährt, damit sie endlich ihre Rückreise antreten kann. Doch wieder kommt es anders. Offenbar verhält sich Magda erneut so auffällig, dass der Flughafenarzt unterschiedlichen Quellen zufolge ihr wegen Trunkenheit oder eines manischen Zustands den Flug untersagt. Mahmoud fährt sie darauf zurück zum

Hotel, doch das weigert sich aufgrund der vielen Beschwerden durch Gäste, Magda weiter zu beherbergen. Weder dem Reiseveranstalter noch dem Reiseführer gelingt es, ein anderes Hotel für sie zu finden. Um 17 Uhr initiiert Mahmoud einen Facetime-Anruf mit Markus. Nach einem kurzen Wortwechsel schwenkt er die Kamera auf Magda, um Markus die Möglichkeit zu geben, mit ihr zu sprechen. Dessen Freund Michal nimmt das beunruhigende Gespräch mit einem zweiten Handy auf. Die Gründe für den Mitschnitt und wie das 13-minütige Video später an die Öffentlichkeit gelangt, bleiben unklar. Magda weint in den Aufnahmen und schaukelt verstört mit dem Kopf hin und her. Sie hat offensichtlich große Angst, spricht kaum. Im Hintergrund sind arabische Stimmen unbekannter Männer zu hören, die nach Übersetzungen darauf schließen lassen, dass sie Markus auf übelste Weise verhöhnen und beleidigen. Immer wieder fragt dieser seine Freundin, was passiert ist, worauf sie antwortet, dass sie es nicht sagen könne. Ihr Freund drückt seine Liebe aus und informiert sie, dass ihr gemeinsamer Bekannter Maciej am folgenden Tag in Ägypten eintreffen wird, um sie abzuholen. Magda reagiert jedoch nicht auf diese Informationen und deutet stattdessen an, dass »hier unten andere Tricks gespielt werden«. Sie äußert eine düstere Vorahnung: »Ich werde nicht von hier zurückkommen. Es ist zwecklos. Ich kann nicht sprechen, es tut mir leid.« Markus drängt weiter, fleht sie an, zu enthüllen, was vorgefallen ist. Schließlich antwortet Magda darauf nur mit »M«. Offensichtlich soll das eine Botschaft für die Gefahr sein, in der sie sich befindet. Die Ironie des Schicksals will es wohl so, dass fast alle Protagonisten der Geschichte mit M anfangen: Magda, Markus, Mahmoud, Maciej, Michal – und das noch in Marsa Alam. Nach dem Hinweis nimmt der Reiseführer das Handy an sich und beendet das Gespräch mit den Worten, dass es sinnlos sei und er jetzt die Botschaft kontaktieren werde. Nach dem Telefonat kehrt Mahmoud mit der seinen Angaben nach zwischenzeitlich ohnmächtig gewordenen Magdalena ins Krankenhaus von Port Ghalib zurück, wo sie aufgenommen wird. Weitere beunruhigende Bilder aus der Klinik werden bekannt: Aufnahmen zeigen, wie Magdalena von nicht identifizierten Männern im Rollstuhl in die Klinik gebracht, später beim Fluchtversuch aus ihrem Zimmer von wiederum unbekannten Ägyptern zurückgehalten wird. Die letzten Bilder kurz nach Mitternacht zeigen sie, umgeben von fünf Personen, darunter mindestens ein Arzt und eine Krankenschwester, auf einem Krankenhausflur. Das Verhalten der Männer ist merkwürdig, sie ringen Magda zu Boden, und es kommt zu einem Kampf. Dabei scheint es, als wolle einer der Unbekannten die auf dem Flur kauernde Polin vor den Überwachungskameras abschirmen.

Die letzten Stunden in Magdas Leben basieren einzig auf Aussagen des medizinischen Personals. Demnach sei sie auch mit Beruhigungsmitteln nicht zu bändigen gewesen und in ein Zimmer gebracht worden, wo sie zu ihrem eigenen Schutz mit Handtüchern an einem Bett festgebunden worden sei. Nachdem Magdalena in den frühen Morgenstunden eine Krankenschwester darum bittet, ihre Fesseln zu lösen, damit sie die Toilette aufsuchen kann, eskaliert die Situation. In einem Moment der Verzweiflung stößt sie die Schwester beiseite, eilt zum Fenster und springt aus dem zweiten Stockwerk. Sie erleidet schwere Brüche und wird umgehend in ein spezialisiertes Krankenhaus nach Hurghada transportiert. Trotz der medizinischen Bemühungen erliegt sie fünfzehn Stunden später ihren Verletzungen. Das Krankenhaus äußert sich rückblickend zum Vorfall und vertritt die Ansicht, dass es nicht den Anschein gehabt habe, als habe Magdalena einen Suizid beabsichtigt. Vielmehr habe es so gewirkt, als ob sie in einem Zustand der Panik versucht hätte, vor jemandem zu fliehen.

Die ägyptischen Strafverfolgungsbehörden beginnen sofort mit den Ermittlungen und befragen Dutzende Zeugen, um die Vorgänge, die zum Tod der jungen Polin geführt haben, untersuchen zu können. Auf Druck des polnischen Justizministers Zbigniew Ziobro lässt die ägyptische Staatsanwaltschaft eine polnische Untersuchungskommission zu, die mit der Beweisaufnahme beginnt, unter Einbezug forensischer und psychiatrischer Experten auch über 200 Zeugen befragt und Magdalenas Telefondaten auswertet. Am 8. Mai wird die Leiche im Beisein eines polnischen Staatsanwaltes und eines Gerichtsmediziners obduziert. Nach der Überführung des Leichnams erfolgt am 18. Mai eine zweite Obduktion in Polen, die jedoch durch eine nicht mit den Angehörigen abgesprochene durchgeführte Einbalsamierung in Ägypten nur eingeschränkt stattfinden kann, sodass etwa keine Blutuntersuchungen mehr möglich sind. Bei beiden Obduktionen werden keine Anzeichen auf ein Verbrechen festgestellt. Die polnischen Behörden können den Fall nicht abschließen, da ihnen wesentliche Teile der ägyptischen Ermittlungsunterlagen vorenthalten werden. Die ägyptischen Instanzen hingegen kommen nach den Autopsieergebnissen, die nicht veröffentlicht oder an polnische Dienststellen weitergegeben werden, zu dem Schluss, dass eine Lungenembolie infolge eines alkoholbedingten Suizids die Todesursache sei.

2019 nehmen die Ermittlungen in Polen wieder Fahrt auf, als die Strafverfolgungsbehörden Ägyptens den toxikologischen Bericht senden und bekannt wird, dass Magda die in Ostafrika weitverbreitete Droge Khat in ihrem Blut gehabt hat. Bis heute dauern die Untersuchungen an, die seitens der polnischen Staatsanwaltschaft immer wieder verlängert worden sind, das letzte Mal am 30. Juni 2023. In der Zwischenzeit haben sich natürlich unter Internetdetektiven zahlreiche Theorien um ein mögliches

Verbrechen entwickelt. Diese finden Rückhalt in den kriminalistischen Untersuchungen der polnischen Detektivagentur Lampart Group S.A., die ihre Schlussfolgerungen auf Analysen eigener Experten stützen. Die Ergebnisse werden im Februar 2019 der Öffentlichkeit präsentiert. Man habe herausgefunden, dass Magdalena Opfer eines international operierenden Menschenhändlerrings geworden sei und über Monate von Personen, die in engem sozialem Kontakt mit ihr gestanden hätten, mit dem Versprechen, als Escort-Girl viel Geld zu verdienen, dazu überredet worden sei, freiwillig nach Ägypten zu gehen. Dort hätten sie professionelle Menschenhändler von Anfang an unter Kontrolle gehabt und sie mit der Droge Flakka, die in ihrer Wirkung Amphetaminen und Kokain ähnele, gefügig gemacht. An ihrer Kleidung, die sie an diesem Tag getragen habe, hätten ägyptische Rechtsmediziner biologische Spuren von mehreren Männern gefunden. Die Detektei glaubt, dass Magda auf dem Boot von unbekannten Tätern vergewaltigt worden ist, und geht hart mit den Ermittlungsbehörden ins Gericht, die dies nicht untersucht hätten. Magdalena sei darauf im Zusammenspiel mit verabreichten Drogen in ihren panischen Zustand versetzt worden. Die Ermittlungen der Privatdetektive legen nahe, dass die Täter Magdalena kontinuierlich überwacht und kontrolliert haben. Sie sollen es auch gewesen sein, die ihren Rückflug verhindert haben, indem sie ihr suggeriert hätten, die Behörden würden ihre Ausreise nicht gestatten.

Die Detektive betonen zudem, dass es in Ägypten an medizinischen Untersuchungen zu Magdalenas Zustand gemangelt hat. Weiterhin behaupten sie, dass das von Markus aufgezeichnete Video manipuliert worden ist, nicht den vollständigen Gesprächsverlauf zeigt und gezielt zur Alibibeschaffung erstellt worden ist. Die Lampart Group glaubt nicht an einen Selbstmord und verweist auf hinzugezogene Experten, die die Röntgenbilder der Verletzungen studiert haben. So könne sich Magda bei einem Sprung aus dem ersten Stock nicht die im Autopsiebericht aufgeführten schwersten Blessuren zugezogen haben. Die Detektive gehen davon aus, dass sie jemand aus dem Fenster geschmissen hat, als sie bewusstlos gewesen ist. Darauf sollen auch die zertrümmerte linke Hälfte ihres Körpers hindeuten sowie der Umstand, dass sie keinen Versuch unternommen hat, den Sturz abzufangen, was normalerweise instinktiv erfolgen würde.[96]

Die Lampart-Detektive behaupten, die verantwortlichen Männer ermittelt zu haben, die auch in andere, ähnliche Fälle verstrickt sein sollen. Die Detektei behauptet dies zwar nicht explizit, doch Mahmoud und Markus scheinen für sie Hauptverdächtige zu sein. Sie wollen auch herausgefunden haben, dass Markus und der Reiseführer einander gekannt hätten und bereits vor der Ägyptenreise über soziale Netzwerke befreundet gewesen seien. Die Untersuchungsergebnisse der Detektei liegen der polnischen Staatsanwaltschaft vor. Diese könne weiterermitteln, brauche dafür aber einen Auftrag der Familie, die jedoch die Zusammenarbeit verweigert, obwohl auch diese wie ihr Rechtsanwalt Paweł Jurewicz von einem Mord oder einem Verbrechen, das zum Tod von Magda geführt hat, überzeugt ist. Magdas Eltern versichern, dass ihre Tochter nie mit psychischen Problemen oder Rauschmitteln zu tun gehabt hat. Dass Drogen eine relevante Rolle bei der Aufklärung des Falls spielen, scheint mittlerweile allerdings offensichtlich. Diese und die Bedrohung durch mögliche Täter könnten Magdalenas Verhalten erklären, und auch Scham und Schuldgefühle gegenüber ihrem Freund könnten dazu beigetragen haben.[97]

Solange keine offiziellen Untersuchungsberichte vorliegen, werden Internetdetektive weiterermitteln. Nachdem die Lampart

Group bekannt gegeben hat, dass Magdalena gewusst haben soll, dass Markus keinen gültigen Pass gehabt hat, mehren sich in Hobbyermittler-Foren Hinweise darauf, dass dieser sogar Angebote für die Tickets über Facebook bekommen hätte, diese aber mit der Antwort, sie seien schon veräußert worden, abgelehnt habe. Damit könnte möglicherweise von Anfang an vorgesehen gewesen sein, dass Magdalena die Reise alleine antritt.

Magdalenas Familie hat unterdessen am Bezirksgericht in Łódź ein Zivilverfahren gegen das Reisebüro eingereicht und verlangt Schadenersatz wegen Nichterfüllung von Pflichten und der Verunglimpfung des Andenkens Verstorbener, da diese öffentlich von einer angeblichen Geisteskrankheit ihrer Tochter gesprochen hätten. Das Reisebüro weist die Vorwürfe zurück. Die ersten Zeugen werden kurz vor Veröffentlichung dieses Buches am 15. Juli 2024 gehört.[98]

Mysteriöser Todesfall Magdalena Zuk

Magdalena Zuk (* 19. September 1990; † 30. April 2017)

Hinweise an:
Polnische Polizei +48 47 72 123 72
www.policja.pl

Polnische Botschaft in Ägypten, Telefon: +20 2 2735 1721
E-Mail: kair.amb.sekretariat@msz.gov.pl

Ein schlafwandelnder Albtraum: Phoebe Handsjuk im Müllschlucker

Beth Ozulup arbeitet als Hausmeisterin im luxuriösen 80 Meter hohen Balencea Apartment Tower, der an Melbournes geschäftiger St. Kilda Road liegt. Nur wenige Minuten nachdem sie während ihrer Schicht am 2. Dezember 2010 gegen 19:10 Uhr den Müllraum betritt, um sich einen Wischer zu holen, wird sie apathisch und weinend in der Lobby des Gebäudes auf und ab rennen. Zuvor gelingt es ihr, den Notruf anzuwählen und zu melden, was die Tür blockiert hat, die sie erst mit enormer Kraftanstrengung aufbekommen hat. Jetzt weiß Beth, dass sie die Bilder der verstümmelten dunkelhaarigen Frau, die mit ihrem Gesicht nach oben und bis zu den Kniekehlen heruntergezogenen Jeans in einer Blutlache neben einem umgestürzten Mülleimer liegt, nie wieder vergessen wird. Ob Phoebe Handsjuk zu diesem Zeitpunkt noch am Leben ist, wird nur eine der vielen Unklarheiten sein.

Im Zentrum der Ermittlungen steht die bis heute die nicht geklärte Frage, wie die 24-jährige Australierin vom 12. Stock ihrer Wohnung aus in den engen Müllschlucker gelangen konnte, durch den sie dann 40 Meter im freien Fall heruntergestürzt ist. Klar ist, dass Phoebe durch den Sturz nicht gleich gestorben ist, was viele für ein Wunder an sich halten. Doch dies wäre ein einfacherer Tod gewesen, denn Phoebe, deren rechter Fuß von der Müllpresse zerschreddert worden ist, hat es noch alleine aus dem Müllcontainer geschafft und ist während des Versuchs, aus dem verschlossenen Raum zu gelangen, auf dem Boden kriechend verblutet. Der Fall Phoebe Handsjuk gehört zu den bizarrsten Rätseln der australischen Kriminalgeschichte, und Pannen in den Ermittlungen lasten bis heute schwer auf den beteiligten Strafverfolgungsbehörden. Denn nachdem in alle Richtungen ermittelt worden und keine Lösung in Sicht gewesen ist, wollen die Behörden glaubhaft machen, Phoebe habe sich umgebracht oder sei schlafgewandelt. Ein Urteil, das ihre Familie nicht akzeptiert, Experten anzweifeln und Internetdetektive anprangern. Die skandalösen Fehler der Ermittlungen können heute von jedem anhand der beiden veröffentlichten Untersuchungsberichte nachvollzogen werden.[99]

Phoebe zieht unweigerlich die Aufmerksamkeit auf sich, sobald sie einen Raum betritt. Die 24-Jährige, die bereits in der Schule sehr beliebt war und deren Freundschaft viele gesucht haben, beeindruckt mit ihrer Ausstrahlung und Anziehungskraft. Die durchtrainierte und athletische Frau kommt aus einem gut gesitteten, wohlhabenden Elternhaus, ist kreativ, humorvoll und hat eine ausgeprägte soziale Ader. Schon früh hinterlässt ihr eigener Anspruch, im Mittelpunkt stehen zu wollen, aber auch seine Schattenseiten. Bereits mit 14 Jahren kommt sie mit Drogen in Kontakt, feiert und trinkt exzessiv, nimmt Kokain und Ecstasy. Früh fühlt sie sich auch von deutlich älteren Männern angezogen, doch ihre Liebschaften und Beziehungen enden meist mit einem großen Krach. Seit sie 16 ist, macht Phoebe verschiedene Therapien und nimmt Medikamente gegen ihre Depressionen, die ihr Freunde, auf die sie stark und selbstbewusst wirkt, überhaupt nicht ansehen. Ihre Familie, zu der sie einen engen Kontakt pflegt, weiß über ihre innerlichen Probleme Bescheid und steht ihr bei. Obwohl alle wissen, dass Phoebe beruflich viel aus sich machen könnte, akzeptieren auch ihre Eltern, dass sie keine Pläne für eine Ausbildung oder ein Studium hegt. Nach ihrem Schulabschluss arbeitet Phoebe in Gelegenheitsjobs der Dienstleistungsbranche. Doch heimlich träumt sie davon, eines Tages als Künstlerin oder Schriftstellerin tätig werden zu können. Sie schreibt Tagebuch und Gedichte und malt Bilder. Im Jahr 2009 absolviert Phoebe deswegen auch eine Weiterbildung in Creative Arts und arbeitet anschließend dreimal in der Woche in einer Werbeagentur. Um sich noch etwas dazuzuverdienen, jobbt sie im exklusiven Friseursalon Linley Godfrey, wo sich die Reichen und Schönen der Stadt die Haare schneiden lassen, und lernt so im Frühsommer 2010 den Eventmanager Antony Hampel kennen. Der 41-Jährige ist ein Spross eines landesweit angesehenen Richterehepaares und lebt ein glamouröses Leben in Australiens High Society. Wie so viele Männer ist er Phoebes Charme und Schönheit schnell erlegen, und auch sie verliebt sich und blüht förmlich auf vor Romantik. Schon nach fünfmonatiger Beziehung zieht sie am 23. Oktober 2009 in Antonys Wohnung im 12. Stock des imposanten Balencea Apartment Tower ein. Doch mit dem Zusammenleben fangen die Probleme des charakterlich ungleichen Paares an. Während Phoebe das kreative Chaos liebt, ist Antony so penibel und ordnungsliebend, dass er seine Putzfrau anweist, sie solle seine Wohnung so herrichten, dass es aussehe, als würde dort niemand leben. Es kommt immer häufiger zum Streit. Phoebe fühlt sich bevormundet, ihrer Freiheit beraubt und bekommt bald das Gefühl, ihr neuer Freund, der von ihr verlangt, dass sie ihren »würdelosen Job« im Friseursalon kündigt, betrachtet sie nur als Vorzeigedame. Sie soll ihn auf Events, Partys und Dinners begleiten und dabei immer gut aussehen und freundlich lächeln.

Nach außen hin die gute Laune bewahrend, verändert sich Phoebe innerlich, und alte Zweifel brechen wieder hervor. Im November 2010 sind ihre Depressionen zurückgekehrt, und der Alkohol bestimmt ihren Alltag. Angehörige, Freunde und Therapeuten versuchen, sie aufzufangen, zeigen ihr Auswege aus ihrer Situation auf, und Phoebe macht dann auch hoffnungsvolle Pläne, nach Indien zu reisen, einen neuen Job anzunehmen, weiter im Bereich Creative Arts zu studieren. Doch mit ihrem Freund an ihrer Seite schafft sie das nicht. Vier Mal macht Phoebe in den letzten sechs Wochen ihrer Beziehung mit Antony Schluss, kehrt jedoch jedes Mal reumütig zurück in seinen Luxus-Tower. Nach einem heftigen Streit am Abend des 29. November versucht sie es ein weiteres Mal und verlässt die gemeinsame Wohnung. Als Antony erfährt, dass sie sich mit »einem alten Freund« trifft, ruft er sie innerhalb von einer Stunde 27 Mal an. Nachdem sie sich später eine Ecstasy-Pille eingeworfen hat, macht Phoebe einem ehemaligen Mitstudenten eindeutige Avancen. Seine Abweisung bringt sie in Rage, und sie kehrt am folgenden Tag wieder nach Hause zurück. Sie telefoniert mit ihrem Psychologen und einer Krisenhotline. Am Abend nimmt sie zwei 10-mg-Tabletten des Wirkstoffs Zolpidem ein, legt sich hin und schläft laut Antony einen ganzen Tag lang, bevor er sie am Mittwochabend, dem 1. Dezember, immer noch im Bett vorfindet und ihr vorsorglich die Schlaftabletten wegnimmt, die ihm verschrieben worden sind. Phoebe gratuliert danach ihrem Vater telefonisch zum Geburtstag und stellt ihm in Aussicht, dass sie sich am nächsten Tag vielleicht zum Essen bei ihrem Lieblingsthai treffen können. Nach Antonys Angaben sei im Anschluss an dieses Gespräch Phoebes iPhone kaputtgegangen, und sie habe es ihm überlassen mit der Bitte, er solle es zur Reparatur bringen. Am nächsten Tag habe er es mit zur Arbeit genommen und zur Instandsetzung gebracht.

Am 2. Dezember 2019 zeichnet eine Überwachungskamera des Towers Phoebe um 11:43 Uhr auf, wie sie mit ihrem Hund Yoshie das Gebäude während eines Feueralarms verlässt und dieses nach der Entwarnung um 11:50 Uhr wieder betritt. Es sind die letzten Bilder, die Phoebe lebend zeigen. Was in den Stunden geschieht, bis Hausmeisterin Beth die Leiche entdeckt, wird Gegenstand jahrelanger Diskussionen bleiben. Nach eigenen Angaben kommt Antony um 18:30 Uhr von der Arbeit zurück und findet zu seinem Erstaunen Phoebe nicht in der Wohnung vor, obwohl ihre Schlüssel und ihre Handtasche in der Küche liegen. Er stellt fest, dass sie Wodka getrunken haben muss. Um 18:51 Uhr ruft Phoebes Vater, der Psychiater Len Handsjuk, auf dem Handy seiner Tochter an. Sie geht nicht ran. Knapp eine Minute danach, um 18:52 Uhr, ruft Antony Phoebes Vater von seinem Telefon aus an. Len gibt später im Verhör zu Protokoll, dass dem Gespräch zu entnehmen gewesen sei, dass er aufgrund des Anrufes auf dem Handy seiner Tochter von Antony zurückgerufen worden sei. Len ist sofort äußerst verunsichert, als er von Phoebes Verschwinden erfährt, weil er sich immer noch um eine am vergangenen Morgen bezogene SMS Gedanken macht, die auch andere Angehörige erhalten haben:

Hallo Familie. Ich bin im Bett und schlafe gleich ein und wenn ich aufwache, werde ich mich in den unglaublichsten Menschen verwandelt haben, den ihr je gesehen habt (nicht). Ich werde im Krankenhaus sein. Krankenhaus. Dort ist es sicherer und wie ich höre, gibt es heute Abend Tomatensuppe köstlich! Nahrhaft! Ich habe euch alle sehr lieb, aber nicht genug, um euch eine individuelle Nachricht zu schicken. Das tut mir leid, aber die Zeit vergeht wie im Flug und ich muss mich auf den Weg machen. Merrily, merrily, merrily. Life is but a dream.

Nach dem Telefonat mit Len bestellt Antony für sich selbst Essen bei dem Thai, zu dem Phoebe eigentlich an diesem Abend hätte gehen wollen. Als der Lieferant es um kurz nach 20 Uhr bringt und seinem Kunden mitteilt, dass es unten von Polizisten nur so wimmele, fährt der Eventmanager mit dem Aufzug ins Erdgeschoss und trifft dort auf Sergeant Andrew Healey, der ihm erklärt, dass im Müllraum eine weibliche Leiche gefunden worden sei. Als Antony bekannt gibt, dass er seine Freundin vermisst, und deren Beschreibung mit der aufgefundenen Toten übereinstimmt, ist die Verbindung hergestellt. Die Ermittler, die daraufhin den 12. Stock untersuchen, finden Blutspuren im dort gelegenen Entsorgungsraum und auch an dem darin befindlichen Müllschlucker. Das Blut kann später als Phoebes analysiert werden. Stutzig sind die Ermittler, dass sie keinerlei daktyloskopische Spuren am Müllschlucker finden, obwohl die Gestürzte keine Handschuhe trägt. Der Gerichtsmediziner Mathew Lynch wird behaupten, dass Phoebe mit den Füßen zuerst durch den über einen Meter über dem Boden liegenden Müllabwurfschacht, der sich nur mittels einer sperrigen, nach oben öffnender Klappe aufmachen lässt, gerutscht sei. Auch an einem Türrahmen und auf einer Computertastatur in Antonys Wohnung werden Blutspuren gefunden. Auf dem Tisch stehen zwei Weingläser, Kerzen brennen. Auf dem Boden liegt Phoebes Glätteisen, das noch in der Steckdose steckt, und Teile eines zerbrochenen Glases.

Am 3. Dezember 2010 führt Lynch die Autopsie durch und gibt Blutverlust durch mehrere schwere Verletzungen als Todesursache an. Er stellt Knochenbrüche an den unteren Extremitäten fest, die alle mit der Theorie des Sturzes mit den Beinen voran erklärbar seien. Für die Blessuren, die Phoebe am Oberkörper aufweist und die nur schwer mit der ermittelten Sturztheorie übereinstimmen, findet er keine schlüssigen Erklärungen. Während er auf die Blutergüsse an beiden Handgelenken und Schulterseiten gar nicht eingeht, erklärt er ein Subduralhämatom im Gehirn als mögliches Versehen, das bei der Entnahme des Organs für die Autopsie entstanden sein könne. Er findet keine Hinweise auf ein Sexualdelikt und berechnet den Blutalkoholwert zum Todeszeitpunkt auf 1,6 Promille, was der dreifachen gesetzlich erlaubten Menge in Australien entspricht. Zudem finden sich Reste des Wirkstoffes Zolpidem in ihrem Blut, die auf die Einnahme von zwei Schlaftabletten der Marke Stilnox zurückzuführen sind, allerdings kann der Einnahmezeitpunkt nicht genau bestimmt werden. Lynch stellt fest, was auch im Beipackzettel des Medikamentes zu lesen ist, nämlich dass die Kombination aus beiden Substanzen zu Desorientierung führen kann. Er verweist außerdem auf Phoebes bekannte Vorgeschichte der diagnostizierten Depression und des Alkoholmissbrauchs. Nach einer erneuten Besichtigung des Tatortes am 7. Dezember notiert der Gerichtsmediziner, die Möglichkeit, dass es für Phoebe mit ihrer Größe von 1,66 Meter und einem Gewicht von 57 Kilogramm realisierbar gewesen sei, durch die Klappe des 54,5 Zentimeter hohen und 30 Zentimeter breiten Müllschluckers zu steigen, sei realistisch. Er schließt eine Fremdeinwirkung aus, wenn Phoebe bei Bewusstsein gewesen ist, da er keine Abwehrspuren an der Abfallentsorgungseinheit oder an ihrem Körper findet, die zu erwarten gewesen wären, wenn sie von jemand anderem in den Schacht gesteckt worden wäre. Im Falle einer Bewusstlosigkeit Phoebes durch eine Kombination aus Alkohol und Medikamenten will er das nicht ausschließen.

Abschließend wird der Tod der jungen Australierin als Unfall oder Selbstmord ausgegeben. Der Hergang ist leicht beschrieben: Die depressive Frau hat in der Wohnung gesessen und Wein getrunken. Als ihr ein Glas heruntergefallen sei, habe sie dieses in einen Müllsack gesteckt, sei mit diesem in den Entsorgungsraum ihrer Etage gegangen und dabei irgendwie unglücklich in den Müllschlucker gekrochen oder habe sich in suizidaler Absicht dort hinuntergestürzt.

Phoebes Familie glaubt weder das eine noch das andere und zweifelt die Ermittlungen an. Ihr Großvater Lorne Campbell, der selbst pensionierter Polizeibeamter ist, kommt nach eigenen Untersuchungen zu dem Ergebnis, dass seine Enkelin nur ermordet worden sein kann. Akribisch versucht er, dafür Beweise zu sammeln. Im öffentlichen Untersuchungsbericht stößt er auf schwerwiegende Fehler. Besonders tragisch ist, dass nach dem Auffinden von Phoebes Körper niemand – zu keiner Zeit – ihre Vitalfunktionen überprüft hat, was umso schwerer wiegt, weil der Gerichtsmediziner nicht in der Lage ist, einen konkreten Todeszeitpunkt festzustellen. Die Ermittler sichten das Material der Überwachungskameras des Gebäudes für den 2. Dezember nicht; als dies auffällt, ist es überschrieben. Sie haben Schuhabdrücke ignoriert, die aus der Wohnung führen und die nicht von Phoebe stammen können, und die elektronischen Geräte, die sie benutzt hat, nicht untersucht. So haben sie keine Gelegenheit mehr, sich zu der Frage zu äußern, warum sämtliche E-Mails am Tag, an dem sie gestorben ist, gelöscht worden sind, wie ihre Familie feststellen wird. Die Forensiker verzichten darauf, das Blut auf der Computertastatur zu analysieren, und prüfen die Weingläser nicht auf daktyloskopische Spuren. Sie kontrollieren auch nicht, ob im Müllcontainer ein Beutel mit einem entsorgten Glas liegt, was ihre Theorie stützen könnte. Die Ermittler stellen den Unfallhergang nicht nach, testen nicht, ob es einer Frau mit Phoebes Maßen in einem offensichtlich benebelten Zustand gelingen würde, alleine mit den Füßen voran in den Schacht einzusteigen.

Campbell stellt mithilfe von zwei Freundinnen seiner Enkelin, die ihr in Physis und Statur entsprechen, den Ablauf mit einer

Replik des Müllschluckers nach und stellt fest, dass der ermittelte Unfallhergang nicht stimmen kann. Die offizielle Version der Geschehnisse, nach der Phoebe sich selbst über die Klappe in den Schacht gestürzt habe, hapert immer noch an der unmöglichen Tatsache, dass sie nur funktioniert, wenn Phoebe dabei bewusstlos gewesen wäre. Die Lösung soll die zweite Untersuchung des Falls liefern, die der Gerichtsmediziner Peter White im Jahr 2014 durchführt. Nach dieser hat es sich nicht um einen Selbstmord gehandelt, sondern Phoebe sei in den Müllschlucker »hineingeschlafwandelt«. Er stützt sich auf Angaben von Freunden der Verstorbenen, die erzählt haben, dass diese gerne geklettert sei. Ohne dass sie sich dabei etwas antun habe wollen, sei sie also unterbewusst in den Schacht geklettert. Die offensichtlichen Widersprüche an der neuen Theorie werden nicht erörtert, da der Familie Handsjuk inzwischen das Geld für eine Klage vor dem obersten Gerichtshof fehlt. Die Ermittler fragen sich nicht, warum auf der Klappe des Müllschluckers keine Fingerabdrücke zu finden gewesen sind, und nicht, warum Phoebes Jeans in ihren Kniekehlen gehangen hat, obwohl – wie der Gerichtsmediziner selbst feststellt – dies keine erklärbare Position ist, die durch das Herunterfallen im Müllabwurfschacht entstanden sein kann. Es ist anzunehmen, dass Phoebe es auf keinen Fall geschafft hätte, in den Müllschlucker zu steigen, wenn ihre Hose »auf halbmast« hängt. Sie gehen der Frage nicht nach, warum Phoebes Sonnenbrille im Müllraum gefunden worden ist, obwohl Familienangehörige sie darauf hinweisen, dass sie diese immer nur aufgesetzt hat, wenn sie die Wohnung habe verlassen wollen.

Die Familie Handsjuk glaubt bis heute an einen Mord und an einen Täter aus dem Drogenmilieu oder einen bisher unbekannten Besucher, den Phoebe empfangen hat und mit dem sie in Streit geraten sei. Die Behörden haben Antony Hampel, der für den Tatzeitpunkt mehrere Alibis besitzt und während der Ermittlungen keine ungewöhnlichen oder verdächtigen Verhaltensweisen gezeigt hat, als möglichen Täter ausgeschlossen, doch viele Internetdetektive haben sich auf ihn eingeschworen und vermuten eine Vertuschung durch einflussreiche Leute. Sie beziehen sich dabei vor allem auf widersprüchliche Informationen, die Antony während dreier verschiedener Anhörungen zu Phoebes Handy macht. So habe er dieses entweder am Mittwoch oder Donnerstag zur Reparatur gebracht. In beiden Szenarien wäre es ihm unmöglich gewesen, Len am Abend von Phoebes Verschwinden zurückzurufen, da er das Klingeln ihres Handys nicht hätte hören können. Zudem geht aus dem Untersuchungsbericht hervor, dass Antony dem eintreffenden Ermittler, Sergeant Healy, das iPhone seiner Freundin vorgelegt haben soll. Als der Widerspruch während seiner gerichtlichen Anhörung angesprochen wird, behauptet Antony, dass es dann wohl sein eigenes iPhone gewesen sei, das er dem Polizisten präsentiert habe. Aus den Akten geht nicht hervor, dass die Ermittler je das Geschäft, das die Reparatur durchgeführt hat, aufgesucht haben. Internetdetektiven fällt darüber hinaus auf, dass, wenn Antonys erste getätigte Aussage bei der Polizei und gegenüber Phoebes Mutter der Wahrheit entspräche und er das iPhone tatsächlich sogar bereits am Mittwoch zur Reparatur gebracht hätte, Phoebe selbst die verstörende Nachricht nicht an ihre Familienmitglieder geschrieben haben kann, in der sie eindeutige Anspielungen auf das macht, was passieren würde.

Die Theorien der Websleuths bekommen Nahrung, als am 22. Juni 2018 das australische Model Bailey Schneider von ihren Eltern erhängt an einer Gardinenkordel auf dem Fußboden ihrer Wohnung aufgefunden wird. Neben ihr liegt eine halb volle Flasche Wein. Obwohl erhebliche Zweifel daran bestehen, dass sie sich auf diese Weise überhaupt selbst hätte erhängen können und

Baileys Handgelenke Blutergüsse aufweisen, die vor ihrem Tod entstanden sein müssen, legt der Gerichtsmediziner Matthew Lynch [!] sich auf Selbstmord fest. Auch weil Bailey zuvor über Depressionen geklagt hat. Ihr Blutalkoholwert überschreitet die gesetzlich erlaubte Menge um das Dreifache [!], und sie hat eine Schlaftablette geschluckt. Zwei Stunden vor ihrem Tod erzählt Bailey ihrer Mutter, dass sie am Abend zuvor die Beziehung zu ihrem Freund beendet hat. Sein Name ist Antony Hampel. Baileys Bruder, der zum Zeitpunkt in einem abgeschiedenen Bereich des Hauses ist, will Antony kurz vor dem Tod seiner Schwester im Garten seiner Eltern gesehen haben. Dieser leugnet allerdings, dass er eine Beziehung mit Bailey gehabt hat, doch anhand von Telefonverbindungen und Nachrichten können Ermittler dies zweifelsfrei feststellen. Konsequenzen erfolgen nicht, und der Öffentlichkeit, die sofort die Zusammenhänge erkennen will, wird mitgeteilt, dass der prominente Eventmanager nicht verdächtigt werde. Für Websleuths sind das ein paar Zufälle zu viel. In einer der australischen Sendung *Under Investigation* von Channel 9 wird im September 2021 erneut ein Experiment durchgeführt, bei dem ein Model mit gleicher Statur wie Phoebe versucht, in eine exakte Replik des Müllschluckers zu gelangen. Danach ist es zwar mit enormer Kraftanstrengung möglich, aber nur, wenn die Person mit den Armen über dem Kopf hinunterrutscht. Die Untersuchungsberichte jedoch geben jeweils an, dass Phoebe mit den Armen nach unten seitlich anliegend am Körper gerutscht sein müsse, worauf ihre Verletzungen schließen ließen.[100]

Phoebe Handsjuk (* 9. Mai 1986; † 2. Dezember 2010)

Hinweise an:
Coroners Court of Victoria, Telefon: +61 3 8688 0700
E-Mail: coronerscourt@courts.vic.gov.au

Crime Stoppers Victoria, Telefon: 1800 333 000
www.facebook.com/CrimeStoppersVic/

NACHWORT

Ich bin Historiker und Medienwissenschaftler und habe vor allem im Bereich des Zweiten Weltkriegs geforscht. Nach über 100 Zeitzeugeninterviews sind mehrere Bücher über die traumatischen Erlebnisse der Kriegsgeneration entstanden. Als Medienwissenschaftler habe ich mich vornehmlich mit Manipulation und Propaganda beschäftigt. Im Vordergrund meiner Bücher standen dabei immer tragische menschliche Schicksale. Obwohl ich neben historischen Romanen auch Krimis veröffentlicht habe, betrete ich mit diesem Buch zum ersten Mal das Terrain des True Crime. Hier ist es mir nicht möglich gewesen, mit Opfern zu sprechen, denn diese haben das an ihnen vergangene Verbrechen nicht überlebt. Das Interesse an wahren historischen Verbrechen war schon länger da, denn beide Fächer, Geschichte und Medienwissenschaften, verbinden sich bei der Erforschung des Phänomens True Crime.

Ursprünglich war nicht geplant, dass ich mich selbst als Internetdetektiv versuchen würde. Etwa zeitgleich, als ich die ersten Recherchen für dieses Buch anstellte, erregte aber der Fall der verschwundenen Holländerinnen in Panama meine Aufmerksamkeit. Die persönliche Tragödie von Kris Kremers und Lisanne Froon ließ mich nicht mehr los, ebenso wenig wie die unvergleichliche Faszination für den Fall und die Spaltung in der True-Crime-Community.

War es ein tragischer Unfall oder ein Verbrechen? Ich bin an die Grenzen der Logik gestoßen und musste es wissen, aber das Internet reichte nicht aus, um Antworten zu finden.

Da ich Vater von zwei kleinen Söhnen bin, konnte ich nicht selbst nach Panama reisen und habe mich mit der Investigativjournalistin Annette Nenner zusammengeschlossen. Auf den Spuren von Kris und Lisanne reiste sie nach Boquete, befragte Zeugen und unternahm waghalsige Expeditionen in den Dschungel. Durch ein wenig anwaltliche Hilfe konnten wir außerdem an die 2656 Seiten starken Fallakten gelangen, die ich währenddessen ausgewertet habe. Am Ende waren wir uns sicher, dass Kris und Lisanne Opfer eines Verbrechens geworden sind, und haben unsere Hinweise darauf in dem jüngst erschienenen Buch *Verschollen in Panama* dargelegt, das auch auf Englisch erschienen ist.

Seitdem erhalten wir fast täglich Hinweise von Internetdetektiven aus der ganzen Welt sowie Vorschläge, welchen Fällen wir uns in Zukunft annehmen sollten.

Ich sehe für die 18 kuriosen Fälle, die ich hier vorgestellt habe, großes Potenzial für Internetdetektive, Investigativjournalisten und natürlich echte Ermittler, die bei stichhaltigen Beweisen Fälle wieder aufnehmen können. Ich bin sicher, dass das eine oder andere Rätsel gelöst werden wird, da immer neue Techniken andere Formen von Untersuchungen ermöglichen.

Das digitale Zeitalter steckt voller Möglichkeiten, birgt aber von privatem Mobbing bis hin zu politischer Propaganda große Gefahrenpotenziale, die man nur schwer kontrollieren kann. Umso erstaunter war ich, dass die in diesem Buch erwähnten

Studien den Chancen des Crowdsolvings in der Kriminalitätsbekämpfung gegenüber den Risiken ein Übergewicht einräumen. Ich habe die Schattenseiten des Websleuthing im Fall Kris und Lisanne selbst beobachtet. Zu Tätern hochstilisierte Unschuldige in Panama leiden schwer unter Verleumdungen und erhalten regelmäßig Morddrohungen. Klar ist, Internetdetektive können und sollten Fälle nicht im Alleingang lösen. Sofern es aber gelingt, die Zusammenarbeit zwischen Ermittlungsbehörden und privaten Initiativen, wie etwa bei der Suche nach nicht identifizierten Toten in den USA, in Deutschland auf ähnliche Weise zu professionalisieren, dürften Polizisten über die Öffentlichkeitsfahndung hinaus vom Spezialwissen und Spürsinn der Internetdetektive profitieren, unter denen sich zahlreiche Experten verschiedenster Disziplinen befinden. Positiv überrascht war ich von der Arbeit der Moderatoren und der Selbstregulation durch Mitglieder in den verschiedenen Internetdetektivforen, der klaren Einhaltung von Regeln unter Beachtung vorhandener Gesetze und des Datenschutzes. Von dieser Struktur sind herkömmliche soziale Netzwerke meilenweit entfernt, und vielleicht können wir alle daraus lernen.

Am Ende meiner Recherchen begreife ich, warum die Faszination für True Crime so stark verbreitet ist, und erkenne, dass diese zwischen den Ansprüchen an Unterhaltung und dem Wunsch, tatsächlich Fälle aufzuklären, auch eine positive Wirkung auf Menschen haben kann, die sich vor Verbrechen schützen wollen.

In diesem Zusammenhang möchte ich den beiden Expertinnen, Corinna Perchtold-Stefan und Johanna Börsting, danken, die mir spannende Einblicke in ihre Forschungstätigkeit im Bereich True Crime gewährt haben. Bedanken möchte ich mich auch beim Moderatorenteam von Allmystery, das mir viele Fragen zur Organisation eines True-Crime-Forums beantwortet und von der hohen Verantwortung berichtet hat, die ein Moderator in diesem Bereich aufbringen muss.

Ich danke dem Europa-Verlag für das in mich gesetzte Vertrauen, meinem Lektor Franz Leipold für das Feintuning und meiner Agentin Anna Mechler, die mich hervorragend unterstützt hat.

Für alle Beteiligten war dies ein hochspannendes Projekt, und neue Ideen für weitere sind entstanden.

Ich hoffe, dass die Leser dieses Buches nie persönlich in einen True-Crime-Fall hineingeraten. Stattdessen wünsche ich allen weiterhin fesselnde und informative Unterhaltung in der medialen Welt der wahren Verbrechen.

ANHANG

Folgende True-Crime-Titel sind in diesem Buch erwähnt

Bücher und Zeitschriften

Benecke, Mark: Mark Benecke ermittelt. Leben und Fälle des Rechtsmediziners Otto Prokop, Berlin 2000

Blum, Howard: When the Night Comes Falling: A Requiem for the Idaho Student Murders, New York 2024

Buchanan, Suzanne: The Curse of the Turtle. The True Story of Thailand's »Backpacker Murders«, Denver 2022

Bugliosi, Vincent/Gentry, Curt: Helter Skelter: The True Story of the Manson Murders. W. W. Norton & Company, 1974

Capote, Truman: In Cold Blood. New York 1966

Feltus, Gerry: The Unknown Man: A Suspicious Death at Somerton Beach, Port Campell 2017

Fitzpatrick, Colleen: I Know Who You Are: How an amateur DNA sleuth demasked the Golden State Killer and changed Crime fighting forever, New York 2021

Hammerschmidt, Peter: Aufgeklärt, Berlin 2015
Harbort, Stephan: 9 1/2 perfekte Morde, München 2018
Hardinghaus, Christian/Nenner, Annette: Verschollen in Panama. Die wahre Tragödie vom Pianista Trail, Norderstedt 2024
Knapp, Andrew: The Newgate Calendar, London 1824
Mailer, Norman: The Executioner's Song. Little, Boston 1979
McNamara, Michelle. I'll Be Gone in the Dark: One Woman's Obsessive Search for the Golden State Killer, New York 2018
National Police Gazette, New York 1845–1977
Poe, Edgar Allan: The Mystery of Marie Rogêt, Philadelphia 1842
Rakitin, Alexej: Die Toten vom Djatlow-Pass: Eines der letzten Geheimnisse des Kalten Krieges, München 2018
Renner; James: True Crime Addict: How I Lost Myself in the Mysterious Disappearance of Maura Murray, London 2016
Rule, Ann: The Stranger Beside Me, New York 1980
True Detective Mysteries, New York 1924–1925
True Detective, New York 1924–1995

Serien und Filme

Aktenzeichen XY ungelöst, ZDF 1967 bis heute
American Crime Story: The People v. O. J. Simpson, FX 2016
Americas Most Wanted, Fox Broadcasting Company 1988–2011
Autopsy, HBO, 1994–2008
Crimewatch, Produktion: BBC 1984–2017
CSI: Crime Scene Investigation, Zuiker, Anthony E., CBS 2000–2015
Dahmer – Monster: Die Geschichte von Jeffrey Dahmer, Netflix 2002
Dark Water, Hideo Nakata, Kadokawa Pictures 2002

Der Fall Jens Söring – Tödliche Leidenschaft, Lena Leonhardt, Andre Hörmann, Netflix 2023
Der goldene Handschuh, Fatih Akin, Bombero International 2019
Der Totmacher, Romuald Karmakar, Kairos-Film 1995
Dig Deeper. Das Verschwinden von Birgit Meyer, Philipp Hirsch, ZDF 2021
Don't F**k with Cats: Hunting an Internet Killer, Mark Lewis, Netflix 2019
Making a Murderer, Netflix 2015
Medical Detectives, Medstar Television, 1996–2005
Monster, Patty Jenkins, Media 8 Entertainment 2003
The Staircase, Canal+ 2004
Unsolved Mysteries, NBC 1987–1997; CBS 1997–1999; Lifetime 2001–2002; Spike 2008–2010; Netflix 2020 bis heute
Verschwunden. Tatort Cecil-Hotel, Netflix 2021
XY gelöst, ZDF, 1997 bis heute
Zodiac, David Fincher, Paramount Pictures 2007

Podcasts

Death in Ice Valley. Hosts: Marit Higraff, Neil McCarthy. Produktionsfirma: BBC World Service, NRK, Norwegen, Großbritannien 2018
Die Nachbarn. Hosts: Leonie Bartsch, Linn Schütze, Auf Ex Productions, Deutschland 2021
Frauke Liebs. Die Suche nach dem Mörder. Host: Dominik Stawski, RTL+/stern, Deutschland 2023
Generation Why. Hosts: Aaron Habel, Justin Evans, USA 2012
In the Dark. Hosts: Baran, Madeleine, host. In the Dark. APM Reports 2016

Mord auf Ex. Hosts: Leonie Bartsch, Linn Schütze, Auf Ex Productions, Deutschland 2019

Mordlust. Hosts: Paulina Krasa, Laura Wohlers, Audio Alliance, Deutschland 2018

My Favorite Murder. Host: Kilgariff, Karen, Georgia Hardstark, hosts. Exactly Right 2016

Serial. Hosts: Koenig, Sarah, host. Serial. This American Life 2014

Up and Vanished. Host: Lindsey, Payne. Tenderfoot TV 2016

Verbrechen von nebenan. Hosts: Philipp Fleiter, Philipp Eckstein, Audio Alliance, Deutschland 2020

Weird Crimes. Hosts: Visa Vie, Ines Anioli, Podigee, Deutschland 2020

Wo ist Lars? Hosts: Tim Sohr, Podstars by OMR/RTL+, Deutschland 2023

Zeitverbrechen. Hosts: Sabine Rückert, Andreas Sentker, ZEIT ONLINE, Deutschland 2017

Frauke Liebs: Telefonanrufe

Ergänzend zu den in Kapitel 5 bereits ausformulierten Inhalten von Frauke Liebs' SMS- und Anrufnachrichten vom 21., 22. und 27. Juni 2006 stehen in diesem Anhang die vollständigen Protokolle der vier Nachrichten zwischen dem 23. Juni und 25. Juni 2006.

Freitag, 23. Juni, 23:04 Uhr, SMS an Chris (Funkzelle Gewerbegebiet Auf dem Dören/Paderborn):

»Ich komme heute nach Hause. Bin in Paderborn. Hdgdl.«

Freitag, 23. Juni, 23:06 Uhr (Funkzelle Gewerbegebiet auf dem Dören/Paderborn), Anruf von Frank auf Fraukes Handy:

Frank: »Frauke, was machst du, wann kommst du nach Hause?«

Frauke: »Ich komme heute nach Hause, auch nicht zu spät. Ich bin in Paderborn, frag nicht, ich komme nach Hause.«

Frank: »Wo bist du denn?«

Frauke: »Kann ich nicht sagen.«

Samstag, 24. Juni, 14:23 Uhr (Funkzelle Industriegebiet Mönkeloh/Paderborn), Frauke ruft Chris an:

Frauke: »Ich komme nicht so spät zurück. Komme heute Abend nach Hause.«

Chris: »Bist du verletzt?«

Frauke: »Nein. Ich bin in Paderborn. Ich bin in Paderborn. Ich bin in Paderborn.«

Sonntag, 25. Juni, 22:28 Uhr (Funkzelle Gewerbegebiet Benhauser Feld/Paderborn), Frauke ruft Chris an:

Frauke: »Komme heute nach Hause.«

Chris: »Bist du in Gefahr?«

Frauke: »Nein.«

Chris: »Warum bist du gestern nicht nach Hause gekommen?«

Frauke: »Kann ich dir erklären.«

Chris: »Wo bist du?«

Frauke: »Erkläre ich dir, wenn ich zu Hause bin.«

Kommentare und Quellen

1 Seven.One Entertainment Group (Hrsg.): True-Crime-Studie 2022, Url.: https://www.seven.one/documents/20182/6304763/Seven.One_Audio_True-Crime-Studie_2022.pdf.

2 Vgl. Naseer, Sarah/St. Aubin, Christopher: True crime podcasts are popular in the U.S., particularly among women and those with less formal Education (20.6.2023), in: Pew Research Center 2023, URL: https://www.pewresearch.org/short-reads/2023/06/20/true-crime-podcasts-are-popular-in-the-us-particularly-among-women-and-those-with-less-formal-education/.

3 Vgl. Vivint Blog: Popularity and Impact of True Crime Content (2023), URL: https://www.vivint.com/resources/article/true-crime-numbers#:~:text=True%20crime%20fans%20spend%20an,to%20prepare%20for%20unsafe%20situations.

4 Zit. n. Pinsky, Mark I.: The Popular Appeal of True Crime(15.3.2022), in: Mark I. Pinskx 2023, URL: https://markpinsky.com/the-popular-appeal-of-true-crime/.

5 Vgl. Arbeitsgemeinschaft Media-Analyse e.V.: Ma Podcast. Stand Mai 2023, URL.: https://www.agma-mmc.de/fileadmin/user_upload/Anlage_zur_ma_podcast_Mai_2023.pdf.

6 Vgl. Inside Radio (Hrsg.): Survey: Half Of Americans Like True Crime Genre (15.9.2022), URL: https://www.insideradio.com/podcastnewsdaily/survey-half-of-americans-like-true-crime-genre/article_1437c800-3518-11ed-bed7-3fb6264ccf99.html.

7 Vgl. True-Crime-Studie Deutschland.

8 Vgl. ebd.

9 Vgl. Tieschky, Claudia: »True Crime«-Trend. Echt ist manchmal zu echt, (25.8.2018), in: SZ 2023, URL.: https://www.sueddeutsche.de/medien/true-crime-trend-echt-ist-manchmal-zu-echt-1.4103303.

10 Vgl Reddit: r/RBI, URL: https://www.reddit.com/r/RBI/. (Stand 26.6.2024).

11 Vgl. Vivint Blog.

12 Ian Case Punnett S. 46.

13 Vgl. Abbott, Megan: Why do we – women in particular – love true crime books?, 14. Juni 2018, in LA TIMES 2023, URL: https://www.latimes.com/books/la-ca-jc-megan-abbott-true-crime-20180614-story.html.

14 Vgl. Bundeskriminalamt (Hrsg.): Polizeiliche Kriminalstatistik 2023: Gesamtkriminalität steigt weiter an (9.4.2024), URL: https://www.bka.de/DE/

AktuelleInformationen/StatistikenLagebilder/PolizeilicheKriminalstatistik/PKS2023/Polizeiliche_Kriminalstatistik_2023/Polizeiliche_Kriminalstatistik_2023.html#:~:text=Im%20Jahr%202023%20wurden%2077.819,im%20Vergleich%20zum%20Vorjahr%20entspricht.

15 Vgl. R+V (Hrsg.): Die Ängste der Deutschen 2023, URL: https://www.ruv.de/newsroom/themenspezial-die-aengste-der-deutschen/grafiken-zahlen-ueberblick.

16 Vgl. Onepoll (Hrsg.): Fascinated by True Crime Content? Fans of the Genre say it helps them avoid similar situations happening to them (14.2.2023), in: onepol 2023, URL: https://www.onepoll.us/fascinated-by-true-crime-content-fans-of-the-genre-say-it-helps-them-avoid-similar-situations-happening-to-them/.

17 Vgl. Stafford, Mai et. al.: Association Between Fear of Crime and Mental Health and Physical Functioning, in: Am J Public Health, November 2007, 97(11), S. 2076–2081.

18 Gemäß den Untersuchungen von Kort-Butler und Sittner (2011: 48).

19 Vgl. Bailey 2017, S. 102 ff.

20 Zit. n. Harf, Rainer/Witte, Sebastian: Ein Psychiater erklärt, warum uns grausame Verbrechen so faszinieren, in Geo Wissen 69/2020, URL: https://www.geo.de/wissen/gesundheit/23185-rtkl-angstlust-ein-psychiater-erklaert-warum-uns-grausame-verbrechen-so.

21 Vgl. New York Post (Hrsg.): Expert reveals biological reason why we're obsessed with true crime shows (14.2.2023), URL: https://nypost.com/2023/02/14/expert-reveals-biological-reason-for-true-crime-obsession/.

22 Murderauction.com, supernaught.com und daisyseven.com.

23 Der Newgate-Kalender Vol. 2, S. 27.

24 Geraubte Uhr.

25 Zwischen 1968 und 2002 beteiligte sich der österreichische Rundfunk als Co-Produzent ein, zwischen 1969 und 2003 das Schweizer Fernsehen.

26 Vgl. ZDF (Hrsg.): Die XY-Statistik. Zahlen zu den Sendungen vom 20.10.1967 bis 13.09.2023 (27.9.2023), URL: https://www.zdf.de/gesellschaft/aktenzeichen-xy-ungeloest/statistik-zu-aktenzeichen-xy-anzahl-und-art-der-faelle-sowie-100.html.

27 Vgl. Sagatz Kurt: Der Angstmacher: Regina Schillings Doku über »Aktenzeichen XY ungelöst« mit Eduard Zimmermann (9.8.2023), in: Tagesspiegel 2023, URL: https://www.tagesspiegel.de/kultur/der-angstmacher-regina-schillings-doku-uber-aktenzeichen-xy-ungelost-10283413.html.

28 Vgl. Müller, Jens: »Aktenzeichen XY«: Mehr als Verbrechen (13.8.2023), in: TAZ 2023, URL: https://taz.de/Aktenzeichen-XY/!5949799/.

29 In Deutschland Autopsie: Mysteriöse Todesfälle. Medical Detectives mit dem Untertitel Geheimnisse der Rechtsmedizin. Ab 2002 bis 2011 lief Medial Detectives in den USA unter dem Titel Forensic Files. Nach neunjähriger Pause startete sie 2020 erneut unter dem Titel Forensic Files II.

30 Vgl. Change.org: Free Steven Avery. Petition an Präsident der Vereinigten Staaten u.a. (2015), URL: https://www.change.org/p/president-of-the-united-states-free-steven-avery#petition-letter.

31 Real-Simple-Syndication.

32 vgl. ARD/ZDF-Onlinestudie 2022, S. 23.

33 Vgl. Listen Notes (Hrsg.): Podcast-Statistiken: How many podcasts are there? (2023), URL.: https://www.listennotes.com/de/podcast-stats/.

34 Vgl. True-Crime-Studie 2022.

35 Vgl. Seven.One Entertainment Group (Hrsg.): True-Crime-Studie 2021. https://www.seven.one/documents/20182/6304763/Seven.One_Audio_True-Crime-Studie_2022.pdf.

36 Vgl. Deutsche Podcasts (Hrsg.): Wahre Kriminalfälle (2023), URL.: https://deutschepodcasts.de/category/true-crime?page=9.

37 Bremer: Ted: Amateur Websleuth Groups: A Rapidly Evolving Risk for Police (13.1.2023), in: LEXIPOL 2023, URL.: https://www.lexipol.com/resources/blog/amateur-websleuth-groups-a-rapidly-evolving-risk-for-police/.

38 Ebd.

39 Vgl. Elphick, Camilla et.al.: Digital Detectives: Websleuthing Reduces Eyewitness Identification Accuracy in Police Lineups, in: Front. Psychol., Sec. Forensic and Legal Psychology Volume 12 – 2021 (15.4.2021).

40 Vgl. US Department of Justice (Hrsg.): international Association of Chiefs of Police 2013 Social Media Survey Results (2013), URL.: https://www.ojp.gov/ncjrs/virtual-library/abstracts/international-association-chiefs-police-2013-social-media-survey.

41 Vgl. Remneland-Wikhamn, Björn et. Al.: Given Enough Eyeballs, All Crimes are Shallow – The Organizing of Citizen Collaboration to Solve an Online Detective Story, Journal of Technology Management & Innovation Vol. 14 No. 2 Santiago (Juli 2019).

42 Vgl. Myles, David et. Al.: Solving Crimes Online: The Contribution of Citizens on the Reddit Bureau of Investigation, in: Réseaux Volume 197–198, Issue 3 (Mai 2016), S. 173–202.

43 Vgl. Estellés-Arolas, Enrique: Using crowdsourcing for a safer society: When the crowd rules, in: European Journal of Criminology (April 2020).

44 Vgl. Websleuths, URL: https://www.websleuths.com/forums/. (Stand 26.6.2024).

45 Vgl. Paul, Anna: How our true crime obsession created an army of armchair detectives (18.2.2023), in: METRO, URL: https://metro.co.uk/2023/02/18/in-focus-how-our-true-crime-obsession-created-armchair-detectives-2-18295143/.

46 Vgl. Allmystery: Kriminalfälle, URL: https://www.allmystery.de/themen/km. (Stand 26.6.2024).

47 Vgl. dazu Halber, Deborah. The Skeleton Crew: How Amateur Sleuths Are Solving America's Coldest Cases. Simon & Schuster, 2014.

48 Goddard, Alexandria: Big Red Players Accused of Rape & Kidnapping (23.8.2012), URL.: https://web.archive.org/web/20210411044310/http://prinniefied.com/wp/2012/08/23/steubenville-high-school-gang-rape-case-firs/.

49 Dies.: Steubenville Big red Rape Accusations: The Other Perpetrators (26.8.2012), URL.: https://web.archive.org/web/20210323005436/http://prinniefied.com/wp/2012/08/26/steubenville-big-red-rape-accusations-the-other-perpetrators/.

50 Zit. n. Tait, Amelia: How the Reddit Bureau of Investigation solves mysteries while avoiding witch hunts (31.3.2019), in: WIRED 2023, URL: https://www.wired.co.uk/article/moderators-rbi-reddit-fbi.

51 Zit. n. Shammas, Brittany: TikTok psychic sued for accusing professor of killing 4 Idaho students (24.12.2022), in: Washington Post 2023, URL.: https://www.washingtonpost.com/nation/2022/12/24/idaho-killings-rebecca-scofield-ashley-guillard-/.

52 Vgl. Whitworth, Kayna: New book on the Idaho murders. What sources say happened that night and what it means for the case (21.6.2024), URL: https://6abc.com/post/new-book-when-night-comes-falling-university-of-idaho-college-murders-case/14984252/.

53 Zit. n. Keskusrikospoliisi: Esitutkintapöytäkirjan Bodomin mysteerio (1960), o. D., S. 9, in: Theseus Finnland.

54 Vgl. Mäkinen, Rami: odomin murhatragediasta 60 vuotta: Naapurien huhut nostivat kioskinpitäjän epäiltyjen sekaan – karu kohtalo odotti yhdeksän vuotta murhista (23.5.2020), in: Ilta-Somat 2023, URL.: https://www.is.fi/kotimaa/art-2000006516538.html.

55 Vgl. Bodomin mysteerio (1960), S. 26.

56 Vgl. Rantanen, Linda: Helluntai vuonna 1960 (4.6.2020), in: Italehti 2023, URL.: https://www.iltalehti.fi/kotimaa/a/e66e3c22-e993-4a6a-bdd0-f71ac0b520c0.

57 Vgl. Hejac, URL: https://hejac.com/forum/viewtopic.php?t=31.

58 Vgl. Murha, URL: https://www.murha.info/rikosfoorumi/viewforum.php?f=4.

59 Zit. n. Rimpiläinen, Tuomas: »Hän osoitti käsillään, miten löi kumpaakin useamman kerran päähän« – kelpaako Viking Sallyn murhan väitetty tunnustus näytöksi hovioikeudessa? (17.6.2022), in yle 2023, URL.: https://yle.fi/a/3-12491939.

60 Ebd.

61 Ebd.

62 Vgl. Rimpiläinen, Tuomas: Herman Himle vapautui Viking Sallyn murhasyytteestä – sitten hän räjäytti arvohuvilan Tanskassa (16.5.2024), URL: https://yle.fi/a/74-20087187.

63 Dieses und die folgenden SMS/Anruf-Protokolle sind zitiert n. Stawski, Dominik: Wer tötete Frauke Liebs?, in: Stern Crime. Nr. 40 (Dezember/Januar 2022), S. 8–28.

64 Vgl. Allmystery: Mord an Frauke Liebs, URL: https://www.allmystery.de/themen/km49217-4670.

65 Hobby-Ermittler-Team: Mordfall Frauke Liebs, URL: https://www.het-forum.de/viewforum.php?f=47. (Stand 26.6.2024).

66 Privatermittler-Team: Frauke Liebs: Call for Witnesses June 2024, URL: https://privat-ermittler-team.de/june-2024-call-for-witnesses.html.

67 Vgl. Provinzgericht Koh Samui: Urteil des Gerichts erster Instanz zum Mordfall Koh Tao vom 24. Dezember 2015.

68 Vgl. New York Post (Hrsg.): Thailand's PM: Only ugly people are safe in bikinis here (18.9.2014), URL.: https://nypost.com/2014/09/18/thailands-pm-only-ugly-people-are-safe-in-bikinis-here/.

69 In diesem Sinne eine Art erblicher Bürgermeister.

70 Vgl. Walker, Peter: Koh Tao's dark side: dangers of island where Britons were murdered (23.11.2014), in: The Guardian 2023, URL.: https://www.theguardian.com/uk-news/2014/nov/23/briton-thailand-murder-hannah-witheridge-david-miller-mystery-mafia-fear?CMP=share_btn_tw.

71 CSI LA, 14. Oktober.

72 Ebd. 24. September.

73 Ebd. 6. Oktober 2014 und 13. Oktober 2014.

74 Zit. n. Youtube Channel Drwhobaddalek34: Murder In Paradise: The Murder of Hannah Witheridge and David Miller, URL.: https://www.youtube.com/watch?v=cVbsqceaj-Y&t=710s&ab_channel=Drwhobaddalek34.

75 Zit. n. Lines, Andy: Thailand beach murders: Scotland Yard officers arrive to help with investigation (26.10.2014), URL.: https://www.mirror.co.uk/news/world-news/thailand-beach-murders-scotland-yard-4515512.

76 Ebd.

77 Ebd.

78 Buchanan, Suzanne: The Curse of the Turtle. The True Story of Thailand's Backpacker Murders, New York 2022.

79 Zit. n. Warburton, Dan: Families of Brit backpackers killed in Thailand face fresh agony over demand (1.4.2024), URL: https://www.mirror.co.uk/news/world-news/families-brit-backpackers-killed-thailand-32489467.

80 Vgl. Federal Bureau of Investigation (Hrsg.): 2022 NCIC Missing Person and Unidentified Person Statistics (2022), URL.: https://www.fbi.gov/file-repository/2022-ncic-missing-person-and-unidentified-person-statistics.pdf/view.

81 Vgl. Bundeskriminalamt (Hrsg.): Die polizeiliche Bearbeitung von Vermisstenfällen in Deutschland (2023), URL.: https://www.bka.de/DE/UnsereAufgaben/Ermittlungsunterstuetzung/BearbeitungVermisstenfaelle/bearbeitungVermisstenfaelle.html?nn=30666#doc19618bodyText1.

82 Vgl. International Centre for Missing & Exploited Children (Hrsg.): Missing Children's Statistics (2023), URL.: https://globalmissingkids.org/awareness/missing-children-statistics/.

83 Vgl. Youtube Channel SlappedHam: 11 Mysterious Videos That Cannot Be Explained, URL.: https://www.youtube.com/watch?v=wKjPn4TjaCA&ab_channel=SlappedHam.

84 Vgl.: Albuquerque Journal (Hrsg.): Sheriff: Disappearance No Mystery (14.9.2008), S. 2.

85 Vgl.: VALENCIA COUNTY SHERIFF'S OFFICE: State of New Mexico Incident Reports/New Mexico Supplemental Reports (2010-2014), Case No. 13-23-3-0168.

86 https://www.koat.com/amp/article/tara-calico-case-update/44185576.

87 Mit Stand vom 25.06.2024. Auskunft Bürgerservice Bundeskriminalamt gegenüber dem Autor.

88 NRK (Hrsg.): Gåten i Isdalen (2023), URL: https://www.nrk.no/dokumentar/gaten-i-isdalen-1.13182053.

89 MLIAOI und X durchgestrichen.

90 Cheshire, Ben: Somerton Man Charles Webb's true identity revealed in family photographs and divorce papers (20.11.2022), in: ABC NEWS, URL: https://www.abc.net.au/news/2022-11-21/somerton-manfamily-photographs-revealed-/101643524.

91 Fallakte Djatlow Foundation (Hrsg.): Staatsanwaltschaft der Region Swerdlowsk – Einstellung des Strafverfahrens wegen des Todes von Wanderern in der Gegend von Otorten, Ivdel, Region Swerdlows (6. Februar 1959 – 28. Mai 1959), Kopie 1 Archiv 659, 2013.

92 Fallakte, Entwurf einer Entschließung über das Ergebnis der Untersuchung, Blatt 21.

93 Zit. n. Vogrin, Bill: Mystery of chimney death deepens (7.10.2007), in: Pikespeak Courir, URL.: https://web.archive.org/web/20151008194122/http://pikespeakcourier.net/Storys/Mystery-of-chimney-death-deepens, 199356.

94 Vgl. ebd.

95 Ebd.

96 Zit. n. Rogowska, Katarzyna: Tajemnicza śmierć Magdaleny Żuk w Egipcie. »Ja już stąd nie wrócę« (30.6.2023), in: TOK FM, URL.: https://www.tokfm.pl/Tokfm/7,103085,29893379,tajemnicza-smierc-magdaleny-zuk-w-egipcie-ja-juz-stad-nie.html.

97 Zit. n. Youtube Channel Scarlet R.: Magdalena Żuk, detective video about her death by Lampart Detective Office, URL.: https://www.youtube.com/watch?v=eASnPbBWNv4&t=1370s&ab_channel=ScarletR.

98 Vgl. Romik. Katarzyna: Wraca sprawa Magdaleny Żuk. Rodzina zmarłej w Egipcie Polki złożyła pozew (3.6.2024), URL: https://wiadomosci.gazeta.pl/wiadomosci/7,114883,30769705,wraca-sprawa-magdaleny-zuk-rodzina-zmarlej-w-egipcie-polki.html#e=RelArtLink(2).

99 Vgl. Coroners Court of Virginia: Finding Into Death With Inquest, Court Reference 2010/4605.

100 Vgl. Moloy, Shannon: Fresh questions over bizarre death of Melbourne woman Phoebe Handsjuk who fell 12-storeys to her death in a garbage chute (28.9.2021), URL. In: newscom-au 2023, URL: https://www.news.com.au/lifestyle/real-life/news-life/fresh-questions-over-bizarre-death-of-melbourne-woman-phoebe-handsjuk-who-fell-12storeys-to-her-death-in-a-garbage-chute/news-story/c365ec259a0190a253f3f1a58ee9aaf2.